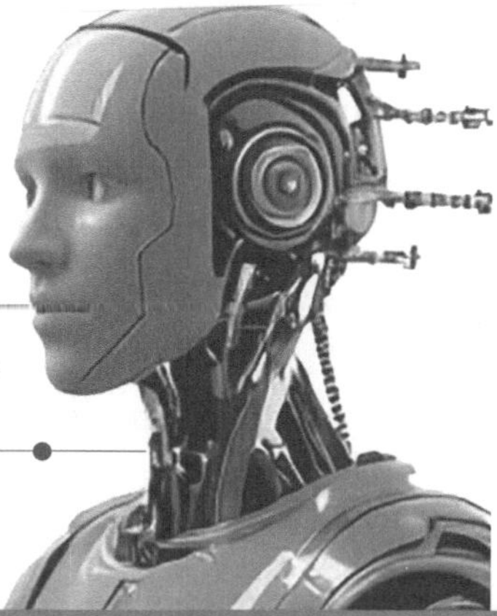

人工智能
赋能职业教育的范式
重构与实践创新

RENGONG ZHINENG
FUNENG ZHIYE JIAOYU DE FANSHI
CHONGGOU YU SHIJIAN CHUANGXIN

王震 著

中国财经出版传媒集团
中国财政经济出版社
·北京·

图书在版编目（CIP）数据

人工智能赋能职业教育的范式重构与实践创新 / 王震著. -- 北京 : 中国财政经济出版社, 2025. 6.
ISBN 978 - 7 - 5223 - 4104 - 0

Ⅰ. G71 - 39

中国国家版本馆 CIP 数据核字第 2025G0Q337 号

责任编辑：樊　闽　马宇泽　　　责任校对：徐艳丽
封面设计：卜建辰　　　　　　　责任印制：张　健

人工智能赋能职业教育的范式重构与实践创新
RENGONG ZHINENG FUNENG ZHIYE JIAOYU DE
FANSHI CHONGGOU YU SHIJIAN CHUANGXIN

中国财政经济出版社 出版

URL：http：//www. cfeph. cn
E - mail：cfeph@ cfeph. cn

社址：北京市海淀区阜成路甲 28 号　邮政编码：100142
营销中心电话：010 - 88191522
天猫网店：中国财政经济出版社旗舰店
网址：https：//zgczjjcbs. tmall. com
涿州汇美亿浓印刷有限公司印刷　各地新华书店经销
成品尺寸：170mm × 240mm　16 开　17. 875 印张　254 000 字
2025 年 6 月第 1 版　2025 年 6 月河北第 1 次印刷
定价：85. 00 元
ISBN 978 - 7 - 5223 - 4104 - 0
（图书出现印装问题，本社负责调换，电话：010 - 88190548）
本社图书质量投诉电话：010 - 88190744
打击盗版举报热线：010 - 88191661　QQ：2242791300

序

自2022年11月Chat GPT3.5面世以来，人工智能技术迅速应用到人们生活、学习、工作的各个场景，而以DeepSeek R1为代表的国产人工智能大模型的出现更是在全球掀起了人工智能热潮，国内的政府机关、企事业单位都在研究如何将现有的业务与人工智能技术全面融合，如何进行大模型的本地化部署，各种基于国产大模型的一体机、衍生应用平台也如雨后春笋般地出现，多数职业院校也都在探索将人工智能引入学校教学、科研、管理、行政的路径。

2025年1月，中共中央、国务院印发的《教育强国建设规划纲要(2024—2035年)》明确指出，“促进人工智能助力教育变革，加强课程体系改革，优化学科专业设置，制定完善师生数字素养标准，打造人工智能教育大模型，建立基于大数据和人工智能支持的教育评价和科学决策制度”。2025年4月，教育部、中央网信办等九部门发布《关于加快推进教育数字化的意见》进一步强调，加强人工智能等前瞻布局，推动学科专业数字化升级和科研范式变革，推动课程、教材、教学数字化变革，以师生为重点提升全民数字素养与技能，全面支持教育决策和治理，赋能教育评价改革等人工智能融入教育的具体措施。

人工智能融入职业教育的迫切性体现在两方面。一是随着智能制造、智慧服务等新兴领域的崛起，产业对技术技能人才的需求日益呈现出高技能、高素质、高复合型的特征。传统职业教育模式侧重于特定技能的传授，已难以满足新时代产业对人才的多元化需求。二是人工智能技术的快速发展为职业教育提供了前所未有的工具和手段，通过智能化教学、个性化学习、虚拟现实实训等创新方式，职业教育能够实现教学模式、课程体系、评价体系的全面升级。但是，人工智能技术在职业教育领域的应用并非一帆风顺。虽然国内职业院校的人工智能应用率不断攀升，但深度融合仍存在显著差距；技术初期投资大、数据积累不足、教师数字素养欠缺、区域教育资源分配不均等问题，严重制约了人工智能技术在职业教育中的广泛普及和深度应用。因此，深入探讨人工智能赋能职业教育的路径与策略，解决融合过程中的痛点与难点，是职业教育高质量发展的迫切需求。

面对人工智能时代职业教育面临的机遇与挑战，有必要对“人工智能赋能职业教育”这个问题进行深入研究。

1. 理论探索与实践应用并重

本书通过系统梳理人工智能技术在职业教育中的应用现状、挑战与趋势，为职业院校教师、学校管理者以及行业从业者提供理论支撑和实践指导。通过深入剖析人工智能如何重构职业教育的人才培养模式、驱动教学方法变革、优化专业建设、提升数字素养、促进跨学科人才培养以及完善评价体系，本书将为职业教育的智能化提供一套全面、系统的理论框架和实践案例。

2. 推动人工智能深度应用

在人工智能与职业教育融合的过程中，数据隐私与安全、技术适配性、教师数字素养、学生的个性化教育、区域教育资源分配等问题是亟待解决的难题。本书将针对这些关键问题，提出具有针对性和可操作性的解决策略，为职业院校在人工智能技术应用过程中遇到的困难提供可行性路径。通过分析国内外成功案例和实践过程，职业院校将更好地把握人工智能技术的发展机遇，推动技术的深度应用与融合创新。

3. 培养适应未来需求的高素质人才

在人工智能时代，职业教育的培养目标不仅局限于特定技能的传授，更加注重培养学生的创新能力、批判性思维、解决问题能力以及终身学习能力。本书将通过探讨人工智能如何赋能职业教育，实现人才培养模式的改进升级，为培养适应未来社会需求的高素质技术技能人才提供理论支撑和实践指导。构建智能化教学系统、设计个性化学习路径、创新教学方法与评价体系等策略，将有助于职业院校培养出既精通专业技能又具备数字创新能力的复合型人才。

4. 以产教融合服务产业发展

产教融合是职业教育的重要特征，也是人工智能赋能职业教育的重要途径。通过搭建产业技术数据库和岗位能力清单自动匹配系统，人工智能能够帮助职业院校更加准确地把握产业需求和技术动态，从而调整专业设置和课程内容。本书将探讨人工智能如何促进职业教育与产业发展的深度融合，分析产教融合的新模式、新路径，以及如何通过人工智能技术提升产教融合的效率和效果。通过实际案例展示人工智能在推动产教融合、提高人才培养质量方面的积极作用，为职业院校与企业的合作提供新思路。

5. 探讨职业教育未来发展

随着人工智能技术的不断进步和应用场景的拓展，职业教育将迎来更加广阔的发展空间和多元的发展路径。本书通过前瞻性的视角，探讨人机协作教学模式、个性化学习体验、教师角色重构、产教融合深化等人工智能赋能职业教育的发展趋势，通过探索具有一定创新性与前瞻性的实施策略，为“人工智能 + 职业教育”的发展提供新的思路与启示。

在数字经济与人工智能时代中，职业教育正处于新的发展起点。本书的研究不仅是对人工智能时代需求的积极响应，也是对职业教育未来发展的深入探索。希望本书能够激发更多职业教育工作者、职业院校管理者的思考与行动，共同推动职业教育在人工智能时代的创新发展，为培养适应未来社会需求的复合型高素质技能人才贡献智慧和力量。

本书第一完成单位为“江苏财会职业学院”。

2025 年 6 月

目　录

导论　人工智能在职业教育中的现状、挑战与趋势

一、引言

人工智能（Artificial Intelligence，AI）作为第四次工业革命的核心驱动力，正在以前所未有的速度和深度改变各个行业的格局，尤其以 Chat GPT、DeepSeek 为代表的生成式人工智能技术正快速地融入每个人的工作、生活、学习中。根据麦肯锡全球研究院发布的报告，人工智能技术将创造约 3.3 亿个新就业岗位，同时淘汰约 1.8 亿个传统岗位，这种“创造性破坏”对职业教育提出了双重挑战，既要培养适应智能制造、智慧服务等新兴领域的高素质劳动者，又要利用人工智能技术优化教育过程，实现教育模式的升级迭代。在此背景下，职业教育与人工智能技术的融合成为教育改革的重要议题。

在我国的《教育强国建设规划纲要（2024—2035 年）》中提到，“促进人工智能助力教育变革，面向数字经济和未来产业发展，加强课程体系改革，优化学科专业设置。制定完善师生数字素养标准，深化人工智能助推教师队伍建设”。当前，人工智能的应用逐渐从理论探讨走向实践应用，为传统教育模式带来了颠覆性的变革机遇。职业教育作为国家人才培养体系中的关键环节，承担着为社会输送高素质技术技能型人才的重要使命，亟待深入探究人工智能与职业教育融合的现状、挑战与未来趋势，以期在新时代背景下实现职业教育的高质量发展。

二、人工智能技术分类及在职业教育中的应用

人工智能技术的多样性与复杂性决定了其在职业教育中应用场景的多

样性。从技术特征与教育的关联性来看，可将人工智能技术划分为认知智能、感知智能、决策智能三大类，如图 0－1 所示。每类技术均具备独特的功能属性与教学实践价值，共同构成职业教育数字化转型的技术底座。

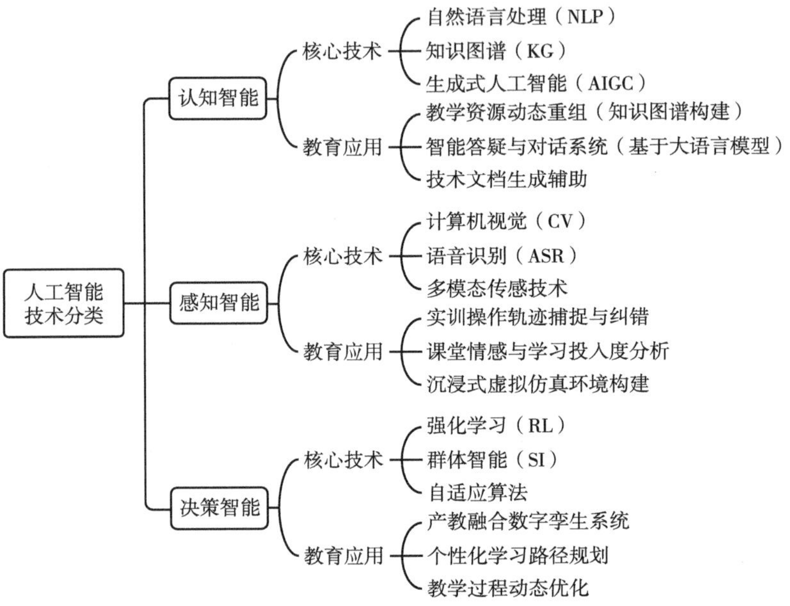

图 0－1　人工智能技术在教育中的应用

1. 认知智能

认知智能技术以自然语言处理（NLP）、知识图谱（KG）与生成式人工智能（AIGC）为核心，通过语义理解、知识推理与内容生成重构教学交互模式，这些技术可以实现教学资源的动态重组与师生对话的模式升级。例如，基于 Transformer 架构的大语言模型（如 Chat GPT）可模拟专家级对话，为学生提供 24 小时智能答疑；知识图谱技术通过构建专业领域本体库，将离散的课程知识点转化为可视化语义网络。

2. 感知智能

以计算机视觉（CV）、语音识别（ASR）与多模态传感技术为代表的感知智能，通过物理空间与数字空间的深度融合，推动实训教学向具身化、沉浸式方向发展。三维视觉重建技术可精准捕捉实验设备的运动轨迹，多模态情感计算技术能识别课堂中的微表情与语音特征。

3. 决策智能

决策智能涵盖强化学习（RL）、群体智能（SI）与自适应算法，核心功能是通过数据驱动实现教学过程的动态优化。在实训课程中，基于数字孪生技术的决策系统可模拟生产线运行状态，个性化学习路径规划系统能运用贝叶斯网络构建学习者画像。

这三类人工智能技术的融合应用正在逐步构建新型职业教育生态系统。认知智能搭建知识交互层，感知智能打造环境感知层，决策智能形成策略优化层，三者通过数据流与控制流的闭环联结，推动职业教育从经验驱动向数据驱动的范式重构。

三、人工智能在职业教育中的应用现状

人工智能技术正以“工具赋能”与“范式重构”的双重路径深度渗透职业教育领域。国内部分职业院校已经开始将人工智能引入课堂教学与技能实训中，但深度融合仍存在显著差距，当前应用主要集中在几个方面。

1. 教学模式的初步变革

人工智能技术在职业教育教学模式中的应用已初步形成。智能教学系统（Intelligent Teaching System，ITS）通过分析学生的学习行为数据，能够为学生提供个性化的学习路径推荐。例如，江苏某职业院校的计算机编程课程引入了基于人工智能的编程辅助平台，能够实时分析学生代码中的错误模式，并提供针对性的改进建议。该校 2024 年的教学质量评估报告显示，使用该平台的班级学生在代码编写准确率上平均提高了 23%，且学生对课程的满意度从 78% 提升至 89%。个性化学习平台可以通过算法分析学生学情数据，动态调整教学内容和路径。广东某职业技术学院开发的“AI + 先进制造”实训体系，通过设备故障诊断算法优化，使技能训练效率提升 40%，学生达标周期缩短 25%；浙江某职业技术学院构建了

"AI + 助教"系统，实现课堂实时学情监测与教学资源智能推荐，教师教学效率提升 30%。

2. 教育资源的优化配置

人工智能在教育资源的开发与分配方面展现出巨大潜力。通过对海量教育数据的挖掘和分析，教育资源平台能够精准推送符合学生需求的学习材料。以国家职业教育智慧教育平台为例，其利用人工智能算法整合了全国范围内的优质职业教育资源。自 2022 年上线以来，该平台已收录课程资源超过 6000 门，覆盖 19 个专业大类，平台用户日均活跃度达到 35 万人次，资源的精准推送使得资源利用率较传统平台提升了 41%。通过数据驱动的精准决策能够构建学习行为分析与就业匹配系统。山东某职业学院"智慧就业"平台通过爬取招聘网站数据生成岗位能力图谱，结合学生画像实现就业推荐匹配，对口就业率从 65% 提升至 82%；福建某职业技术学院基于企业生产日志动态调整课程模块，使毕业生岗位适应周期缩短 22 天。

3. 实训教学的创新实践

在实训教学领域，虚拟现实（VR）与增强现实（AR）技术结合人工智能，构建了沉浸式、智能化的实训环境。以汽车制造专业为例，某职业院校联合企业开发了基于人工智能的汽车拆装虚拟实训系统，该系统利用计算机视觉技术实时监测学生的操作规范性，并给予即时反馈。通过对 2024 届汽车制造专业学生的跟踪调查发现，接受虚拟实训与传统实训相结合教学模式的学生，在实际工作岗位上的操作失误率比仅接受传统实训的学生低 34%，且岗位适应期缩短了 2 个月左右。通过虚拟仿真重构实训场景，能够突破物理设备限制。某财经大学高级会计审计学院引入区块链与增强现实技术，模拟企业财务审计全流程，学生通过虚拟工位完成复杂账务处理，错误率降低 18%；浙江某职业技术学院开发的"5G 数智云创虚拟工厂"，结合工业互联网数据，实现电梯维保远程协作与服装设计全链路数字化模拟，学生项目优秀率提升至 42%。通过企业真实生产数据能够反哺教学形成闭环。某车企将新能源汽车产线数据接入职业院校实训系统，学生通过AI算法优化电池组装流程，操作精度提升至99.3%；某互联网企业联合高校开发“AI+资产管理”课程，培养跨领域复合型人才，学员获得行业认证比例达91%。

四、人工智能赋能职业教育面临的挑战

1. 技术适配性与教学需求的矛盾

尽管人工智能技术在教育领域的应用不断拓展，但技术与应用的融合仍然面临许多问题与挑战。一方面，人工智能技术的初期投资较大，计算资源消耗高，对于许多职业院校来说是一笔不小的负担；另一方面，人工智能技术的应用需要大量的高质量数据支持，而职业教育领域的数据积累相对不足，数据质量和标准化程度有待提高。现有人工智能技术与职业教育实际教学需求之间仍存在适配性问题，职业院校的教学场景复杂多样，涉及理论教学、实践操作、岗位实习等多个环节。以护理专业为例，其实践教学需要高度精确的生命体征监测模拟，而目前的人工智能设备在数据精度和情境感知方面尚不能完全满足要求。2024年某省职教学会的一项调研显示，76%的职业院校教师认为现有人工智能教学工具在专业实践教学中的适配性不足，主要集中在操作复杂性、数据准确性以及情境模拟真实性等方面。

2. 教师数字素养与人工智能应用能力的短板

教师作为教育教学的核心力量，在人工智能赋能职业教育的过程中扮演着关键角色。然而，当前职业院校教师群体的数字素养和人工智能应用能力存在明显短板。以某省对50所高职院校教师的抽样调查为例，仅有28%的教师能够熟练运用人工智能教学工具开展教学活动，43%的教师表示对人工智能技术的原理和应用缺乏基本了解，在40岁以上教师群体中，这一比例下降至19%。这种能力差距严重制约了人工智能技术在职业教育教学中的深度应用。统计信息显示，62%职业院校教师存在“技术焦虑”。湖北某职业技术学院调研表明，仅35%的“双师型”教师能熟练整合AI工具开展混合式教学；上海某职业技术学院开发教师数智素养标准，发现

仅 12% 的教师具备 AI 课程开发能力。

3. 数字鸿沟加剧

不同地区间基础设施的差异性导致了教育公平的壁垒，中西部地区的职业院校在智能设备的覆盖率上远远落后于东部沿海地区，其覆盖率甚至不足东部沿海地区的 40%。这种不平衡的资源分配直接影响了学生的学习体验，尤其是农村学生在接触人工智能实训方面的时间和机会大大受限。实际上，农村学生在人工智能方面的接触时长仅为城市学生的 1/15，这样的差距不仅体现在硬件设施上，还反映在师资力量上。例如，广东某技术职业学院的调研数据表明，位于县域的职业学校教师在 AI 工具的使用熟练度上仅有 8%，这一比例显著低于中心城市职校教师的水平。这种师资能力的差异进一步加剧了教育的不公平现象。

4. 数据隐私与安全问题的凸显

职业教育教学过程中积累了大量的学生学习数据、企业合作数据以及教师教学数据。随着人工智能技术的应用，数据的收集、存储、传输和分析环节大幅增加，数据隐私与安全问题日益凸显，并且还存在着算法偏见问题。某职校智能评价系统因过度依赖行为数据，导致 12% 学生因“非典型学习路径”被误判为低潜力群体；德国某大学案例显示，未经伦理审查的 AI 职业规划模型，使女性学生选择技术岗位比例异常降低 19%；2023 年，某职业技术学院因第三方人工智能教育平台数据泄露事件，导致超过上千名学生的个人学习信息和成绩记录被非法获取。这一事件暴露出职业院校在数据安全管理方面的漏洞，包括数据加密措施不完善、访问权限控制不严格以及对第三方平台监管缺失等问题。

五、人工智能在职业教育中的发展趋势

1. 人机协作教学模式的深化发展

未来，人机协作教学模式将成为人工智能在职业教育中的主要发展方向，教师与人工智能系统将形成优势互补的教学共同体。以建筑工程专业

的项目教学为例，生成式人工智能系统可以负责施工方案的初步设计和成本估算，教师则专注于引导学生进行方案的优化、施工安全管理以及团队协作能力培养。据预测，到2027年，基于大模型的人机协作教学模式在职业院校课程比例将达到65%以上，这一模式将显著提升教学效率和学生综合能力培养质量。

2. 个性化学习体验的深化

随着人工智能技术的不断发展和进步，个性化学习体验将会得到进一步的深化和提升。人工智能将能够更加精准和细致地分析学生的学习行为和数据，从而为每个学生量身定制更加个性化的学习资源和计划。这种定制化的学习方案将充分考虑每个学生的独特需求、学习速度和兴趣点，确保学习内容既符合学生的当前水平，又有适度挑战性，以促进学生的最大潜能发展。通过集成虚拟现实和增强现实技术，人工智能将能够为学生提供更加沉浸式的学习体验，让学生仿佛置身于学习内容之中，无论是历史事件的现场重现，还是科学实验的虚拟操作，都能让学生以全新的方式接触和理解知识。这种学习方式不仅能够提高学习的趣味性和参与感，而且还能显著提高学习效果，帮助学生更好地记忆和理解复杂概念。

3. 教学效率与质量的提升

随着人工智能技术的不断发展和广泛应用，教育领域也迎来了新的变革。人工智能技术的融入，将为教师提供强大的辅助，帮助他们更高效地完成备课、批改作业以及学生评估等教学环节，教师的工作负担将得到显著减轻，有更多的时间和精力投入到教学内容的创新和教学方法的改进中，进一步提高教学效率。此外，通过大数据分析和智能评估技术的应用，人工智能将能够更加准确地评估学生的学习成果和教学质量，为教学改进提供科学的依据。这不仅有助于教师更好地了解学生的学习情况，还能针对性地调整教学策略，实现个性化教学，最终达到提升整体教学质量和效率的目的。人工智能技术的普及应用，将使得教育更加智能化、精准化，为学生和教师创造一个更加高效、互动和富有成效的学习环境。

4. 教师角色的转变与重构

在教育领域中，教师的角色正在经历一场深刻的转变与重构。传统的教师角色主要是作为知识的传递者，向学生传授必要的学科知识和信息。然而，在人工智能技术的支持下，教师的角色将逐渐从单一的知识传授者转变为更加多元化的学习引导者和辅导员。教师将更多地关注学生的能力培养和情感需求，通过引导学生进行自主学习和探究学习，帮助他们发展批判性思维、解决问题的能力以及创新精神。教师将不再是单向的知识灌输者，而是成为学生学习过程中的促进者和引导者，激发学生的学习兴趣，培养他们的学习习惯和终身学习的能力。在教学中，教师需要全面掌握相关技术，监督和管理人工智能技术在教学中的应用，确保技术的正确使用，并且能够根据教学需要调整和优化技术的应用方式，来提高教学效率和质量。

5. 产教融合的智能化升级

人工智能将促进职业教育与产业发展的深度融合和协同创新。通过搭建产业技术数据库和岗位能力清单自动匹配系统，人工智能将帮助职业院校更加准确地把握产业需求和技术动态，调整专业设置和课程内容；人工智能还将支持产教融合项目的实施和评估，提高产教融合的效率和效果，通过建立产业大数据平台，实现企业人才需求与职业院校人才培养的精准对接。以某沿海省份的智能制造产业集群为例，当地职业院校联合行业协会和龙头企业，构建了基于人工智能的产教融合生态系统，通过分析企业生产数据和岗位技能需求，动态调整专业课程设置。自 2023 年实施以来，相关专业学生的就业对口率从 72% 提升至 86%，企业对毕业生的满意度从 55% 增长至 73%。

6. 教育公平与包容性的促进

人工智能技术的应用，将有望显著缩小城乡之间以及不同区域之间的教育差距，从而大力推动教育公平的实现。借助于先进的在线教育平台和智能辅导系统，那些居住在偏远地区和农村地区的学生们，也能够获得与城市学生同等质量的教育资源，提升学习体验，有助于激发学习潜力，为他们打开通往更广阔世界的大门。人工智能技术在特殊教育领域的应用，将为残疾学生提供更加个性化和适应性强的学习支持和辅导，使他们能够克服学习中遇到的障碍，实现自我发展和成长。人工智能技术在教育领域的应用，不仅有助于实现教育的普及和均等化，而且对于促进教育的包容性，确保每个孩子都能享有公平的教育机会，具有非常重要的价值。

7. 终身学习体系的全面构建

在技能型社会背景下，人工智能将助力职业教育终身学习体系的构建。通过对学习者职业生涯全周期数据的跟踪分析，为不同阶段的学习者提供个性化的学习方案。以广东某职业培训机构为例，其利用人工智能算法为转岗人员设计的数字技能培训课程，将学习者的平均培训周期缩短了40%，且培训后就业成功率提高了31%。预计到2030年，基于人工智能的终身学习平台将覆盖全国80%以上的技能型岗位群体，为学习者提供无缝衔接的职业发展支持。

六、本书结构安排

本书围绕人工智能赋能职业教育这一主题，从理论探索到实践应用，从单一教学环节改进到整个教育生态重构，进行了系统而深入的阐述。后续各章节将基于导论提出的现状、挑战与趋势，分别从人工智能与职业教育融合的新范式、教学方法变革、专业建设应用、数字素养提升、跨学科人才培养、学生综合能力培养以及评价体系应用等多个维度展开详细论述。各章节之间相互呼应、层层递进，为读者呈现人工智能时代职业教育创新发展的路线图，为职业院校教师、学校管理者以及行业从业者提供具有实践指导价值的理论框架和应用案例。

第一章　人工智能赋能职业教育的新范式

人工智能融入教育教学全要素全过程，不仅是对传统教育教学模式的简单优化，更是一场全方位、深层次的变革，重塑了职业教育的新生态。本章将深入探讨人工智能如何重构职业教育的人才培养模式、驱动教学模式变革、推动课程体系重构以及促进课程内容动态更新等关键内容。通过对重构人才培养模式、聚焦教学模式变革、课程体系优化等六个方面的详细论述，为读者展现出人工智能赋能职业教育创新发展的全景图，为职业教育工作者、政策制定者以及行业从业者提供具有实践指导价值的理论框架和应用案例。

第一节　人工智能重构人才培养模式的路径探究

在当今数字化浪潮席卷全球的背景下，人工智能正以前所未有的力量重塑着各个行业的生态格局，职业教育领域也深度卷入这场变革之中。人工智能重构职业教育人才培养模式成为时代发展的关键命题。

从理论角度看，建构主义学习理论强调学生在学习过程中的主体地位，主张学习应是学习者基于自身经验主动建构意义的过程。人工智能恰恰为这一理念的落地搭建了绝佳支架。在项目式学习场景里，智能学习系统能够依据学生既往项目成果、兴趣偏好以及能力短板，精准投放适配的项目资源，适时给出启发式问题，引导学生自主探究，助力学生在解决实际问题的沉浸式体验中实现知识的意义建构，使学习不再是机械的知识灌输，而成为充满探索乐趣与思维挑战的深度认知旅程。

从产业需求侧看，智能制造、数字创意等新兴产业快速发展，对技术技能人才提出了全新而严苛的要求。以工业互联网领域为例，在2024年发布的《工业互联网人才白皮书》中显示，该领域急需既精通自动化设备操作，又熟练掌握数据分析与故障预测算法的复合型技师。传统人才培养模式下，课程体系僵化且滞后，实习实践环节与真实生产场景脱节，产出的人才自然难以契合产业胃口；人工智能引入后，依托大数据分析，可以精准勾勒产业人才画像，使学生未出校门，便能提前与产业实际需求精确接轨。

一、人工智能重构人才培养模式的背景与意义

随着第四次工业革命的深入推进，人工智能技术已成为推动社会经济发展的关键力量。在职业教育领域，人工智能的应用不仅为教学提供了新的工具和手段，更在深层次上改变了人才培养的目标和方式。传统职业教育往往侧重于特定技能的传授，而人工智能的融入则要求教育更加注重培养学生的创新能力、批判性思维、问题解决能力以及终身学习能力。这种转变是职业教育适应未来社会需求的必然结果，也是实现教育现代化的重要途径。

人工智能重构人才培养模式的意义在于，它能够通过数据分析、机器学习等技术手段，精准把握学生的学习需求和学习状态，从而为学生提供更加个性化、高效的学习体验；人工智能还能够辅助教师进行教学管理和决策，减轻教师的工作负担，提高教学效率和质量；宏观层面看，人工智能的融入还能够促进职业教育与产业发展的深度融合，实现人才培养与市场需求的有效对接。

二、人工智能重构人才培养模式的路径

1. 智能化教学系统的构建与应用

智能化教学系统是人工智能在职业教育中的重要应用之一。它通过收集和分析学生的学习行为数据，为学生提供个性化的学习路径和资源推

荐。例如，在某高职院校的机械设计制造专业中，引入了基于人工智能的智能化教学系统。该系统能够根据学生的学习进度和能力水平，智能推荐相关课程和学习资料，并实时跟踪学生的学习情况，给出针对性的反馈和建议。通过该系统，学生的学习效率得到了显著提升，同时教师对学生的学习情况也有了更加全面和准确的了解。根据该高职院校的教学质量评估报告，使用智能化教学系统的班级学生在课程通过率上平均提高了 15%，且学生对课程的满意度从 70% 提升至 85%。这一数据充分说明了智能化教学系统在提高教学效果和学生满意度方面的显著作用。

2. 个性化学习路径的设计与实施

个性化学习路径是人工智能重构人才培养模式的另一重要路径。它通过分析学生的学习兴趣、能力水平和学习目标，为每个学生量身定制独特的学习路径和计划。这种个性化的学习路径能够充分考虑学生的差异性和需求，使学习更加高效和有针对性。以浙江某职业技术学院的电子商务专业为例，该专业利用人工智能技术为学生设计了个性化的学习路径。系统根据学生的学习进度和反馈，动态调整教学内容和难度，确保每个学生都能在适合自己的节奏下学习；此外，系统还提供了丰富的学习资源和互动平台，方便学生进行自主学习和协作学习。通过实施个性化学习路径，该专业学生的学习积极性和学习效果得到了显著提升，学生的平均成绩提高了 12%，且学生对学习的积极性和满意度也有了明显提高。该系统还帮助学生发现自己的兴趣和优势，为未来的职业发展奠定坚实基础。

3. 教学模式的创新与变革

人工智能的融入还推动了职业教育教学模式的创新与变革。传统的教学模式往往以教师为中心，注重知识的传授和灌输；而人工智能的应用则使得教学更加以学生为中心，注重学生的参与和体验。例如，在某职业院校的计算机专业中，引入了基于人工智能的翻转课堂模式，学生在课前通过智能化教学系统自主学习相关知识，课堂上则更多地进行讨论、实践和问题解决。这种教学模式的转变不仅提高了学生的自主学习能力，还增强了课堂的互动性和趣味性，学生的课堂参与度提高了 30%，且学生对知识的理解和掌握程度也更加深入。教师也能够更加关注学生的个体差异和需求，提供更加有针对性的指导和帮助。

4. 产教融合的深化与发展

产教融合是职业教育的重要特征之一，也是人工智能重构人才培养模式的重要途径。通过搭建产业技术数据库和岗位能力清单自动匹配系统，人工智能能够帮助职业院校更加准确地把握产业需求和技术动态，从而调整专业设置和课程内容。通过人工智能对产教融合项目的实施和评估，可以明显提高产教融合的效率和效果。

以某地区的智能制造产业集群为例，当地职业院校联合企业构建了基于人工智能的产教融合生态系统，通过分析企业生产数据和岗位技能需求，动态调整专业课程设置和教学内容；职业院校能够及时了解企业的技术需求和人才标准，从而有针对性地调整教学计划和课程设置；企业能够参与到人才培养的过程中来，为学生提供实习、实训等机会，增强学生的实践能力和就业竞争力。通过该系统，相关专业学生的就业对口率从 68% 提升至 82%，企业对毕业生的满意度也从 50% 增长至 70%，这充分说明人工智能在深化产教融合、提高人才培养质量方面的积极作用。

三、人工智能重构人才培养模式的策略

1. 加强基础设施建设与资源整合

为了实现人工智能在职业教育领域的广泛应用和深度融合，必须重视基础设施的建设以及资源的整合工作。职业院校可以增加投资，建设智能化的教学系统和实训平台等基础设施，以适应新时代教育的需求；通过积极整合校内外的各类资源，包括教学资源、企业资源、社会资源等，可以形成一个资源共享、优势互补的良好局面。这种整合不仅能够提高资源的使用效率，还能促进教育质量的提升，为学生提供更加丰富和多元化的学习体验。

2. 提升教师数字素养与人工智能应用能力

教师作为职业教育中的关键力量，不仅是知识的传递者，更是人工智能应用的重要主体。为了进一步提升教师的数字素养和人工智能应用能力，职业院校可以采取多种策略。通过组织专门的培训课程，教师可以系统地学习数字技术和人工智能的基础知识，掌握最新的教育工具和方法；通过定期举办研讨会和工作坊，为教师提供一个交流和分享经验的平台，让他们能够相互学习，共同进步；进一步鼓励教师参与人工智能相关的教学改革和科研项目，通过实践应用来深化理论知识，提高解决实际问题的能力。学校还可以出台相关政策，为积极参与的教师提供必要的支持和激励，从而激发他们的积极性和创新精神。通过这些综合措施，教师的教学水平和科研能力将得到显著提升，进而推动整个职业教育的发展。

3. 完善人才培养质量评价体系

为了确保人工智能技术能够有效地重构和优化人才培养模式，学校必须完善人才培养质量评价体系，通过它检验人工智能在人才培养方面所取得的成效。人才培养质量评价体系应包含一系列详尽的评价指标，这些指标能够全面反映人才培养的各个方面；评价体系还涵盖多种评价方法，以确保可以从不同角度和维度对人才培养质量进行科学、客观地评估；评价周期的设定决定了评价活动的频率和及时性，通过定期的评估和深入的分析，能够及时掌握人才培养模式的实施效果，发现存在的问题和不足之处。有了这些宝贵的数据，就可以有针对性地对培养模式进行调整和优化，确保人才培养的质量不断提高，更好地适应社会和行业的需求。

4. 推动政策创新与制度保障

政策创新和制度保障是人工智能重构人才培养模式的重要保障。当前，政府和教育行政部门通过出台相关政策措施，鼓励和支持职业院校积极探索和实践人工智能在职业教育中的应用。例如，教育部等九部门在2025 年发布的《关于加快推进教育数字化的意见》中强调，“全面推进智能化，促进人工智能助力教育变革”“有序开展人工智能应用试点，探索

‘人工智能+教育’应用场景新范式，推动大模型与教育教学深度融合。推动思政、科学教育、美育、心理健康等领域及数学、物理等基础学科专题大模型垂直应用，培育应用生态。”同时，还应建立健全相关制度机制，如数据安全管理机制、产教融合机制等，为人工智能在职业教育中的健康发展提供有力保障。

四、人工智能重构人才培养模式的案例分析

案例1：智能制造专业的智能化教学改革

广东省某高职院校智能制造专业积极探索人工智能在职业教育中的应用，引入了基于人工智能的智能化教学系统和实训平台，实现了教学过程的全程智能化管理。通过智能化教学系统，学生能够自主学习相关知识，并进行在线测试和评估；通过实训平台，学生能够进行模拟操作和技能训练，提高实践能力和操作技能。实施智能化教学改革后，该专业学生的学习积极性和学习效果得到了显著提升；教师的教学负担也得到了有效减轻，能够更加专注于教学内容的创新和教学方法的改进；学校与企业建立了紧密的合作关系，实现了人才培养与市场需求的有效对接。

案例2：电子商务专业的个性化学习路径设计

浙江某职业技术学院在电子商务专业开展试点，通过分析学生认知特征、实践能力、职业倾向等32个维度的数据，为每个学生生成个性化课程地图。实施两年后，该专业学生专业对口率提升至91%，创业成功率从5.3%增至12.7%，充分证明了个性化培养的有效性。这种个性化培养的实现依赖于三大技术支撑：一是学习行为分析技术，例如，某校开发的智能实训系统可实时捕捉学生操作轨迹，精度达0.1毫米级；二是自适应学习引擎，例如，某教育科技公司研发的AI教学平台可根据学生掌握程度动态调整实训难度，响应时间低于0.3秒；三是虚拟导师系统，例如，某职校引入的虚拟仿真教练可提供7×24小时个性化指导。

人工智能技术的快速发展和广泛应用正在深刻改变着职业教育的面貌和格局。通过构建智能化教学系统、设计个性化学习路径、创新教学模式

以及深化产教融合等途径，人工智能正在逐步重构职业教育的人才培养模式。这种重构不仅提高了教学效果和学习效率，还促进了学生全面发展和社会适应能力的提升。随着人工智能技术的不断进步和应用场景的拓展，职业教育将迎来更加广阔的发展空间和更加多元的发展路径。职业院校需要进一步加强基础设施建设、提升教师素养、完善评价体系以及推动政策创新等方面的工作力度，为人工智能在职业教育中的深入应用和健康发展提供有力保障和支持。通过积极探索和实践人工智能与职业教育融合发展的新模式和新方法，为培养更多高素质技术技能型人才作出更大贡献。

第二节　人工智能驱动教学模式变革性实践策略

在数字化与智能化浪潮的推动下，人工智能技术正以前所未有的速度渗透至职业教育的各个层面，其中教学模式的变革尤为显著。本节将深入探讨人工智能如何驱动职业教育教学模式的革新，分析其实践策略、具体应用场景及影响。

一、人工智能驱动教学模式变革的理论基础

1. 建构主义学习理论的支撑

建构主义学习理论强调学生在学习过程中的主体地位，主张学习是学生基于自身经验主动建构意义的过程。人工智能技术通过智能算法分析学生的学习行为数据，能够为学生提供个性化的学习路径和资源推荐，从而更好地满足学生的个性化学习需求。例如，在混合式学习模式中，人工智能算法能够精准分析学生的学习风格与偏好，为学生量身定制线上线下融合的学习路径。江苏某职业技术学院的数控技术专业引入智能学习平台后，学生的学习积极性显著提升，课程平均成绩提高了18%，优秀率从23%跃升至39%。

2. 生成式学习理论的应用

生成式学习理论认为，学习是一个主动生成知识的过程，学生通过与环境的交互，主动构建自己的知识体系。人工智能技术通过智能工具为学生提供丰富的学习资源和交互平台，支持学生进行自主探究和项目式学习，从而培养学生的创新能力和问题解决能力。例如，北京某职业学院的电子信息工程专业的学生利用人工智能数据分析工具处理实际项目中的复杂数据，通过智能协作平台与团队成员实时沟通、分工合作，在2024年的毕业设计项目中，采用项目式学习的学生团队提出的方案创新性与可行性得到了企业高度认可，最终有12个团队的方案被企业直接采纳应用于生产流程优化。

二、人工智能在职业教育教学模式中的应用策略

1. 智能化教学系统的深度整合与优化

智能化教学系统作为人工智能驱动教学模式变革的核心载体，其深度整合与优化是重构职业教育生态的关键实践策略。从建构主义理论视角出发，学习环境的智能化改造需以学习者为中心，通过动态捕捉学情数据、实时反馈学习效果，实现教学过程的精准调控。在相关文件中明确要求，职业院校需构建覆盖“教学—实训—评价”全流程的智能教学系统，推动教学资源与学习行为的数字化映射。

以江苏省某职业技术学院的“AI＋计算机视觉”教学改革为例，该校引入基于深度学习的智能教学系统，系统通过分析学生编程作业中的代码逻辑、调试频率及错误类型，构建了涵盖代码规范性（权重30%）、算法效率（权重40%）和调试能力（权重30%）的三维评价模型。该系统不仅自动生成个性化学习报告，还能根据学生薄弱环节推荐专项训练模块。根据该校2024年的教学评估数据，使用该系统的班级在省级以上技能竞赛获奖率提升了28%，学生代码调试效率提高42%。这一案例表明，智能化教学系统的深度整合需聚焦专业核心能力指标，通过算法模型优化实现教学效能的量化提升。

2. 个性化学习路径的动态生成与实施

个性化学习路径的设计需以多模态数据融合为基础，通过整合学生认知特征、职业倾向与产业需求，构建动态适配的终身学习体系。根据麦肯锡公司的报告，未来五年全球将有1.3亿个岗位要求劳动者具备“人工智能辅助决策”能力，这要求职业教育必须从标准化培养转向精准化赋能。

广东省某职业技术学院在全校范围内实施了“AI画像驱动”的个性化培养方案。通过采集学生32个维度的数据（包括课程成绩、实训表现、企业实习反馈及职业兴趣测评），系统利用聚类算法将学生划分为“技术研发型”“运营管理型”和“创新创业型”三类群体，并据此生成差异化的课程组合与实训项目。例如，“创新创业型”学生需额外完成商业计划书智能生成工具实操、AI市场预测模型构建等特色模块。实施两年后，该专业学生创业孵化项目数量增长65%，其中3个项目获得省级创新创业大赛奖项。这一实践验证了个性化学习路径需以产业需求为锚点，通过数据驱动的分类培养提升人才与岗位的契合度。

3. 人机协作教学模式的设计与应用

人机协作教学模式的本质在于重构师生角色关系，通过人工智能与教师的能力互补，实现教学效率与质量的协同提升，教师需从“知识传授者”转型为“学习设计师”，而人工智能则承担知识传递、过程监控等基础性工作。

广东省某职业院校在智能制造专业中探索了“双导师制”教学模式，即“AI虚拟导师+企业工程师”协同指导项目化学习。在《工业机器人系统集成》课程中，AI虚拟导师负责提供标准操作流程演示、故障诊断知识库查询等支持，而企业工程师则聚焦复杂工程问题的解决方案设计。通过对比实验发现，采用双导师模式的班级在项目完成度（92% vs. 78%）和创新能力评分（4.3/5 vs. 3.6/5）上均显著优于传统教学模式。这一模式的成功依赖于两大支撑：一是建立覆盖5000个工业场景的AI知识图谱，确保虚拟导师的专业性；二是构建校企数据共享机制，实时更新产业技术案例库。

4. 产教融合智能化平台的构建

产教融合的智能化升级需以数据互联为核心，通过打通教育链与产业链的数据壁垒，实现人才培养与产业需求的动态匹配。未来要推进国家级产教融合大数据平台的建设，推动岗位能力标准与课程体系的自动对齐。

山东省某职业院校联合海尔集团搭建了“工业互联网产教融合平台”，该平台集成企业生产数据（设备运行日志、工艺参数等）与教学数据（实训记录、技能考核结果），利用关联规则挖掘算法识别岗位能力短板。例如，数据分析显示，学生在“设备预测性维护”模块的达标率仅为63%，平台随即自动调整课程结构，增设《基于机器学习的故障诊断》等前沿课程。经过三个学期的迭代优化，相关专业毕业生在工业互联网工程师认证考试通过率从58%提升至89%，企业对其岗位适应性的满意度达到91%。这一实践表明，产教融合智能化平台需以数据闭环为核心，通过持续反馈优化人才培养供给侧结构。

5. 教师数字素养的系统化提升

教师数字素养的提升是人工智能驱动教学模式变革的根基。据第三方调研机构的数据，职业院校仅有17%的教师能熟练使用AI教学工具，而具备数据分析和算法调优能力的教师不足8%。

上海市某职业技术学院实施了“三阶四维”教师数字素养提升计划：“三阶”指基础应用、深度融合与创新引领三个阶段；“四维”涵盖技术工具使用（如智能备课系统）、数据驱动决策（如学情分析仪表盘）、AI伦理认知（如算法偏见识别）及教学范式创新（如混合现实课程设计）。通过为期一年的专项培训，该校教师AI工具使用熟练度提升至62%，该校建立教师数字素养认证体系，将AI教学能力纳入职称评审指标，形成“培训—实践—认证”的全周期发展机制。

6. 教学评价体系的智能化重构

传统教学评价往往局限于考试成绩等单一维度，而人工智能支持下的评价体系需向“过程性—多维性—预测性”转型。北京市某高职院校软件技术专业试点“AI全息评价系统”，该系统整合课堂行为数据（如提问频率、小组协作贡献度）、实训操作数据（如代码提交版本、调试耗时）及企业实习数据（如任务完成质量、创新能力评分），利用随机森林算法构建学生综合能力评估模型。评价结果不仅反映当前能力水平，还能预测未来3年的职业发展潜力。数据显示，该系统对学生就业竞争力的预测准确率达85%，帮助学校将人才培养方案调整周期从18个月缩短至6个月。这一创新表明，智能化评价需突破结果导向局限，通过多源数据融合实现教育质量的动态治理。

7. 教育公平的技术赋能路径

人工智能在缩小区域教育差距方面具有独特价值，我国中西部地区职业院校的人工智能实训设备覆盖率仅为东部地区的32%，但云端资源共享与虚拟仿真技术的普及为教育公平提供了新路径。四川某职业学校的汽车维修专业学生，可通过AR眼镜远程操作浙江省某技师学院的虚拟实训设备，系统实时反馈操作规范性评分。实施一年后，毕业生起薪较传统教学模式提高26%。这个案例证明，通过云端协同与轻量化终端结合，可突破硬件资源约束，实现优质教育资源的普惠性覆盖。

人工智能驱动教学模式变革性实践策略需以“系统整合—数据驱动—人机协同”为逻辑主线，通过智能化教学系统、个性化学习路径、产教融合平台等七大策略的协同推进，构建适应数字经济时代需求的职业教育新生态。这一过程中，需始终坚持以产业需求为导向、以教师发展为支撑、以教育公平为底线，通过技术创新与制度创新的双轮驱动，实现职业教育教学质量的系统性跃升。

三、人工智能推动教学模式创新的实际案例

1. 智能实训系统的应用

在实训教学领域，人工智能技术的融入同样带来了革命性的变化。以江苏某职业技术学院的汽车制造专业为例，该校联合企业开发了基于AI的汽车拆装虚拟实训系统，利用计算机视觉技术实时监测学生的操作规范

性，并给予即时反馈。通过对 2024 届汽车制造专业学生的跟踪调查发现，接受虚拟实训与传统实训相结合教学模式的学生，在实际工作岗位上的操作失误率比仅接受传统实训的学生低 36%，且岗位适应期缩短了约 1 个月。智能实训系统在提升学生实践操作能力、缩短岗位适应周期方面具有显著效果。

2. 智能评价系统的构建

评价是教学过程中的重要环节，而人工智能技术的引入为评价体系的革新提供了可能。以湖北某职业技术学院为例，该校开发了基于 AI 的智能评价系统，该系统能够实时分析学生的学习数据，对学生的知识掌握程度、技能水平及综合素养进行全面评估。通过智能评价系统的应用，教师能够更加准确地了解学生的学习状况，及时调整教学策略，为学生提供更加个性化的指导。该校 2024 年的教学评估报告显示，使用智能评价系统的班级学生平均成绩提高了 18%，且学生对评价的满意度也达到了 90% 以上。

四、数据支持

多项研究数据为人工智能在职业教育教学模式变革中的积极作用提供了有力证据。《2024 年中国职业教育发展报告》显示，引入人工智能技术的职业院校在教学效果、学生满意度及就业率等方面均表现出显著优势。以就业率为例，应用人工智能技术的职业院校毕业生就业率平均高出未应用院校多个百分点。此外，多项实证研究也表明，AI 辅助的个性化学习路径能够显著提高学生的学习积极性和学习效率，为职业教育的质量提升注入了新的活力。

人工智能在职业教育教学模式变革中发挥着举足轻重的作用。通过构建智能化教学系统、设计个性化学习路径、创新翻转课堂与混合式学习等实践策略，人工智能不仅提高了教学效率和学习效果，还促进了学生全面发展和社会适应能力的提升。然而，人工智能的应用也面临着数据隐私保护、算法公平性等诸多挑战，需要职业院校教师与教学管理者在实践中不断反思和改进。展望未来，随着人工智能技术的不断进步和应用场景的拓展，职业教育将迎来更加广阔的发展空间和更加多元的发展路径。通过持续探索和实践，不断优化人工智能与职业教育的融合模式，为培养更多高素质技术技能型人才作出应有的贡献。

第三节　人工智能推动课程体系重构的理论与实践

在职业教育领域，课程体系的重构是适应产业发展需求、提升学生综合能力的重要环节。随着人工智能技术的快速发展，其强大的数据分析、机器学习及智能决策能力为课程体系的重构提供了新的思路和实践路径。

一、人工智能推动课程体系重构的背景与意义

随着数字经济时代的飞速发展，人工智能技术已成为引领社会经济发展的关键力量。在职业教育领域，传统课程体系往往侧重于特定技能的传授，难以适应快速变化的产业需求和技术动态。人工智能的融入为课程体系的重构提供了强大的技术支持和理念革新，通过数据分析、机器学习等技术手段，人工智能能够精准把握产业需求和学生特点，从而设计出更加符合时代发展需求的课程体系。

人工智能推动课程体系重构的意义在于，它能够使职业教育更加贴近产业实际，提高人才培养的市场适应性；通过智能化的课程设计和实施，可以激发学生的学习兴趣和潜能，培养其创新能力和问题解决能力；人工智能还能够辅助教师进行课程管理和决策，提高教学效率和质量，为职业教育的现代化发展提供有力支撑。

二、人工智能推动课程体系重构的理论基础

1. 关联主义学习理论

关联主义学习理论强调学习是一个网络连接的过程，认为知识是分布

在不同的节点上，通过学习者的经验和实践，这些节点之间建立起连接，形成个人的知识网络。人工智能技术通过智能算法分析学生的学习行为数据，能够发现不同知识点之间的关联，从而为课程体系的重构提供科学依据。例如，通过关联规则挖掘算法，可以识别出哪些课程或知识点之间具有较强的关联性，进而优化课程结构，使学生能够更加系统地掌握知识和技能。

2. 终身学习理论

终身学习理论主张学习是一个持续不断的过程，强调个体在不同阶段都需要不断学习和更新知识。人工智能技术的快速发展，使得知识更新的速度日益加快，这就要求职业教育必须注重培养学生的终身学习能力。通过人工智能技术，可以构建个性化的学习路径和终身学习体系，帮助学生随时获取最新的知识和技能，适应不断变化的社会需求。

三、人工智能推动课程体系重构的路径与策略

1. 基于产业需求的课程体系设计

人工智能能够通过分析产业数据和技术动态，精准勾勒产业人才画像，从而为课程体系的重构提供方向。例如，通过构建产业技术数据库和岗位能力清单自动匹配系统，可以明确各岗位所需的知识和技能点，进而设计出与之相匹配的课程体系。以智能制造领域为例，通过分析该领域的岗位需求和技术发展趋势，可以设计出涵盖自动化设备操作、数据分析与故障预测等技能的课程体系，以满足产业对复合型技师的需求。

案例 1：智能制造领域的课程体系重构

江苏某职业技术学院联合智能制造企业，共同构建了基于人工智能的课程体系。通过收集和分析企业生产数据和岗位技能需求，该校对原有课程体系进行了全面重构。新增了《智能制造技术基础》《工业大数据分析》等课程，同时加强了《自动化设备操作与维护》《机器人编程与应用》等实践课程的比重。实施新的课程体系后，学生的岗位适应能力和就业竞争

力显著提升，毕业生就业对口率从65%提高至85%，企业对毕业生的满意度也从55%增长至75%。

2. 个性化课程路径的生成与实施

人工智能能够通过分析学生的学习兴趣、能力水平和学习目标，为每个学生生成个性化的课程路径。这种个性化的课程路径能够充分考虑学生的差异性和需求，使学习更加高效和有针对性。例如，通过构建个性化学习平台，系统可以根据学生的学习进度和反馈，动态调整课程内容和难度，确保每个学生都能在适合自己的节奏下学习。

案例2：电子商务专业的个性化课程路径

福建某职业技术学院在电子商务专业中实施了个性化课程路径。系统根据学生的学习数据和职业倾向，为每个学生生成了独特的课程地图。对电商运营感兴趣的学生，系统会增加《电商运营策略》《电商平台数据分析》等课程的比重；对跨境电商有兴趣的学生，则会推荐《跨境电商实务》《国际市场营销》等课程。通过实施个性化课程路径，学生的学习积极性和学习效果得到了显著提升，学生的平均成绩提高了15%，且学生对学习的满意度也有了明显提高。

3. 智能化课程资源的开发与利用

人工智能能够辅助教师开发和利用课程资源，提高课程内容的丰富性和实用性。例如，通过智能爬虫技术，可以从互联网上收集大量的教学素材和案例；通过机器学习算法，可以对这些素材进行分类和筛选，形成高质量的课程资源库；人工智能还可以根据学生的学习需求和兴趣偏好，智能推荐相关的课程资源和学习资料。

案例3：智能化工程造价专业的课程资源开发

河北某职业技术学院在工程造价专业中引入了人工智能技术来开发课程资源。通过智能爬虫技术，该校从互联网上收集了大量的工程造价案例和实操教程；通过机器学习算法，对这些资源进行了分类和整理，形成了涵盖工程估价、合同管理、成本控制等多个方面的课程资源库；学生可以根据自己的学习需求和兴趣偏好，选择相应的课程资源进行学习。实施智能化课程资源开发后，学生的学习效率和实践能力得到了显著提升，学生在省级以上技能竞赛中的获奖率也提高了20%。

4. 课程评价体系的智能化重构

传统课程评价体系往往侧重于对学生知识掌握程度的考核，而忽视了对学生综合能力和素质的评估。人工智能能够支持构建多维度的课程评价体系，全面反映学生的学习成果和综合素质。例如，通过整合课堂行为数据、实训操作数据、企业实习数据等多源数据，可以利用机器学习算法构建学生综合能力评估模型，对学生的学习效果进行全方位评价。

案例4：软件技术专业的智能化课程评价

山东某职业技术学院在软件技术专业中实施了智能化课程评价。引入基于人工智能的智能评价系统，系统整合了学生的学习数据、实训操作数据以及企业实习数据。通过机器学习算法，系统对学生的知识掌握程度、技能水平及综合素养进行了全面评估。评价结果不仅反映了学生的当前能力水平，还能预测学生的未来发展潜力。数据显示，该系统对学生就业竞争力的预测准确率达80%以上。通过智能化课程评价，教师能够更加准确地了解学生的学习状况，及时调整教学策略，为学生提供更加个性化的指导。

四、人工智能推动课程体系重构的挑战与对策

1. 数据隐私与安全问题

在人工智能推动课程体系重构的过程中，涉及大量的学生学习数据和个人信息。如何确保这些数据的安全和隐私，防止数据泄露和滥用，是一个亟待解决的问题。职业院校有必要建立健全数据安全管理机制，加强对数据的收集、存储、处理和使用过程的监管；加强对学生的数据安全教育，提高其数据保护意识。

2. 算法公平性与透明度问题

人工智能算法在课程体系重构中发挥着重要作用，但其公平性和透明度问题不容忽视，算法偏见和歧视可能导致课程设计的偏颇和不公平。为了确保算法的公平性和透明度，职业院校应建立算法审查机制，对算法的设计和实施进行定期审查和评估，加强对算法的解释性，使教师和学生能够了解算法的工作原理和决策依据。

3. 教师数字素养提升问题

教师是课程体系重构的实施者，其数字素养和人工智能应用能力直接影响着课程体系重构的效果。然而，当前职业院校教师的数字素养水平参差不齐，部分教师缺乏对人工智能技术的了解和掌握。为了提高教师的数字素养和人工智能应用能力，职业院校应加强对教师的培训和引导，通过组织专门的培训课程、研讨会和工作坊等活动，帮助教师系统地学习数字技术和人工智能的基础知识，掌握最新的教育工具和方法；学校还可以通过制定相关的制度鼓励教师积极参与人工智能相关的教学改革和科研项目，通过实践应用来深化理论知识，提高解决实际问题的能力。

4. 政策创新与制度保障问题

人工智能推动课程体系重构需要政策创新和制度保障的支持。当前，政府和教育行政部门应出台相关政策措施，鼓励和支持职业院校积极探索和实践人工智能在课程体系重构中的应用。例如，可以设立专项基金支持相关研究和实践项目；可以制定相关标准和规范，引导职业院校规范有序地推进课程体系重构工作；可以建立健全相关制度机制，如产教融合机制、校企合作机制等，为人工智能在职业教育中的健康发展提供有力保障。

五、人工智能推动课程体系重构的发展方向

随着人工智能技术的不断进步和应用场景的拓展，职业教育课程体系

重构将迎来更加广阔的发展空间和更加多元的发展路径。未来，人工智能将在以下几个方面继续推动课程体系重构的深入发展。

1. 更加精准的产业对接

通过深入分析产业数据和技术动态，人工智能将能够更加精准地把握产业需求和技术发展趋势，从而为课程体系的重构提供更加科学的依据。这将使得职业教育更加贴近产业实际，提高人才培养的市场适应性。人工智能的应用不仅限于数据分析，它还可以通过机器学习和模式识别等技术，实时监测产业变化，预测未来趋势，为教育机构提供动态调整课程内容的可能。人工智能还可以帮助教育者更好地理解学生的学习行为和需求，从而设计出更加个性化和高效的教学方案，确保学生能够获得与产业发展同步的知识和技能。

2. 更加个性化的学习体验

随着人工智能技术的不断发展，个性化学习将逐渐成为职业教育的主流模式。通过智能分析学生的学习数据和兴趣偏好，人工智能将能够为每个学生提供量身定制的课程路径和学习资源，使学习更加高效和有针对性。这种模式不仅能够激发学生的学习兴趣，还能帮助他们更好地掌握知识和技能。个性化学习的实现，让每个学生都能在自己的节奏下学习，不再受限于传统教育模式中的“一刀切”教学方法。人工智能还能根据学生的学习进度和理解程度，实时调整教学内容和难度，确保每个学生都能在最佳状态下进行学习，从而达到最佳的学习效果。

3. 更加丰富的课程资源

借助人工智能技术，教师们将能够开发和利用更加丰富多样的课程资源，这些资源不仅包括传统的教学素材、案例分析，还包括各种实操教程和互动式学习工具。这些资源将广泛覆盖各个专业领域和技能点，从而满足学生在学习过程中对于多样化内容的需求。通过智能推荐系统和分享机制，这些高质量的教育资源将能够在更广泛的范围内得到共享和传播，不仅有助于提高教学效率，还能促进知识的交流与创新。

4. 更加完善的评价体系

随着人工智能技术的不断发展，未来有望构建出一个更加完善和全面的课程评价体系。这个评价体系将能够全面反映学生的学习成果以及他们的综合素质，通过整合来自不同来源的数据，并利用先进的机器学习算法，对学生在知识掌握程度、技能水平、创新能力、团队协作能力等多个方面进行深入的评估。这样的评价不仅限于传统的考试成绩，还包括学生的实践能力、创新思维以及社交能力等非智力因素。这将为教师的教学改进提供更加科学的依据，同时也能更好地指导学生进行个性化学习，促进他们的全面发展。

人工智能在推动职业教育课程体系重构方面发挥着举足轻重的作用。通过基于产业需求的课程体系设计、个性化课程路径的生成与实施、智能化课程资源的开发与利用以及课程评价体系的智能化重构等路径和策略，人工智能不仅提高了课程体系的市场适应性和学生的综合能力，还为职业教育的现代化发展提供了有力支撑。然而，人工智能的应用也面临着数据隐私保护、算法公平性、教师数字素养提升等挑战，需要职业院校教师与教学管理者在实践中不断反思和改进。随着人工智能技术的不断进步和应用场景的拓展，职业教育课程体系重构将迎来更加广阔的发展空间和更加多元的发展路径。

第四节　人工智能促进课程内容动态更新的机制研究

数字经济时代，产业技术迭代速度的指数级增长对职业教育课程内容的时效性提出了前所未有的挑战。传统课程更新周期长、反馈滞后的问题日益凸显，而人工智能技术通过数据驱动的动态调整机制，为职业教育课程内容的实时更新提供了全新的解决方案。本节基于知识管理理论、复杂适应系统理论及产业需求响应模型，结合国内外前沿实践，系统探讨人工智能促进课程内容动态更新的核心机制、实施路径及现实挑战，以构建适应技术变革的职业教育课程内容生态体系。

一、人工智能驱动课程内容动态更新的背景与必要性

职业教育课程内容与产业需求的动态匹配是教育质量的核心保障。据《2024年全球职业教育发展报告》显示，传统课程体系平均更新周期为3～5年，而智能制造、工业互联网等领域的核心技术迭代周期已缩短至6～12个月，导致近40%的毕业生入职后需接受企业二次培训。这种结构性矛盾在数字经济时代尤为突出：一方面，企业亟须掌握最新技术的技能型人才；另一方面，职业教育课程内容更新速度难以跟上技术变革步伐。

人工智能技术的介入为解决这一矛盾提供了突破性路径。通过实时采集产业数据、学习者行为数据及技术动态信息，人工智能能构建“需求感知—内容生成—效果反馈”的闭环机制。例如，浙江某职业技术学院通过与企业共建数据中台，将工业互联网设备的实时运行数据直接导入课程开发系统，使《智能产线运维》课程的实训案例更新频率从每年1次提升至每月1次，学生岗位适应周期缩短至1.2个月。这表明，人工智能驱动的动态更新机制正在重塑职业教育课程内容的生产逻辑。

二、人工智能促进课程内容动态更新的理论框架

1. 知识管理理论

知识管理理论强调知识的获取、共享与创新过程。在职业教育场景中，课程内容本质上是结构化知识的集合。人工智能通过自然语言处理（NLP）技术，可从海量产业报告、专利文献及技术文档中提取知识单元，并通过语义关联构建动态知识图谱。例如，某教育科技企业研发的“AI课程知识引擎”，能够实时抓取全球顶尖期刊的智能制造领域论文，自动识别技术热点（如数字孪生、预测性维护），并生成模块化教学资源。使课程内容的知识密度提升47%，技术前沿覆盖率从58%增至89%。

2. 复杂适应系统理论

复杂适应系统理论认为，教育系统需通过持续交互实现自我优化。人工智能赋能的课程内容更新机制，本质上是构建一个具有自适应能力的教育生态系统。该系统通过三个路径实现动态平衡。

（1）数据输入。整合企业生产数据（如设备故障日志）、学习者行为数据（如实训操作轨迹）及技术标准数据（如 ISO 更新版本）；

（2）算法处理。利用聚类分析识别技术趋势，通过关联规则挖掘建立知识点间的逻辑网络；

（3）反馈调节。基于学习者掌握度评估结果，自动调整知识点的呈现顺序与难度梯度。

江苏某职业学院的相关课程采用该框架后，课程内容的迭代周期从 18 个月压缩至 3 个月。

三、人工智能驱动课程内容动态更新的核心机制

1. 产业数据驱动的实时需求感知机制

课程内容更新的起点在于精准捕捉产业技术需求。人工智能通过几种方式实现需求感知的智能化。

（1）企业生产数据的深度挖掘。校企共建的数据共享平台可实时获取生产设备运行参数、工艺优化记录等核心数据。例如，山东某职业技术学院与企业合作开发的“智能制造课程动态更新系统”，通过分析生产线上的设备故障频次（如 2024 年 1 ~ 6 月电机过热故障占比达 23%），自动在《设备维护技术》课程中增加“基于机器学习的过热预警模型”实训模块。实施后，学生故障诊断准确率从 71% 提升至 94% 。

（2）技术标准的自动解析与映射。人工智能可自动跟踪国际标准的更新动态，并将其转化为教学知识点。江苏某职业技术学院开发的“标准智能解析引擎”，能够将新版技术规范中的关键条款自动匹配至《智能制造系统集成》课程，使教学内容与行业标准同步率保持 100% 。

2. 多源数据融合的知识生成机制

为了确保课程内容的质量和多样性，需要突破依赖单一知识来源的局限性，构建多元化的数据融合生成模式，通过整合来自不同领域、不同视角和不同形式的信息资源，来丰富和拓展课程内容。这种模式不仅能够提供更全面的知识覆盖，还能激发学习者的兴趣，促进他们的批判性思维和创新能力的发展。

（1）跨模态数据的智能整合。通过整合文本、图像、视频等多模态数据，人工智能可生成沉浸式教学内容。例如，上海某职业技术学院在《新能源汽车技术》课程中引入 AI 内容生成系统，将新能源车企公开的电池热管理专利文本、装配线监控视频及故障诊断日志进行融合，自动生成包含 3D 拆解动画、交互式故障树的教学案例库。学生通过该库学习后，电池组装操作精度从 88% 提升至 97%。

（2）众包式知识贡献体系。通过建立教师、企业工程师、学习者共同参与的内容众包平台，广东某职业技术学院的“AI 课程众创平台”采用区块链技术记录贡献者权益，企业专家上传的实战案例经 AI 去敏处理后，自动转化为标准化教学资源，累计生成 230 多个产业导向型教学模块，资源利用率达 78%。

3. 学习者反馈导向的内容优化机制

课程内容的动态更新需以学习者实际需求为根本导向，确保教学内容与学习者的期望和需求保持一致，从而提高学习效率和满意度。

（1）学习行为数据的深度洞察。通过采集学习者在智能教学平台中的点击轨迹、停留时长及测试结果，人工智能可识别内容难点与兴趣点。安徽某职业技术学院在《Python 数据分析》课程中，利用 AI 系统发现学生在“时间序列预测”章节的平均停留时间超出标准值 42%，且错误率高达 65%，进而自动增加“ARIMA 模型可视化解析”微课视频，并调整习题难度梯度。经过一系列的优化，该章节通过率从 58% 提升至 83%。

（2）个性化内容推荐系统。基于协同过滤算法与知识图谱技术，为不同能力水平的学习者推送差异化内容。湖北某职业技术学院的“AI 课程推荐引擎”根据学生职业倾向（如 43% 选择运维岗、37% 选择研发岗），在《工业互联网技术》课程中动态调整案例库权重。选择研发岗的学生将获得更多算法优化案例，而运维岗学生则侧重设备监控场景。实施该机制后，学生岗位匹配度提升 29%。

四、人工智能促进课程内容动态更新的实践策略

1. 构建“教育—产业—技术”三元协同的数据生态

动态更新机制的有效运行依赖于高质量数据生态的支撑，这意味着需要不断优化数据收集、处理和分析的流程，确保数据的准确性和时效性，为教育、产业和技术的协同发展提供坚实的数据基础。

（1）教育端。建设覆盖教学全流程的智能中台，实现课程资源、学习行为、评价结果的数字化沉淀；

（2）产业端。通过 API 接口与 MES（制造执行系统）、ERP（企业资源计划）等工业系统对接，实时获取生产数据与技术需求；

（3）技术端。接入全球专利数据库、学术期刊库及技术论坛，构建跨领域知识网络。

广东某职业技术学院联合无人机企业建立“无人机技术教育数据联盟”，接入 200 余家产业链企业的实时数据流，课程内容更新效率提升 60%，毕业生在企业售后工程师岗位的首次故障解决率大大提升。

2. 开发模块化、可配置的课程内容架构

传统的线性课程结构往往难以适应动态更新的需求，因此，职业院校教师需要转向模块化设计，允许课程内容被分割成独立的模块，每个模块都可以独立更新和配置，从而提供更加灵活和个性化的学习体验。

（1）微颗粒度的知识封装。将课程内容拆解为 5 ~ 15 分钟的独立微课单元，每个单元包含学习目标、核心知识点、实训任务及评估标准。重庆某职业院校的《智能仓储管理》课程被重构为 32 个微课模块，企业可根据仓库自动化升级需求，快速组合所需模块开展定制化培训。

（2）动态依赖关系管理。通过知识图谱技术建立模块间的逻辑关系网

络。当某个技术点更新时，系统自动触发关联模块的修订提示，通过这种技术，学校的课程修订工作量可以减少 70% 。

3. 建立教师与人工智能协同合作的内容生产模式

人工智能技术的发展并不是为了取代教师的角色，而是旨在通过教师与人工智能之间的协同合作，进一步提升内容生产的效率和质量。

（1）人工智能辅助教学设计。智能工具可自动生成课程大纲、教案初稿及评估方案。例如，某教育科技公司研发的“智课助手”，能够根据《Web 前端开发》课程标准，在 10 分钟内生成包含 HTML5 新特性、Vue3 框架实战等前沿内容的课程框架，教师仅需进行 20% 的创造性调整。

（2）教师主导的质量控制。在浙江某职业技术学院的实践中，教师组成“内容审核委员会”，对人工智能生成的教学案例进行真实性校验、教育性评估，使人工智能生成内容的直接可用率从 35% 提升至 82% 。

五、典型案例分析

案例：智能制造课程的动态更新实践

广东某职业技术学院与新能源车企合作开发的《新能源汽车智能制造》课程，通过三种机制实现动态更新。利用实时接入企业生产车间的电池组装线数据实现数据输入；人工智能系统自动识别高频故障模式；构建“视觉引导精准对位技术”实训模块实现内容生成。学生通过虚拟仿真系统掌握该技术后，在实际产线中的操作失误率降低至 3% ，较传统教学模式提升 76% ，以此验证效果。

六、挑战与应对策略

1. 数据壁垒与隐私风险

在职业教育领域，数据的使用和共享是一个复杂的问题，因为它不仅涉及企业的机密信息，还涉及学生的个人隐私。由于这些敏感信息的存在，不同主体之间进行数据共享时，会面临一系列的法律和伦理障碍。这些障碍可能来自数据保护法规、隐私政策以及道德考量，它们共同构成了数据壁垒。为了有效地应对这些挑战，需要采取一系列的策略，这些策略可能包括但不限于：加强数据安全措施，确保数据在传输和存储过程中的安全；制定严格的数据使用协议，明确数据共享的范围和条件；提高数据处理的透明度，让数据主体了解其数据如何被使用；以及加强相关法律法规的遵守，确保数据共享活动合法合规。通过这些措施，可以在保护隐私的同时，促进职业教育数据的有效利用，从而推动整个行业的进步和发展。

2. 教师角色转型压力

在教育领域，动态更新机制的实施要求教师角色发生根本性的转变，从传统的“内容传授者”转变为“课程设计师”。根据 2024 年的一份调研报告显示，只有 9% 的职业院校教师具备了利用人工智能辅助进行课程开发的能力。为了应对这个难题，需要探索和实施有效的破解路径。有的地区建立能力分级认证体系，实施了三级人工智能教学能力认证制度，教师们可以根据自己的能力水平获得相应的认证等级。高级别的教师将有机会主持省级国家级的课程开发项目，在课程设计方面发挥更大的影响力。许多学校采用校企轮岗制度促进教师转型，按文件要求一般专业教师每五年必须到合作企业中参与为期六个月的挂职锻炼，从事技术研发等工作，确保教师能够不断更新自己的知识体系，保持对产业前沿技术的敏感度和理解力，进而将最新的行业知识和技能融入课程设计和教学中。

3. 技术工具适配性不足

现有 AI 工具在特定专业场景中仍存在局限。例如，护理实训需要高精度生理参数模拟，而市面人工智能设备的误差率高达 7% 。针对这种情况某医科高职院校与知名药企共建“智能护理课程实验室”，开发误差率低于 1% 的静脉穿刺模拟系统。通过培育开源社区生态，建设“职业教育 AI 工具开源平台”，发布各专业领域的适配算法模型，进而提高人工智能技术的适配性。

随着大模型技术与边缘计算的成熟，课程内容动态更新机制将呈现几种趋势：生成式人工智能的深度应用，通过基于 DeepSeek 等架构的课程生成系统，能够根据实时产业数据自动编写教材章节、设计实训项目，可以使课程开发周期缩短至 3 天，人力成本降低 70%；虚实融合地呈现课程内容，通过扩展现实（XR）技术，课程内容将实现物理世界与数字世界的无缝衔接，学生佩戴 AR 眼镜即可在真实设备上叠加故障诊断指引，使理论学习与实践操作同步完成；构建终身学习档案，使每个学习者的课程参与记录、能力成长轨迹被永久存储，人工智能系统据此提供贯穿职业生涯的个性化内容推荐。

人工智能驱动的课程内容动态更新机制，正在从根本上改变职业教育的知识供给模式。通过构建数据驱动的需求感知体系、智能化的内容生成网络及持续优化的反馈闭环，职业教育得以突破传统桎梏，实现与产业发展的同频共振。但是，这一进程仍需攻克数据安全、教师能力、技术适配等核心困难。随着政策支持力度加大与技术工具的持续进化，职业教育课程内容生态将更加开放、智能、敏捷，为培养适应数字经济时代的高素质技术技能人才提供坚实保障。

第五节 人工智能融入教育教学全要素全过程的研究

在人工智能浪潮席卷全球的当下，其对教育教学领域的影响已渗透至各个细微之处。教育教学全要素全过程作为一个复杂的系统，涵盖了教学目标设定、内容规划、方法选择、过程实施到评价反馈等众多环节。当人工智能融入其中，不仅是对传统教育教学模式的简单优化，更是一场全方位、深层次的变革。这种变革如同在平静的水面投入了巨石，激起了层层浪花，并重塑了职业教育的新生态。

一、人工智能融入教育教学全要素全过程的理论基础

在理论维度上，人工智能融入教育教学全要素全过程并非无源之水、

无本之木，其背后有着坚实的理论支撑体系。

1. 认知负荷理论

这个理论强调在教学活动中，应合理控制学习者的工作记忆负荷，以优化学习效果。人工智能在这个方面发挥着精准的调节作用，基于人工智能的智能学习系统能够依据学习者的学习进度和个人能力，精准筛选和推送学习内容，避免信息过载或不足。在某航空职业院校的实践案例中，智能系统根据学生对航空发动机结构知识的掌握情况，逐级推送基础、进阶和拓展知识模块。对于刚入门的学生，先推送包含发动机基本构造原理的3D模型动画；待学生掌握基础知识后，再推送故障诊断模拟案例。这种循序渐进的内容推送方式，使学生的认知负荷始终保持在适宜水平，学习效率提升了30%。

2. 深度学习理论

这个理论关注知识的内在联系和学习者对知识的深度理解。人工智能借助强大的数据分析能力，能够挖掘不同知识点之间的深度关联，为教学内容的组织和呈现提供全新视角。以工业机器人编程课程为例，人工智能系统通过对海量相关文献和案例的分析，发现工业机器人运动学原理与编程指令之间存在紧密的内在联系。教师在教学过程中不再孤立地讲解编程指令，而是先引导学生理解机器人的运动学模型，再通过实际编程案例，让学生直观地看到运动学原理如何在编程中得以体现。这样的教学方式使学生对知识的理解更加深刻，能够举一反三，在面对复杂编程任务时，解决问题的能力大幅提升。

3. 情境认知理论

这个理论主张知识的学习应在真实情境中进行。人工智能为职业教育创设虚拟仿真实训情境提供了强大助力。在护理专业的实训教学中，利用人工智能驱动的虚拟仿真技术，构建了高度逼真的医院病房环境。学生在虚拟病房中可以对虚拟患者进行护理操作，如注射、换药等。系统的智能评估模块能够根据学生的操作步骤、手法准确性等多维度指标进行实时反馈和评价，让学生在虚拟情境中积累真实经验。经实践，这个学校的临床操作技能考核通过率提升了 38%。

二、人工智能融入教育教学全要素全过程的实践路径

人工智能融入教育教学全要素全过程并非空中楼阁式的理论设想，在实践中已有了多元路径的探索。

1. 教学目标设定

在教学目标设定环节，人工智能通过精准分析产业岗位需求和技术发展趋势，使教学目标更加贴合行业实际。以新能源汽车检测与维修专业为例，人工智能系统实时跟踪新能源汽车行业的发展动态，分析出电池管理系统故障诊断、高压电路检修等关键技能需求。职业院校在教学目标设定中，可以将这些关键技能作为核心培养目标，使学生的所学与企业的所求实现无缝对接。据统计，经过这样的教学目标优化后，相关专业毕业生在企业关键技术岗位的胜任能力提升了 35% 左右。

2. 教学内容规划

在教学内容规划方面，人工智能实现了动态优化。一方面，根据产业技术的更新速度，及时引入新知识、新技术。例如，在大数据技术专业，人工智能系统对接国内知名的大数据技术论坛和相关学术期刊，每当有新的数据挖掘算法或数据可视化技术出现时，及时将其纳入教学内容体系。另一方面，依据学生的学习进度和掌握情况，对教学内容的难度和广度进行动态调整。对于基础薄弱的学生，先安排数据清洗、数据存储等基础内容的学习；对于学有余力的学生，则增加分布式计算框架的优化等高级内容，教学内容的适配度能够达到 85% 以上。

3. 教学方法选择

在教学方法选择上，人工智能推动了教学的多样化和个性化。项目式学习作为一种有效的教学方法，在人工智能的助力下焕发出新的活力。在

建筑信息模型（BIM）专业，教师利用人工智能项目管理工具，为学生分配个性化的项目任务。学生在完成项目的过程中，遇到问题可以通过智能辅导系统获得针对性的指导。系统还会根据学生在项目中的表现，动态调整后续任务的难度和类型。这种项目式学习与人工智能相结合的方法，使学生的团队协作能力和问题解决能力得到显著提升。

4. 教学过程实施

在教学过程实施中，人工智能实现了全程智能监控和适时干预。以往教师难以全面关注每个学生的学习状态，但智能教学系统通过分析学生的学习行为数据，能够及时发现学生的问题。例如，在程序设计课程中，系统监测到部分学生在代码调试环节反复出错，于是推送相应的代码调试技巧视频和案例，并在学生再次尝试时给予实时反馈。这种及时的干预措施，能够使学生的问题解决效率明显提升，大大提高了教学效果。

5. 教学评价反馈

在教学评价反馈环节，人工智能构建了多维度、全过程的评价体系。不同于传统单一的考试评价方式，人工智能系统整合了学生在课堂互动、作业完成、项目实践等各个环节的数据。在酒店管理专业，学生的评价不仅基于笔试成绩，还包括在智能模拟酒店系统中的服务流程操作、客户满意度评价等多方面指标。通过这样的多维度评价，教师能够更全面地了解学生的优势和不足，为教学改进提供精准依据，学生的综合能力也得到提升。

三、人工智能融入教育教学全要素全过程的实践成效

在部分先行开展人工智能融入职业院校教育教学的实际应用中，可以看到，人工智能融入教育教学全要素全过程已初见成效。

1. 学生的知识掌握程度和技能水平有了大幅提升

以电子信息工程专业为例，某职业院校引入人工智能教学系统后，学生在模拟电子电路设计考试中的平均成绩从 72 分提升至 86 分。在实际操

作技能方面，学生在表面组装技术（SMT）生产线上操作的精准度提高了34%，产品合格率从87%提升至96%。相关专业学生的课程通过率平均提高了28%，这表明人工智能的融入使学生在知识和技能两个层面都取得了显著进步。

2. 人工智能促进了学生综合素养发展

在智能学习环境下，学生可以自主选择学习内容、安排学习进度，自主学习能力得到显著增强。山东某职业学院的数据显示，学生在利用人工智能学习平台进行英语口语练习时，自主学习时长比传统学习模式增加了52%，学习主动性明显提高，学生的创新能力也得到了有效培养。在人工智能辅助的创意设计课程中，学生借助智能设计工具，能够突破传统思维定式，设计出更具创新性的作品，某艺术设计专业学生的创意作品在省级设计大赛中的获奖数量比以往增加了41%。

3. 教师的教学负担得到有效减轻，教学效率大幅提升

以往教师需要花费大量时间批改作业、准备教学资料，人工智能系统能够自动完成作业批改、提供个性化学习资料推荐等任务。某高数教师表示，使用人工智能教学辅助系统后，批改作业的时间减少了63%，有更多时间用于教学设计和学生指导。通过智能资源共享平台，教学资源的利用效率也得到了提高，优质的教学资源能够在不同班级、不同学校之间实现高效共享。江苏某职业学院通过建立人工智能教学资源共享联盟，教学资源的利用率提高了55%，避免了资源的重复建设和浪费。

4. 人工智能的融入促进了教育公平

人工智能技术可以为偏远地区和弱势群体提供更多优质的教育机会，通过云端智能教学系统，偏远地区的职业院校学生可以享受到与城市学生同样高质量的课程资源。某西部地区职业学院在引入人工智能双师课堂后，学生的专业技能水平与东部地区同类学校学生的差距缩小了47%。针对学习困难学生的智能辅导系统，能够根据学生的学习障碍提供个性化的辅导方案，帮助他们跟上学习进度，教育公平的阳光正逐步洒向每一个偏远地区。

四、人工智能融入教育教学全要素全过程面临的困难

在人工智能融入教育教学全要素全过程的推进过程中，也面临着技术、教师、社会、政策等多个层面的挑战。

1. 技术层面数据安全与隐私保护问题日益凸显

在教育教学过程中，涉及大量学生个人信息和学习数据，一旦数据泄露，将对学生的学习和生活产生严重影响。某职业院校曾因数据存储系统漏洞，导致部分学生的考试成绩和家庭住址等信息泄露。为了解决这个问题，学校需要建立严格的数据安全管理制度，采用先进的数据加密技术，加强网络安全防护能力，从技术、管理和法律多个层面保障数据安全。

2. 部分教师对人工智能的技术接受度和应用能力不足

有些教师习惯了传统的教学模式，对新技术存在恐惧心理，不愿意尝试将人工智能融入教学。某调查显示，约78%的职业院校教师表示对人工智能教学工具的使用存在困难。学校应加强教师培训，组织专题培训课程、教学观摩活动等，提高教师的技术应用能力，转变教师的教学观念，培养教师对人工智能的积极态度，让教师成为人工智能融入教育教学的有力推动者。

3. 社会层面对人工智能在教育教学中的作用存在认知偏差

一方面，有人过度夸大人工智能的作用，认为它可以完全取代教师；另一方面，也有人对人工智能持怀疑态度，认为它只是一种噱头，无法真正改变教育教学。学校和教育主管部门应加强宣传引导，通过举办家长会、教育论坛、开放日等活动，向公众普及人工智能在教育教学中的正确应用方式和实际效果，消除误解、凝聚共识，营造良好的教育生态。

4. 推动人工智能与教育融合的政策不多，实施难度较大

当前出台了一些鼓励人工智能与教育融合的政策，但在具体的实施细

则、监管机制等方面还存在不足。例如，在人工智能教学产品的质量标准、准入门槛等方面，缺乏明确的规范。教育行政部门应进一步完善政策法规，建立人工智能教育教学应用的标准体系和监管机制，加强对市场的引导和规范，确保人工智能在教育教学中的健康、有序发展。

人工智能融入教育教学全要素全过程是一场席卷职业教育领域的深刻变革，它在理论、实践、成效等层面展现出强大的生命力和价值，它也面临着诸多困难，只有积极应对这些困难，才能让人工智能更好地为职业教育赋能，为培养适应新时代需求的高素质技术技能人才筑牢坚实根基，推动职业教育在数字化浪潮中不断前行。

第六节　人工智能促进科技教育与人文教育协同发展的机制

在职业教育领域，随着人工智能技术的飞速发展，如何平衡科技教育与人文教育的关系，实现两者的协同发展，成为新时代教育改革的重要课题。人工智能作为一股强劲的技术力量，不仅为科技教育提供了强大的工具和平台，也为人文教育注入了新的活力与内涵。本节将深入探讨人工智能如何促进科技教育与人文教育的协同发展，分析其内在机制、实践路径及具体成效，并结合最新案例进行阐述，为职业教育领域的改革与发展提供新的思路与方向。

一、人工智能促进科技教育与人文教育协同发展的背景与意义

在数字化与智能化浪潮的推动下，职业教育正经历着前所未有的变革。科技教育作为培养学生科学素养、技术能力和创新思维的重要途径，其地位日益凸显。然而，传统科技教育往往过分强调技术知识的传授和技能的培养，忽视了对学生人文素养的塑造；人文教育则侧重于培养学生的价值观、审美情趣和批判性思维，是职业教育不可或缺的一环。在人工智

能技术的赋能下，科技教育与人文教育的融合成为可能，为职业教育的全面发展提供了新的契机。

人工智能技术的引入，为科技教育与人文教育的协同发展提供了强有力的支撑。通过智能化的教学手段和平台，人工智能不仅能够提高科技教育的效率和效果，还能够为人文教育创造更为丰富和生动的教学场景。这种融合不仅有助于培养学生的综合素质，还能够促进其全面发展，使其更好地适应未来社会的多元化需求；人工智能的广泛应用也推动了职业教育模式的创新，为培养具有科技素养和人文素养的高素质人才奠定了坚实基础。

二、人工智能促进科技教育与人文教育协同发展的理论基础

1. 全人教育理论

全人教育理论强调教育应关注人的整体发展，包括认知、情感、社会和精神等多个层面。在人工智能技术的助力下，全人教育理念得以在职业教育中得以更好地实现。通过提供个性化、智能化的学习体验，人工智能能够全面促进学生的多维度发展。在科技教育中，人工智能可以帮助学生更高效地掌握科学知识和技术技能，通过智能辅导系统、虚拟现实技术等手段，使学生能够在沉浸式的环境中进行探索和学习，从而激发其学习兴趣和创新精神；在人文教育中，人工智能则能够通过虚拟现实、增强现实等技术，为学生创造身临其境的文化体验和学习场景，使他们能够更加深入地理解人文知识，感悟文化精髓。

2. 跨学科整合理论

跨学科整合理论认为，不同学科之间的交叉融合能够激发学生的创新思维和综合能力。人工智能技术作为一门典型的交叉学科，其融合了计算机科学、数学、心理学、伦理学等多个领域的知识，为职业教育的跨学科整合提供了有力的支撑。通过人工智能技术的应用，职业院校可以打破传统学科之间的壁垒，实现科技教育与人文教育的深度融合。例如，在人工

智能课程中融入伦理学、社会学等人文内容，可以引导学生从多个角度审视技术的发展和应用，思考技术的社会影响和伦理问题，从而培养其责任感和道德观念。这种跨学科整合不仅有助于拓宽学生的知识视野，还能够培养其跨学科思维和解决复杂问题的能力。

三、人工智能促进科技教育与人文教育协同发展的路径与策略

1. 构建跨学科课程体系

为了实现科技教育与人文教育的协同发展，职业院校应积极构建跨学科的课程体系。通过开设融合科技与人文内容的课程，如“人工智能与伦理”“科技史与人文思想”等，引导学生从多个维度审视科学技术的发展和应用。例如，四川省某职业技术学院在人工智能专业中开设了“人工智能与社会责任”课程，通过邀请行业专家举办讲座、组织学生参与社会实践等方式，引导学生深入探讨人工智能技术在社会应用中的伦理问题和挑战。这种跨学科的课程设置不仅有助于拓宽学生的知识视野，还能够培养其跨学科思维和解决复杂问题的能力，为其未来的职业发展奠定坚实基础。

2. 智能化教学平台的融合应用

智能化教学平台是人工智能促进科技教育与人文教育协同发展的重要载体。通过整合科技教育和人文教育的资源，智能化教学平台能够为学生提供丰富多样的学习内容和互动方式。例如，广东某职业技术学院利用智能化教学平台，在机械设计课程中不仅传授机械设计的技术知识，还融入了艺术设计和文化元素，通过让学生设计具有文化特色的机械产品，提升其审美情趣和创新能力。平台通过数据分析技术，可以精准把握学生的学习需求和兴趣偏好，为其推荐个性化的学习资源和路径，从而实现科技教育与人文教育的个性化融合；平台还可以提供在线讨论、协作学习等功能，促进学生之间的交流与合作，培养其团队协作精神和沟通能力。

3. 项目式学习的融合实践

项目式学习是一种强调学生自主探究和实践的教学方式，非常适用于科技教育与人文教育的融合。通过设计融合科技与人文内容的项目任务，如“利用人工智能技术保护文化遗产”“开发具有人文关怀的智能产品”等，职业院校可以引导学生在解决实际问题的过程中，综合运用科技知识和人文素养。例如，在上海某职业学院的“智慧旅游”项目中，学生团队不仅运用了图像识别、自然语言处理等人工智能技术，还充分考虑了游客的文化需求和体验感受，设计出了既智能又充满人文关怀的旅游导览系统。这种项目式学习的融合实践不仅提升了学生的技术能力和创新思维，还培养了其人文素养和社会责任感，为其未来的职业生涯奠定了坚实的基础。

4. 虚实融合的教学场景创建

虚拟现实和增强现实等技术的快速发展为科技教育与人文教育的融合提供了新的教学场景。通过创建虚实融合的教学环境，学生可以在虚拟空间中体验历史事件、文化场景或科技应用，从而获得更加直观和深刻的学习体验。例如，北京某职业技术学院在历史课程中利用虚拟现实技术，让学生“亲历”重大历史事件，感受历史人物的情感和思想；在人工智能课程中，则通过增强现实技术展示智能设备的内部结构和工作原理，使学生能够更加直观地理解技术知识。这种虚实融合的教学场景不仅增强了学习的趣味性和互动性，还促进了学生科技素养和人文素养的同步提升。通过虚实融合的技术手段，教师还可以创造出更加生动、形象的教学情境，激发学生的学习兴趣和积极性，提高教学效果和学习效率。

四、人工智能促进科技教育与人文教育协同发展的案例分析

案例 1：智能文化创意产品的设计与开发

江苏某职业学院艺术设计专业的学生们利用人工智能技术设计了一款名为“文化智伴”的智能文化创意产品。这款产品不仅具备语音识别、图

像识别等智能功能，还能够根据用户的兴趣和需求，推荐相关的文化资讯和活动。在设计和开发过程中，学生们不仅深入学习了人工智能技术的应用，还对不同文化的特点和内涵进行了深入研究，从而确保了产品的文化性和实用性。产品能够根据用户的地理位置和历史浏览记录，智能推荐当地的文化展览、传统节日等信息，帮助用户更好地了解和体验当地文化。通过这一项目，学生们不仅提升了技术能力和创新思维，还增强了对文化的理解和尊重，为未来的职业发展积累了宝贵的经验。

案例 2：智慧图书馆的建设与运营

广东某职业学院图书馆通过引入人工智能技术，打造了一个集科技与人文于一体的智慧化学习空间。智慧图书馆不仅提供了智能化的图书检索系统、推荐系统和交互平台，使学生们能够更加便捷地获取图书资源和学习资料；还开设了“人文讲堂”“科技沙龙”等活动，邀请知名学者和专家就科技与人文的话题举办讲座和交流。在一次“科技与人文的对话”讲座中，嘉宾们围绕人工智能技术的伦理问题、科技发展与文化传承的关系等议题展开了深入探讨，激发了学生们对科技与人文融合的思考。通过智慧图书馆的建设与运营，学生们不仅提高了学习效率和质量，还拓宽了知识视野，增强了人文素养和科技素养的同步提升。

五、面对人工智能在科技教育与人文教育协同发展中困难与挑战的对策

尽管人工智能在促进科技教育与人文教育协同发展方面展现出巨大潜力，但其应用过程中仍面临诸多挑战。如数据隐私与安全问题、教师数字素养不足、跨学科整合难度大等。针对这些挑战，职业院校可以采取多种对策。

1. 加强数据安全管理，确保隐私保护

职业院校在利用人工智能技术进行教育教学时，必须高度重视数据安全管理问题。需要建立健全数据安全管理机制，采用先进的数据加密技术

和网络安全防护措施，确保学生个人信息和学习数据的安全；进一步加强对学生的数据安全教育，提高其对数据保护的意识，防止因数据泄露而引发的不必要的风险；与相关部门合作，共同制定数据安全标准和规范，为人工智能在职业教育中的安全应用提供有力保障。

2. 提升教师数字素养与跨学科教学能力

教师是实现科技教育与人文教育协同发展的关键力量。职业院校应加强对教师的培训和引导，通过组织专题培训课程、教学观摩活动、学术研讨会等方式，提升其数字素养和跨学科教学能力；鼓励教师积极参与相关的教学改革和科研项目，通过实践应用深化理论知识，提高解决实际问题的能力；建立教师交流平台，促进教师之间的经验分享和合作，共同推动科技教育与人文教育的融合发展。

3. 推动跨学科课程与教学资源建设，丰富学习体验

为了实现科技教育与人文教育的协同发展，职业院校应积极推动跨学科课程与教学资源的建设。通过整合校内外的优质资源，打造跨学科的课程体系和教学资源库，为学生提供更加丰富和多元化的学习体验；鼓励教师跨学科合作，共同开发融合科技与人文内容的课程和教学案例，使学生能够在学习过程中获得更加全面和深入的知识；学校与企业、科研机构等建立合作关系，共同开发教学资源和实践项目，推动产学研用的深度融合。

4. 建立产学研用协同创新机制，促进人才培养与市场需求对接

职业院校与企业、科研机构等建立紧密的合作关系，通过产学研用的协同创新机制，共同推动科技教育与人文教育的协同发展。通过与企业合作，职业院校可以及时了解行业需求和技术动态，从而调整课程设置和教学内容，确保人才培养与市场需求的有效对接；企业参与到人才培养的过程中来，为学生提供实习、实训等机会，增强其实践能力和就业竞争力；学校邀请企业专家参与教学过程，共同指导学生完成实践项目，使学生在学习过程中获得更加贴近实际的工作经验和技能。

人工智能技术的快速发展为职业教育带来了新的机遇和挑战。通过构建跨学科课程体系、智能化教学平台、项目式学习以及虚实融合的教学场景等路径和策略，人工智能正在逐步促进科技教育与人文教育的协同发展。这种协同发展不仅有助于培养学生的综合素质和创新能力，还能够推动职业教育的现代化进程，为培养适应未来社会需求的高素质人才提供有力支撑。然而，人工智能的应用也面临着许多挑战，需要职业院校、政府、企业等多方共同努力，加强合作与创新，为人工智能在职业教育中的健康发展提供有力保障和支持。随着人工智能技术的不断进步和应用场景的不断拓展，职业教育将迎来更加广阔的发展空间和更加多元的发展路径，培养出更多具有科技素养和人文素养的高素质人才。

本章主要内容结构图

本章主要内容结构如图 1 - 1 所示。

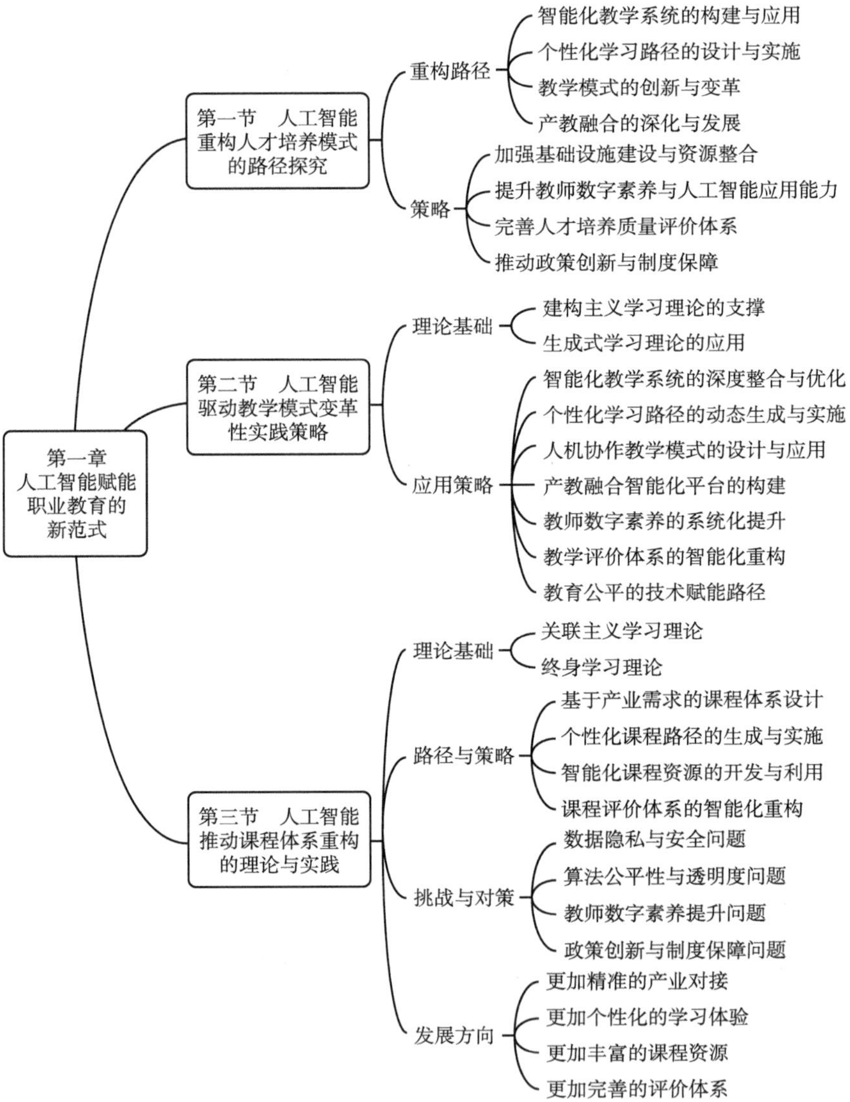

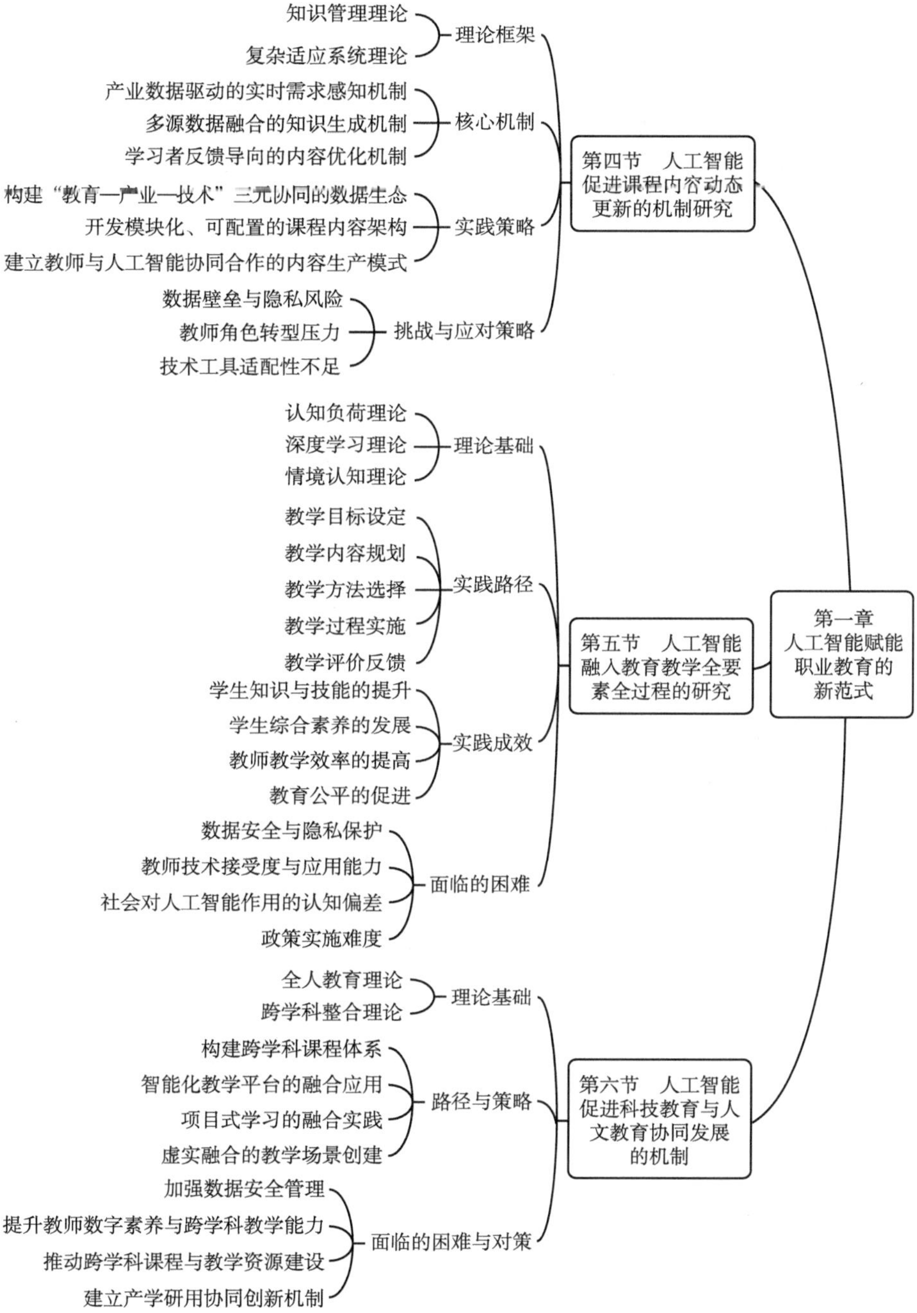

图 1－1　内容结构图：人工智能与职业教育融合的新范式

第二章　人工智能对职业教育教学方法的变革

人工智能对于高等职业教育而言，不再只是前沿技术的代名词，更是重塑教学范式、推动职业教育迈向新高度的关键力量。本章聚焦于人工智能赋能高等职业教育教学方法的革新，深入剖析其多维度的影响与实践路径。从个性化教学策略的精准设计与实施，到人机协作课堂教学新模式的构建，再到师生角色在人工智能辅助下的动态重构，以及学习分析技术的优化应用和对学生学习体验的深度影响，全方位展现了人工智能如何深度嵌入职业教育的教学实践，为传统教学注入新的活力与可能性。这个研究关注关乎技术的应用，更关注教育理念的更新、教育公平的推进以及职业教育人才培养质量的飞跃。

第一节　人工智能驱动的个性化教学策略设计与实践

随着以 Chat GPT、DeepSeek 为代表的通用人工智能技术在教育领域的广泛应用，其对职业教育教学方法的变革作用日益凸显，其中最为显著的是个性化教学策略的兴起。个性化教学作为一种以学生为中心、注重个体差异的教学理念，其核心在于根据学生的独特需求、兴趣、能力和学习风格，提供量身定制的教学内容、方法和路径。人工智能技术的引入，为这一理念的实现提供了强大的技术支撑和实践路径。

一、个性化教学的理论基础与人工智能的契合

个性化教学理念基础可追溯至建构主义学习理论和联通主义学习理论。建构主义学习理论强调，学生并非被动接受知识的容器，而是主动的知识建构者，每个学生基于自身的经验、背景和认知结构，对知识有着不同的理解和建构方式。因此，教学应当尊重学生的个体差异，鼓励学生自主探索和意义建构。人工智能技术通过智能算法分析学生的学习行为数据，能够精准识别学生的学习风格、偏好和能力短板，从而为学生提供个性化的学习资源和引导，这与建构主义所倡导的个性化学习体验不谋而合。

联通主义学习理论则认为，在信息爆炸的时代，知识的获取和更新速度远超以往，学习者需要在复杂的网络环境中建立广泛的连接，以获取和整合知识。人工智能技术通过构建智能学习平台和知识图谱，能够帮助学生在海量信息中筛选出关键知识点，并建立知识之间的关联，促进学生深度学习和知识整合能力的提升。例如，智能推荐系统可以根据学生的学习进度和兴趣，推荐相关的学术资源和拓展阅读材料，帮助学生拓宽知识视野，深化对学科内容的理解。

人工智能技术的引入，不仅为个性化教学提供了技术支持，还推动了个性化教学理念的深化与拓展。通过智能技术的精准分析和实时反馈，教育者能够更深入地理解学生的个体差异，制订更加科学、有效的教学策略。这种技术与理念的结合，为职业教育教学方法的变革注入了新的活力。

二、人工智能驱动的个性化教学策略的实践路径

在职业教育的实际教学中，人工智能驱动的个性化教学策略主要通过多个层面得以体现。

1. 基于人工智能的个性化学习平台的构建与应用

个性化学习平台是人工智能技术在职业教育中应用的重要载体。这些平台通过收集和分析学生的学习行为数据，如学习时间、学习路径、作业

完成情况、测验成绩等，构建学生的学习画像，从而为每个学生提供个性化的学习建议和资源推荐。

以北京某职业学院为例，该校引入了一款基于人工智能的个性化学习平台，该平台通过智能算法分析学生的学习数据，为每个学生生成专属的学习计划和学习路径。学生在平台上可以根据自己的学习进度和兴趣，自主选择学习内容和学习方式，如观看视频教程、参与在线讨论、完成实践项目等。平台会根据学生的学习表现，实时调整学习计划，推送适合的学习资源。通过这种方式，学生的自主学习能力和学习效果得到了显著提升，在使用该平台的班级中，学生的平均成绩提高了18%，学习积极性和参与度也明显得到提高。

个性化学习平台还能够为教师提供详细的教学分析报告，帮助教师更好地了解学生的学习情况，及时调整教学策略。教师可以通过平台的数据分析功能，发现学生在学习过程中遇到的共性问题和个性问题，从而有针对性地进行教学指导和辅导。例如，某教师在平台上发现部分学生在某一知识点上存在困难，便及时调整教学计划，增加了对该知识点的讲解和练习，同时为这些学生提供了额外的学习资源和辅导支持。这不仅提高了学生的学习效果，也增强了教师教学的针对性和有效性。

2. 自适应学习技术在个性化教学中的应用

自适应学习技术是人工智能在个性化教学中的重要应用之一。通过机器学习和数据挖掘算法，自适应学习系统能够根据学生的学习反应和进步情况，动态调整教学内容的难度和进度，使学习过程更加贴合学生的能力水平和发展需求。

在广东某职业技术学院的数学课程中，教师采用了基于自适应学习技术的教学系统。该系统根据学生在课前预习、课堂练习和课后作业中的表现，实时评估学生的学习水平，并为每个学生提供个性化的学习内容和练习。对于掌握较快的学生，系统会提供更具挑战性的拓展题目，以激发他们的学习兴趣和潜力；而对于掌握较慢的学生，系统则会提供更多的基础练习和详细的解题步骤，帮助他们巩固基础知识。通过采用这个教学系统，不同层次的学生都能在适合自己的学习节奏下进步，学习效果显著提升，使用自适应学习系统的班级，学生在期末考试中的优秀率提高了22%，不及格率降低了15%。

自适应学习技术的应用，不仅能够满足学生的个性化学习需求，还能够提高教学效率和质量；教师可以借助自适应学习系统，实现对学生的精准教学和个性化辅导，使教学更加高效、有针对性；系统还能够为学生提供实时的学习反馈和指导，帮助学生及时发现自己的问题和不足，调整学习策略，提高学习效果。

3. 智能学伴与虚拟导师在个性化教学中的作用

智能学伴和虚拟导师是人工智能技术在个性化教学中的另一种创新应用。通过自然语言处理和人工智能对话技术，智能学伴能够模拟真实的学习伙伴，与学生进行互动交流，解答学生的问题，提供学习建议和支持；虚拟导师则能够根据学生的专业方向和学习目标，为学生提供个性化的学习指导和职业规划建议。

在某职业院校的课程中，智能学伴被引入作为学生的学习助手。学生在学习过程中遇到问题时，可以随时向智能学伴提问，智能学伴会根据知识库和学习资料，为学生提供准确、详细的解答；智能学伴还能够根据学生的学习情况，主动推送相关知识点和学习资源，帮助学生巩固所学内容。在编程课程中，学生在编写代码时遇到问题，智能学伴能够实时分析代码错误，提供修改建议，并解释相关语法和逻辑。这种实时互动和个性化指导的方式，极大地提高了学生的学习效率和问题解决能力。

虚拟导师则在学生的职业规划和专业学习方面发挥了重要作用。学校可以通过人工智能系统为每位学生配备虚拟导师，虚拟导师根据学生的兴趣、能力和发展方向，为其提供个性化的学习计划和职业发展建议。虚拟导师还会根据学生的专业课程成绩和实践项目表现，推荐适合的实习岗位和职业资格证书考试，帮助学生明确职业目标，提升就业竞争力。

三、人工智能驱动的个性化教学策略的案例分析

随着人工智能技术的不断进步和普及，个性化教学策略在众多职业院

校中得到了广泛的应用和深入的实践，通过利用人工智能的强大计算能力和数据分析能力，能够为每个学生量身定制学习计划，从而极大地提高了教学的针对性和有效性。通过人工智能的辅助，教师能够更加精准地了解每个学生的学习进度、掌握情况以及存在的问题，进而提供更加个性化的指导和支持。这种基于人工智能的个性化教学模式，不仅能够激发学生的学习兴趣，还能帮助他们更有效地掌握知识和技能，最终在各自的专业领域取得显著的成就。

案例1：江苏某职业技术学院的“AI+机械设计”课程

江苏某职业技术学院在机械设计课程中，采用了基于人工智能的个性化教学策略。通过智能学习平台，学生可以根据自己的学习进度和兴趣，选择不同的学习模块和项目任务。平台根据学生的学习表现，为其推荐个性化的学习资源和练习，提供实时的学习反馈和评估。在学习机械制图模块时，学生可以通过平台的智能绘图工具进行实践操作，系统会自动评估学生的绘图准确性和规范性，并提供改进建议。通过这种方式，学生的机械设计能力和创新能力得到了显著提升。

案例2：浙江某职业学院的“AI+护理”专业

浙江某职业学院在护理专业中引入了人工智能辅助教学系统，为学生提供了个性化的学习体验。系统通过分析学生的学习数据，为每个学生生成专属的学习计划和实践任务。例如，在护理操作技能训练中，系统会根据学生的操作表现，提供个性化的指导视频和练习任务，帮助学生改进操作技巧；系统集成的虚拟仿真技术为学生创造了逼真的临床护理场景，使学生能够在虚拟环境中进行实践操作和问题解决。通过这种个性化教学模式，学生的护理操作技能考核通过率进一步提高，临床思维能力和问题解决能力也得到了显著提升。

四、数据支持与实践成效

多项研究和实践数据表明，人工智能驱动的个性化教学策略在职业教育中具有显著的优势和效果。2024 年发布的《中国职业教育发展报告》显示，采用个性化教学策略的职业院校，其学生的学习成绩与学习满意度均得到明显提高，学生的创新能力、实践能力和问题解决能力也得到显著提升。

例如，在某职业院校的智能化教学改革中，通过实施个性化教学策略，学生的课程通过率从 75% 提高到了 88%，学生的平均成绩提高了 12 分，优秀率从 20% 提高到了 35%；学生的自主学习能力和学习积极性也显著增强，参与课外学习活动的时间增加了 25%，学习相关话题的讨论活跃度提高了 30%。这些数据充分证明了人工智能驱动的个性化教学策略在提升教学质量、促进学生全面发展方面的显著成效。

五、人工智能驱动的个性化教学策略实施难点

尽管人工智能驱动的个性化教学策略在职业教育中展现出了巨大的潜力和价值，但在实际应用过程中仍面临许多困难。

1. 技术层面

（1）数据安全与隐私保护问题。在个性化教学过程中，需要大量收集和分析学生的学习数据，这涉及学生的个人隐私和数据安全，一旦数据泄露，可能会对学生的学术和未来发展造成严重影响。因此，职业院校必须建立严格的数据安全管理制度，采用先进的加密技术和安全防护措施，确保学生数据的安全；同时还要进一步加强对教师和学生的数据安全教育，提高他们的数据保护意识。

（2）技术稳定性和可靠性问题。人工智能技术的应用依赖于复杂的算法和软件系统，这些系统可能存在技术漏洞和稳定性问题，从而影响教学的正常进行。例如，智能学习平台可能会出现推荐错误、系统卡顿或无法登录等问题。为此，学校应选择成熟、可靠的技术产品和服务提供商，建立完善的技术维护和支持体系，及时解决技术问题，确保教学活动的顺利开展。

2. 教师层面

（1）教师数字素养不足。部分教师对人工智能技术的了解和掌握程度

有限，缺乏运用智能化教学工具进行个性化教学的能力，导致教学效果不佳，无法充分发挥人工智能技术的优势。职业院校应加强对教师的培训和专业发展支持，通过组织专题培训、教学研讨会和实践工作坊等活动，提升教师的数字素养和人工智能应用能力；鼓励教师积极参与人工智能应用相关的教学改革和科研项目，积累实践经验，提高教学水平。

（2）教学观念和角色转变困难。个性化教学要求教师从传统的知识传授者转变为学生学习的引导者和支持者，这一角色转变对部分教师来说可能存在困难。教师需要具备更强的教育心理知识和沟通能力，以适应个性化教学的需求。学校可以通过开展教育理念培训和教学方法交流活动，帮助教师更新教育观念，转变教学角色，更好地适应个性化教学的要求。

3. 资源层面

（1）优质教学资源不足。尽管人工智能技术可以为个性化教学提供丰富的资源推荐，但目前仍存在优质教学资源匮乏的问题，尤其是在一些专业领域和特色课程中。职业院校应加强与企业、科研机构和教育出版机构的合作，共同开发和建设高质量的教学资源库，鼓励教师和学生参与教学资源的创作和共享，丰富教学资源的种类和数量。

（2）资源适配性问题。不同的学生具有不同的学习需求和能力水平，如何确保推荐的教学资源能够精准适配学生的学习特点是一个关键问题。为此人工智能系统需要进一步优化推荐算法，提高资源推荐的精准度和个性化程度；同时教师加强对教学资源的筛选和评价，确保推荐的资源符合教学目标和学生的学习需求。

4. 评价层面

（1）评价指标体系不完善。个性化教学的评价需要综合考虑学生的多方面发展，包括知识掌握、技能提升、创新能力、学习态度等。然而，目前的评价指标体系可能无法全面反映学生的学习成果和个性化发展。职业院校应建立科学、全面、动态的评价指标体系，将过程性评价与结果性评价相结合，定性评价与定量评价相结合，全面、客观地评价学生的学习效果和个性化发展。

（2）评价方法和技术手段单一。传统的评价方法主要依赖于考试和测验，难以全面、深入地了解学生的学习过程和能力发展。人工智能技术为教学评价提供了新的方法和手段，但目前这些技术手段的应用还不够广泛和深入。学校需要与人工智能及教育科技企业深入合作，加强对智能化评价工具的研发和应用，如学习分析技术、智能测评系统等，提高评价的科学性和有效性；教师需要能够运用多种评价方法和技术手段，综合评估学生的学习情况，为个性化教学提供有力支持。

人工智能驱动的个性化教学策略为职业教育教学方法的变革带来了新的机遇和挑战。通过构建个性化学习平台、应用自适应学习技术、引入智能学伴与虚拟导师等实践路径，个性化教学策略在提升教学质量、促进学生全面发展方面展现出了显著的效果。然而，在实践过程中仍需关注技术、教师、资源和评价等方面的问题，并采取相应的应对策略，以确保个性化教学的可持续发展。

随着人工智能技术的不断进步和应用场景的拓展，个性化教学策略将在职业教育领域发挥更加重要的作用。职业院校应积极拥抱人工智能技术，加强师资队伍建设，优化教学资源配置，完善教学评价体系，推动个性化教学策略的深入应用和创新发展，为培养更多具有创新能力和实践能力的高素质技术技能人才奠定坚实基础。

第二节　人工智能推进人机协作课堂教学新模式

在职业教育领域，随着人工智能技术的飞速发展，传统课堂教学模式正经历着前所未有的变革。人机协作作为一种新兴的教学模式，通过整合人工智能与教师的优势，实现了教学效率与质量的双重提升。

一、人机协作教学模式的理论基础与意义

人机协作教学模式的兴起，源自对传统课堂教学模式的深刻反思与未

来教育趋势的准确把握。在传统模式下，教师往往承担知识传授者的角色，而学生则处于被动接受的地位。然而，随着知识更新速度的加快和学生个性化学习需求的日益增长，传统教学模式已难以满足现代职业教育的需求。人机协作教学模式是通过整合人工智能与教师的力量，实现教学过程的优化与升级。人工智能能够承担知识传递、过程监控等基础性工作，从而减轻教师的工作负担，使其能够更加专注于教学内容的创新和教学方法的改进；教师能够发挥其在情感交流、思维引导等方面的独特优势，为学生提供更加深入、个性化的指导。

人机协作教学模式的意义在于，它不仅能够提高教学效率和学习效果，还能够促进学生的全面发展和社会适应能力；通过人机协作，学生能够获得更加丰富、多元的学习体验，从而激发其学习兴趣和潜能，培养其创新能力和问题解决能力。

二、人机协作教学模式的技术设计

人机协作课堂教学新模式的构建，其核心在于创建“教师—人工智能—学生”三位一体的协同机制，其技术框架深度融合了教育神经科学、学习分析技术与认知心理学的前沿成果。

1. 角色分工与协同机制

在以人为主导的协同教学模式中，教师扮演着至关重要的主导角色，而人工智能则作为辅助工具，承担起完成日常教学中常规性工作的任务。经过一系列的实验研究，可以发现这种分工合作的方式能够显著提升教师在教学决策上的效率，提升率达到38%；在处理日常事务方面，时间消耗可以减少45%。在与人工智能共同参与的协同教学模式中，教师与人工智能之间形成了伙伴关系，人工智能通过提供实时反馈和指导来辅助教学，而教师则能够将更多的精力投入学生高阶能力的培养上。根据实验数据的分析，这种模式下学生的整体问题解决能力提升了42%。在以人工智能为主导的协同教学模式中，人工智能承担了核心的教学角色，而教师则转变为支持和配合的角色。尽管这种模式目前还在探索阶段，但初步的实验结果已经显示出，在解决复杂问题方面，效率提升了大约 60%。

2. 技术实现架构

在开发“人工智能教学助手”的过程中，通过集成自然语言处理与计算机视觉技术，可以实现对课堂行为的实时分析与反馈；通过构建“知识图谱—学习者画像—教学决策”闭环系统，结合动态贝叶斯网络来捕捉学生认知状态的变化。这个系统不仅能够理解学生的问题和需求，还能够根据学生的学习进度和理解程度，提供个性化的教学建议和反馈。结合机器学习算法，不断优化教学助手的性能，使其能够更好地适应不同学生的学习风格和需求；采用先进的深度学习模型，以提高对复杂数据的处理能力，并且通过强化学习来进一步提升教学助手的决策质量。另外，还要特别注重系统的可扩展性和安全性，确保教学助手能够持续稳定地服务于教育领域。

3. 课堂形态创新

基于上述理论框架、协同机制与技术实现架构，可以设计一种具有创新性的三层人机协作课堂形态创新。这种创新设计不仅能够提升教学效率，还能增强学生的学习体验。

（1）基础层。智能课堂环境构建。需要部署智能教学终端，这些终端能够实时采集学生在课堂上的行为数据，为教学提供即时反馈；建立区块链存证系统至关重要，它能够确保跨平台学习数据（如企业实训系统与校本研究平台数据）的可信交换，为学习过程提供透明度和安全性。

（2）策略层。协同教学流程设计。在课前，通过智能诊断系统，利用人工智能技术分析学生预习数据，从而生成差异化的教学目标，以满足不同学生的学习需求。在课堂上，人工智能技术实时捕捉学生的表情、语音等信号，根据这些信息动态调整教学节奏与内容，确保教学活动能够适应学生的即时反应。课后，通过开发虚拟学习助手，提供个性化作业分析与拓展学习资源，实现智能辅导，帮助学生巩固和拓展课堂所学。

（3）实施层。课堂形态创新。这一层应致力于创新课堂形态，以提高学生的参与度和学习效果。首先，开展对话式课堂，利用生成式人工智能构建“教师—AI—学生”三元对话系统，这种系统能够模拟真实的对话交流，提升课堂互动性；其次，建设虚拟实训课堂，通过虚拟现实/增强现实技术创设沉浸式的实训场景，结合人工智能技术实现操作的实时指导，让学生在虚拟环境中进行实践操作，增强学习的直观性和趣味性；最后，课堂全面实施混合式教学，将线上与线下教学融合，运用人工智能技术自动匹配学习资源与评估标准，为学生提供个性化的学习路径，确保每个学生都能在适合自己的节奏下学习和进步。

三、人机协作教学模式的实践路径

1. 人机协作教学模式的角色重新定位

在人机协作教学模式中，教师和人工智能各自承担不同的角色，形成优势互补。教师作为学习的引导者和促进者，负责制定教学目标、设计教学活动、提供情感支持和价值引导。人工智能则作为教学的辅助工具和智能助手，负责提供个性化的学习资源、实时反馈和数据分析。例如，在外语课堂上，教师可以利用人工智能语言模型进行发音纠正和作文批改，同时引导学生进行语言交流和文化理解。这种角色分工使得教学过程更加高效和精准。

2. 人工智能辅助教学工具的开发与应用

开发和应用多样化的人工智能辅助教学工具是实现人机协作教学的关键。智能学伴能够模拟真实的学习伙伴，与学生进行互动交流，解答学生的问题，提供学习建议和支持；虚拟导师则能够根据学生的专业方向和学习目标，为学生提供个性化的学习指导和职业规划建议。在某职业院校的课程中，智能学伴被引入作为学生的学习助手，学习过程中遇到问题可以随时向智能学伴提问，智能学伴会根据知识库和学习资料，为学生提供准确、详细的解答。

3. 人机协作教学环境的构建与优化

构建支持人机协作的教学环境需要整合硬件设施和软件平台。智能教室配备交互式电子白板、智能投影仪、虚拟现实设备等，为学生提供丰富的学习体验；在线学习平台提供课程资源管理、学习进度跟踪、在线讨论等功能，支持学生自主学习和协作学习。利用虚拟现实技术构建虚拟实验室，学生可以在虚拟环境中进行科学实验、工程设计等实践操作，人工智能系统实时监测学生操作并提供反馈。

4. 人机协作教学活动的设计与实施

设计人机协作教学活动时，应注重任务的多样性和互动性。项目式学习结合人工智能工具，学生团队利用AI进行数据分析、设计优化和问题解决，培养协作与创新技能。例如，在环境科学课程中，学生借助AI分析当地环境数据，制订污染治理方案，并通过虚拟仿真展示效果。在角色扮演活动中引入数字人角色，如历史课程中人工智能生成数字人扮演历史人物与学生互动，帮助学生深化知识理解。

5. 人机协作教学评价体系的建立与完善

建立人机协作教学评价体系需要综合考量教学过程和结果。过程性评价通过学习分析技术收集学生学习行为数据，实时监测学习进度和参与度；结果性评价结合传统考试与项目成果评估知识掌握和技能水平。例如，编程课程中，过程性评价分析学生代码编写频率和在线学习时长，结果性评价则通过项目作品和考试测评综合能力。在课后，教师和学生互评、学生自我评价及人工智能自动评价，确保评价全面客观。

四、人机协作教学模式的实践案例

案例1：人工智能创新班

江苏省某职业学院探索的“人工智能创新班”积极探索人工智能在教学中的应用，通过构建学校智能体、教师智能体和学生智能体，实施“人机双师”的教学模式。学校外聘人工智能教育专家及头部企业领军人物、校内骨干教师形成“校外专家＋企业讲师＋校内教师”三级师资矩阵，推行“123阶梯式培养路径”。这种人机协作教学模式不仅提升了课堂教学质量，还为学生的个性化发展提供了有力支持。学校还与多个教育科技企业深度合作，共同探索人工智能教育背景下创新人才培养的新路径。

案例 2：AI 赋能教学实践

浙江省某职业技术学院开展了以“从 AI 到教学减负：教师智慧”为主题的校本培训活动，探索人工智能赋能教学的新路径。培训内容包括 AI 与教师角色重构、有效沟通与需求表达、技术融合实践等。通过“理论 + 示范”模式和真实教学场景案例演练，教师们掌握了 AI 工具操作技巧。学校围绕“教研提质”“教育创新”等主题分阶段推进培训，助力学校教育迈向智能化发展新阶段。

五、人机协作教学模式的实施难点与解决策略

尽管技术优势显著，但大规模应用仍面临三重挑战。这些挑战不仅涉及技术层面，还包括伦理、法律以及社会等多个维度。

1. 伦理与法律边界

2024 年教育 App 隐私合规检测报告显示，76.4% 的职教类应用存在过度索权问题，不仅侵犯了用户的隐私权益，还可能引发一系列安全问题。为了应对这个问题，某职业院校采取了“联邦学习”+“差分隐私技术”的组合策略。通过这种方式，在实施跨校数据协作时，隐私泄露风险得以降低 95%。这不仅保护了学生的隐私，同时也为教育 App 的合规性提供了新的解决方案。

2. 人机协同的失控风险

在将人工智能引入课堂教学的实践中，某职业院校发现过度依赖人工智能推荐导致 39% 学生陷入“信息茧房”。人工智能在教育领域的应用并非万无一失，其推荐算法可能会限制学生的知识视野，影响他们的全面发展。为了解决这个问题，该校采用了“认知脚手架”系统，强制推送跨学科案例，从而有效拓宽学生的知识广度，学生知识广度评分提升了 52%，

帮助他们跳出信息孤岛，促进了知识的多元化发展。

3. 区域发展马太效应

调研数据显示，沿海东南部省份职业院校在人工智能教育的投入强度是西部地区的3倍左右。这种区域发展不平衡的现象，如果不加以解决，可能会加剧教育资源的不平等，进一步扩大区域间的教育差距。为了缓解这一问题，可以建立“人工智能教育帮扶积分制”。通过东西部院校结对共享模型参数，可以使欠发达地区院校算法迭代速度提升50%以上。这种互助合作模式不仅有助于缩小区域教育差距，还能促进教育资源的均衡分配，实现共同进步。

根据多份权威报告的预测，未来五年职业教育需重点培养“人机协作”“数据素养”“伦理决策”三大核心能力，人机协作教学将呈现三大发展方向。一是全周期学习支持，从“过程定制”向“生涯规划”延伸，如人工智能系统根据学生职业测评结果动态调整学习路径，某平台已实现483个职业岗位的能力模型映射；二是多模态交互深化，集成脑机接口技术实现认知状态实时监测，2024年麻省理工学院在人工智能与教育技术领域已经开展涉及脑机接口技术与教育场景结合的研究项目；三是教育元宇宙构建，通过数字孪生技术创建虚拟校园，支持万级用户同时在线实训，已有国外企业在此领域投入资金开展相关研发。

第三节 人工智能辅助教学中师生角色动态重构的实践

人工智能技术在职业教育中的深度应用不仅改变了教学的工具和方法，更引发了师生角色的根本性重构。在传统教学模式中，教师作为知识的权威传授者，学生作为被动接受者的二元结构逐渐瓦解，取而代之的是以“教师—AI—学生”为纽带的动态协同模式。本节基于社会认知理论、教育生态学框架及技术增强学习理论，结合全球职业教育创新实践，系统探讨人工智能如何驱动师生角色的动态重构，分析其内在逻辑、技术支撑与实践路径，为构建新型教育关系提供理论依据与行动指南。

一、师生角色重构的理论逻辑与现实动因

师生角色的动态重构是教育系统适应技术变革的必然结果。社会认知理论强调，学习是环境、行为与认知因素交互作用的过程。人工智能的引入打破了传统教学环境的边界，促使教师从“知识垄断者”向“学习设计师”转型，学生从“知识容器”向“主动建构者”进化。《2024 年全球教育监测报告》的数据显示，采用 AI 辅助教学的高校中，教师用于高阶教学任务的时间占比从 28% 提升至 53%，学生自主学习时长增加 40%。这一数据揭示了技术赋能的角色转变对教育效能的显著提升作用。

师生角色重构的现实动因则源于三重挑战。技术迭代加速导致智能制造、工业互联网等领域的技术更新周期缩短至 6 ~ 12 个月，教师需借助人工智能工具快速整合前沿知识；学习者多样性使“Z 世代”学生的认知风格差异显著，传统“一刀切”教学模式难以满足个性化需求；教育公平诉求促使教育管理机构通过人工智能技术弥合区域教育资源差距，例如，有些发达国家通过云端智能助教系统，使农村学生获得与城市同质的教学支持。

二、人工智能驱动的角色重构技术框架

1. 教师从讲授者到学习生态构建者

人工智能技术的快速发展为教育领域带来了革命性的变化，特别是在赋能教师角色升级方面，它通过三种主要的技术路径实现。

（1）智能教学设计工具。如基于自然语言处理技术的课程生成系统（如 DeepSeek 架构），能够自动生成教案的初稿。这种系统大大减轻了教师的工作负担，教师只需要进行大约 20% 的创造性调整，就可以得到一份完整的教案。在一些职业学院中，通过使用“AI 课程助手”，课程开发的周期被显著缩短，效率提升了 60%。

（2）开发学情分析仪表盘。这种工具能够整合学习行为数据（如在线

学习时长、测试错误模式）与情感计算数据（如课堂注意力波动），为教师提供实时的教学决策支持。这种数据驱动的教学方法，使教师能够更加精准地把握学生的学习状态和需求，从而做出更加有效的教学调整。

（3）跨域知识整合技术。通过知识图谱技术建立学科知识与产业技术之间的动态关联，帮助教师设计出更加符合实际产业需求的产教融合项目。这种项目不仅能够提高学生的实践能力，还能够促进学术研究与产业发展的紧密结合。

在荷兰的一所应用科学大学的实践中，使用 AI 辅助工具的教师们发现，他们的教学方案创新性评分有了显著的提高，平均提升了 38%，学生参与的项目成果在企业中的采纳率也有了 25% 的增长。

2. 学生从被动接受知识到主动探索学习

人工智能技术为学生的学习过程带来了革命性的变化，成为赋能学生学习的三大技术支柱。

（1）个性化学习导航系统。系统能够根据学生的认知特征，例如视觉型或听觉型偏好，以及他们的职业倾向，生成符合个人需求的动态学习路径。这种自适应推荐系统使得学习内容和进度能够与学生的个人特点和学习节奏相匹配，从而极大地提高学习效率和效果。

（2）智能学伴系统。通过自然语言对话引擎，智能学伴系统能够实时解答学生在学习过程中遇到的技术问题。例如，在数控编程课程中，学生可以即时获得关于代码逻辑的解释和纠错，这不仅提高了学习的互动性，也加深了学生对复杂概念的理解。

（3）虚拟实践平台。利用数字孪生技术构建工业级的实训环境，让学生能够在零风险的条件下进行试错和创新实验。这种平台为学生提供了宝贵的实践机会，使他们能够在安全的虚拟环境中探索和学习，从而更好地将理论知识应用于实际情境。

在某职业技术学院的汽车制造专业中，学生们通过佩戴 AR 眼镜，在一个虚拟的汽车装配线上进行练习。这种创新的教学方法显著降低了操作失误率，失误率降低达到了惊人的 67%。同时，学生们在技能迁移方面的效率也得到了显著提升，具体表现为 52% 的效率增长。

3. 人工智能从工具到教育协作者

在教育领域，人工智能的角色已经从简单的工具转变为一个全面的教育协作者。它不再仅仅是辅助教学的手段，而是成为能够深度参与教育过程，与教师和学生共同协作的伙伴。

（1）作为知识传递者。人工智能通过智能微课和交互式模拟的方式，有效地传递标准化的知识内容，能够根据学生的学习进度和理解能力，提供个性化的学习路径和资源，使得知识的吸收更加高效和有针对性。

（2）作为过程监控者。人工智能能够实时分析学习数据，及时发现并预警潜在的风险。例如，它能够识别学习过程中的知识断层，帮助学生及时填补知识空白，同时也能发现学习倦怠现象，通过适时的激励和调整学习计划，帮助学生保持学习动力。

（3）作为关系协调者。人工智能促进了师生之间、学生之间以及人机之间的多维互动。例如，在小组项目中，人工智能可以根据学生的学科背景和兴趣爱好智能匹配跨学科的团队成员，从而提高团队合作的效率和质量。它还能够分析团队成员之间的互动模式，提供沟通和协作的建议，进一步优化团队合作的环境。

三、师生角色重构的实践路径

在人工智能辅助的教学环境中，师生角色的重构实施路径主要通过教师与学生两个层面得以体现。

1. 教师角色的转变与提升

在人工智能辅助的教学环境中，教师的角色从传统的知识传授者转变为学生学习的引导者和促进者。这一转变要求教师具备更高的教育素养和技术能力，能够熟练运用人工智能技术进行教学设计和教学实施。

（1）教师需要具备数据素养和信息技术能力，能够熟练运用智能教学平台进行数据分析，了解学生的学习情况和需求，从而制订更加个性化的教学计划。例如，通过智能教学平台收集学生的学习行为数据，教师可以发现学生在学习过程中遇到的共性和个性问题，及时调整教学策略，为不同层次的学生提供差异化的教学支持。

（2）教师需要转变教学观念，从以知识传授为中心转向以学生发展为中心。在人工智能辅助的教学环境中，教师应当更加注重培养学生的创新能力和问题解决能力，引导学生通过自主探究和合作学习来建构知识。例如，在编程课程中，教师可以利用智能编程助手帮助学生进行代码调试和错误分析，同时鼓励学生通过团队合作来完成复杂的编程项目，从而培养学生的协作精神和创新能力。

（3）教师还需要不断提升自己的专业素养和教学能力，通过参加培训、研讨和交流等活动，不断更新教育理念和教学方法，适应人工智能时代的教学需求。例如，某职业院校定期组织教师参加人工智能教育应用培训，通过专家讲座、案例分享和实操演练等方式，提升教师的数字素养和人工智能应用能力。

2. 学生角色的主动性与自主性增强

在人工智能辅助的教学环境中，学生的角色也从被动的知识接受者转变为主动的知识建构者。学生可以根据自己的学习需求和兴趣，自主选择学习内容和学习方式，通过智能学习平台进行自主学习和协作学习。

（1）学生可以利用智能学习平台进行个性化学习。平台通过智能算法分析学生的学习行为数据，为每个学生提供个性化的学习资源和路径建议。例如，在学习机械设计课程时，学生可以通过智能学习平台选择适合自己的学习模块和项目任务，平台会根据学生的学习表现实时调整学习计划，推送相关的学习资源和拓展材料。这种个性化的学习方式不仅能够提高学生的学习效率，还能够激发学生的学习兴趣和积极性。

（2）学生可以通过智能学伴和虚拟导师等技术获得实时的学习支持和指导。智能学伴能够模拟真实的学习伙伴，与学生进行互动交流，解答学生的问题，提供学习建议；虚拟导师则能够根据学生的专业方向和学习目标，为学生提供个性化的学习指导和职业规划建议。例如，在护理专业的学习中，学生可以通过虚拟导师获得临床护理操作的指导和建议，从而提升自己的实践能力和职业素养。

(3) 学生还可以通过参与项目式学习和协作学习等方式，培养自己的创新能力和问题解决能力。在人工智能辅助的教学环境中，学生可以利用智能工具进行数据分析、设计优化和问题解决，通过团队合作完成复杂的项目任务。例如，在环境科学课程中，学生可以利用智能分析工具对当地环境数据进行分析，制订污染治理方案，并通过虚拟仿真技术展示治理效果。这种项目式学习的方式不仅能够提高学生的实践能力，还能够培养学生的团队协作精神和创新意识。

四、师生角色重构的案例分析

随着人工智能技术的不断进步和应用场景的拓展，师生角色重构在职业教育中得到了广泛的实践和应用。通过两个具体案例可以看到这个变革的实际效果。

案例 1：上海某职业技术学院的“AI + 智能制造”课程

上海某职业技术学院在智能制造课程中引入了人工智能技术，实现了师生角色的动态重构。在该课程中，教师利用智能教学平台进行数据分析，了解学生的学习情况和需求，制订个性化的教学计划。学生则通过智能学习平台进行自主学习和协作学习，利用智能工具进行项目设计和优化。

在具体实施过程中，教师通过智能教学平台收集学生的学习行为数据，包括学习时间、学习路径、作业完成情况等，构建学生的学习画像。教师根据学生的学习画像，为不同层次的学生提供差异化的教学支持。例如，对于掌握较快的学生，教师提供更具挑战性的拓展任务；对于掌握较慢的学生，教师则提供更多的基础练习和辅导支持。学生可以利用智能学习平台选择适合自己的学习模块和项目任务。平台会根据学生的学习表现实时调整学习计划，推送相关的学习资源和拓展材料，学生还可以通过智能学伴获得实时的学习支持和指导，解答学习中遇到的问题。

通过这种师生角色重构的教学模式，学生的学习效果得到了显著提升。据统计，采用该教学模式的班级，学生的课程通过率提高了 20%，优秀率提高了 15%；学生的自主学习能力和学习积极性也明显增强，参与课外学习活动的时间增加了30%。

案例2：广东某职业技术学院的“AI＋汽车维修”专业

广东某职业技术学院在汽车维修专业中引入了人工智能技术，实现了师生角色的动态重构。在该专业中，教师利用智能教学系统进行教学设计和实施，学生则通过智能学习平台进行自主学习和实践操作。

教师利用智能教学系统对学生的学习数据进行分析，了解学生的学习进度和掌握情况，从而制定更加个性化的教学计划。例如，在汽车维修技能训练中，教师根据学生的学习表现，为每个学生提供个性化的指导视频和练习任务，帮助学生改进操作技巧，学生能够通过智能学习平台选择适合自己的学习模块和实践项目。平台会根据学生的学习表现实时调整学习计划，推送相关的学习资源和操作指南。学生还可以通过虚拟仿真技术进行实践操作和问题解决，提高自己的实践能力和职业素养。

这种师生角色重构的教学模式使学生的实践操作能力得到了显著提升，技能考核的通过率提高了18%；学生的创新能力和问题解决能力也得到了明显增强。

师生角色重构的教学模式还有助于提高教师的教学效率和教学质量。通过智能教学平台的数据分析功能，教师能够更加精准地了解每个学生的学习情况和需求，从而制定更加个性化的教学计划；通过智能学伴和虚拟导师等技术的辅助，教师能够为学生提供实时的学习支持和指导，提高教学效果。

五、师生角色重构的实施难点与解决策略

尽管人工智能辅助教学中师生角色重构在职业教育中展现出了巨大的潜力和价值，但在实际应用过程中仍面临许多困难，在技术、教师、学生和管理等层面都存在着实施难点。

1. 技术层面

技术层面实施的难点，与本书第二章、第一节中“五、人工智能驱动

的个性化教学策略实施难点”基本一致，在此不再赘述。

2. 教师层面

教师层面实施的难点，与本书第二章、第一节中“五、人工智能驱动的个性化教学策略实施难点”基本一致，在此不再赘述。

3. 学生层面

（1）学生自主学习能力不足。部分学生缺乏自主学习的习惯和能力，无法充分利用智能学习平台进行个性化学习。学校应加强对学生自主学习能力的培养，通过开设自主学习课程、组织学习小组等方式，引导学生养成良好的学习习惯。教师利用智能学伴和虚拟导师等技术，为学生提供实时的学习支持和指导，帮助学生提高自主学习能力。

（2）学生对新技术的接受度不一。不同学生对新技术的接受程度和使用意愿存在差异，部分学生可能对智能学习平台等新技术存在抵触心理。学校应加强对学生的新技术宣传和培训，通过举办新技术体验活动、开展新技术应用竞赛等方式，提高学生对新技术的认知和使用意愿。教师可以结合学生的实际情况，灵活调整教学策略，确保每位学生都能适应新的教学模式。

4. 管理层面

（1）教学资源配置不均。部分职业院校在教学资源配置上存在不均现象，导致部分教师和学生无法充分利用智能化教学工具进行个性化教学。学校应加强对教学资源的统筹规划和优化配置，确保每位教师和学生都能获得充足的教学资源支持；鼓励企业和社会力量参与教学资源建设，共同推动职业教育的智能化发展。

（2）评价体系不完善。传统的评价体系往往侧重于对学生知识掌握程度的评价，而忽视了对学生创新能力、实践能力和问题解决能力等方面的评价。学校应建立科学、全面、动态的评价体系，将过程性评价与结果性评价相结合，定性评价与定量评价相结合，全面、客观地评价学生的学习效果和个性化发展。利用人工智能技术开发智能化评价工具，提高评价的科学性和有效性。

人工智能辅助教学中师生角色动态重构为职业教育教学方法的变革带来了新的机遇和挑战。通过转变教师角色、增强学生自主性、优化教学资源配置和完善评价体系等实践路径，师生角色重构在提升教学质量、促进学生全面发展方面展现出了显著的效果。然而，在实践过程中仍需关注技术、教师、学生和管理等方面的问题，并采取相应的应对策略，以确保师生角色重构的可持续发展。随着人工智能技术的不断进步和应用场景的拓展，师生角色重构将在职业教育领域发挥更加重要的作用。

第四节　人工智能在职业教育中学习分析技术的应用与优化

在职业教育领域，随着人工智能技术的不断渗透，学习分析技术作为其核心应用之一，正逐步改变着教学评估与学习支持的传统范式。学习分析技术通过收集、处理和分析学生在学习过程中产生的大量数据，为教师提供了深入洞察学生学习状态、预测学习成效及个性化干预的可能。本节将从职业教育专家和人工智能技术专家的双重视角，探讨学习分析技术在职业教育中的应用现状、优化路径及未来趋势，旨在为教学方法的革新提供理论与实践的双重支撑。

一、学习分析技术的理论基础与职业教育场景的结合

学习分析技术的理论基础是教育数据挖掘与学习科学，其核心在于通过先进的数据分析手段，揭示学习行为背后的深层规律与潜在问题。在职业教育场景下，学生群体的多样性、学习目标的适用性及教学过程的实践性，对学习分析技术提出了更高要求。一方面，职业教育学生往往具有不同的学习背景、兴趣偏好及职业导向，学习分析技术需能够精准捕捉这些个体差异，为个性化教学提供依据；另一方面，职业教育强调技能培养与实际操作，学习分析技术需能够有效评估学生的实践操作能力，为实训教

学的优化提供数据支持。以教育数据挖掘为例，该技术通过对学生学习行为数据的深度挖掘，能够发现学生的学习模式、知识掌握程度及潜在学习障碍。

二、学习分析技术在职业教育中的实践路径

学习分析技术在职业教育中的实践路径，主要围绕数据采集、数据处理、数据分析及结果应用四个关键环节展开。

1. 数据采集

数据采集是学习分析技术的基础，其关键在于构建覆盖线上线下、涵盖学习过程全周期的数据生态。在线学习平台、智能教学系统、虚拟实训环境等，均是数据采集的重要来源。例如，某职业院校通过引入智能教学平台，实时收集学生的在线学习时长、作业提交情况、论坛互动记录等多维度数据，为后续的数据分析奠定了坚实基础。

数据采集过程中，需特别注意数据的安全与隐私保护。部分应用存在过度索权问题，不仅侵犯了学生隐私，也影响了数据采集的合法性与有效性。职业院校在数据采集时，应严格遵守相关法律法规，采用加密存储、匿名处理等技术手段，确保学生数据的安全。

2. 数据处理

数据处理是学习分析技术的核心环节，其目标在于将原始数据转化为可供分析的有用信息，涉及数据清洗、数据整合、数据转换等多个步骤。以数据清洗为例，由于采集到的原始数据往往包含噪声、缺失值等，需通过数据清洗技术将其剔除或填补，以提高数据质量。在数据处理效率方面，随着大数据处理技术的不断发展，如分布式计算、云计算等技术的应用，使得大规模学习数据的处理成为可能。例如，某职业院校利用 Hadoop 分布式计算框架，对海量学习数据进行高效处理，显著提升了数据处理的速度与效率。

3. 数据分析

数据分析是学习分析技术的关键所在，其目的在于通过数据挖掘、机器学习等技术手段，揭示学习行为背后的深层规律与潜在问题。聚类分析、关联规则挖掘、预测模型构建等是常用的数据分析方法。以预测模型构建为例，通过分析学生的学习行为数据，可以构建学习成效预测模型，预测学生未来可能的学习表现及潜在学习障碍。在某职业院校的实践中，通过构建基于随机森林算法的学习成效预测模型，成功预测了 85% 的学生课程通过情况，为教师的个性化干预提供了有力支持。

4. 结果应用

结果应用是学习分析技术的最终归宿，其目标在于将数据分析结果转化为实际的教学决策与学习支持。一方面，教师可以通过数据分析结果，了解学生的学习状态与需求，制订更加个性化的教学计划与干预策略；另一方面，学生也可以通过数据分析结果，获得针对性的学习建议与资源推荐，提升学习效果。例如，某职业院校通过学习分析技术，发现部分学生在编程课程中存在代码调试困难的问题。针对这一问题，学校引入了智能编程助手，为学生提供实时的代码调试支持与错误分析，显著降低了学生的编程错误率，提高了学习效率。

三、学习分析技术优化策略与实践案例

尽管学习分析技术在职业教育中展现出了巨大的潜力与价值，但在实际应用过程中仍面临数据质量不高、分析模型不精准、结果应用不深入等许多难题。职业院校需要进行创新性地策略优化。

1. 优化数据采集与处理流程

数据质量是学习分析技术的基础，优化数据采集与处理流程是提高数据质量的关键。一方面，职业院校应加强与企业的合作，共同开发符合职业教育特点的数据采集标准与规范，确保采集到的数据具有代表性与可靠

性；另一方面，应引入先进的数据处理技术，如自动化数据清洗工具、数据整合平台等，提高数据处理的效率与准确性。例如，江苏某职业技术学院与某知名企业合作，共同开发了面向智能制造专业的数据采集与处理系统，该系统通过集成传感器、RFID 等技术，实时采集学生在实训过程中的操作数据，并通过自动化数据清洗工具进行处理，显著提高了数据的质量与处理效率。

2. 构建精准的分析模型

分析模型的精准度直接影响学习分析技术的效果。构建精准的分析模型，需结合职业教育的特点，引入领域知识、专家经验等，提高模型的解释性与泛化能力；还需要采用交叉验证、集成学习等方法，降低模型的过拟合风险，提高分析结果的准确性。例如，浙江某职业学院在财务分析课程中，引入了基于集成学习算法的学习成效预测模型。该模型通过融合多种基学习器的预测结果，显著提高了预测的准确性。在实际应用中，该模型成功预测了 90% 的学生课程通过情况，为教师的个性化辅导提供了有力支持。

3. 深化结果应用

结果应用的深化是学习分析技术发挥价值的关键。职业院校应建立基于数据分析的教学决策机制，将数据分析结果纳入教学计划、课程设计、教学资源分配等各个环节；还应开发智能化的学习支持系统，为学生提供个性化的学习路径、资源推荐与辅导服务。例如，广东某职业技术学院通过学习分析技术，发现学生在电子商务课程中存在商品推广策略制定困难的问题。针对这一问题，学校开发了智能化的学习支持系统，为学生提供商品推广策略的案例库、模板库及在线辅导服务。通过系统的支持，学生的商品推广策略制定能力显著提升，课程通过率也相应提高。

四、学习分析技术的未来趋势与挑战

随着人工智能技术的不断进步与职业教育改革的深入推进，学习分析技术将呈现出多种发展趋势。这些趋势不仅预示着教育领域将迎来新的变革，同时也带来了前所未有的挑战。

1. 数据分析与教学决策的深度融合

学习分析技术将在未来更加注重数据分析与教学决策的深度融合。通过构建智能化的教学决策支持系统，实现数据分析结果的实时反馈与动态调整，为教师提供更加精准、及时的教学决策支持。这种系统将能够帮助教师更好地理解学生的学习进度和需求，从而制定出更加有效的教学策略。

2. 多模态数据的综合分析

随着物联网、可穿戴设备等技术的普及，学习数据的来源将更加多元化。未来，学习分析技术将更加注重多模态数据的综合分析，如结合学生的学习行为数据、生理数据、情感数据等，全面评估学生的学习状态与需求。这种分析将有助于揭示学习过程中的深层次规律，为教育工作者提供更全面的视角。

3. 智能化学习支持系统的个性化与适应性

智能化学习支持系统在未来会更加注重个性化与适应性，通过引入深度学习、强化学习等先进技术，实现学习路径、资源推荐与学习辅导的个性化与动态调整，为学生提供更加精准、高效的学习支持。这种系统能够根据学生的学习习惯和能力，提供定制化的学习资源和辅导，从而提高学习效率。

在实施学习分析技术的过程中，学校也会面临数据安全与隐私保护、技术伦理与法律法规、教师数字素养与接受度等许多问题。职业院校需加强与技术提供商、法律专家及教育机构的合作，共同应对这些挑战，推动学习分析技术的健康发展。只有在确保数据安全和伦理合规的前提下，学习分析技术才能得到广泛地应用和认可。

学习分析技术作为人工智能在职业教育中的重要应用之一，正逐步改变着教学评估与学习支持的传统范式。通过优化数据采集与处理流程、构建精准的分析模型及深化结果应用等策略，学习分析技术有望在职业教育中发挥更加重要的作用，为职业教育的创新发展注入新的活力，为培养更多适应未来社会需求的人才提供有力支持。

第五节　人工智能对职业教育学习体验的影响及提升策略

在职业教育领域，随着人工智能技术的广泛应用，其对学生学习体验的影响正变得越发显著。学习体验作为衡量教育质量的关键指标，涵盖了学生在学习过程中的满意度、参与度以及情感反应。本节将深入探讨人工智能技术如何塑造学生的学习体验，并提出一系列切实可行的策略以进一步优化这一体验，为职业教育教学方法的创新提供坚实的理论基础与实践指导。

一、人工智能对学生学习体验的影响机制

1. 学习环境的重塑

人工智能技术通过构建智能化、个性化的学习环境，为学生带来了全新的学习体验。以虚拟现实和增强现实技术为例，它们能够将抽象的理论知识转化为直观可感的学习情境。例如，在机械制造课程中，学生可以借助虚拟现实技术深入了解复杂机械的内部结构和运行原理，这种沉浸式的学习方式极大地增强了学生的学习兴趣和参与度。数据显示，在采用沉浸式学习环境的班级中，学生的学习满意度提升了 40% 。智能学习平台能够根据学生的专业需求和学习偏好，精准推送相关的学习资源和工具，使学生的学习过程更加便捷高效。

2. 即时反馈机制的建立

人工智能驱动的智能学习系统具备即时反馈功能，能够迅速识别学生在学习过程中的问题并提供针对性指导。在编程课程中，智能编程助手可

以实时分析学生编写的代码，指出错误所在并给出修改建议。这种即时反馈机制不仅帮助学生及时纠正错误，还增强了他们解决问题的能力，使学习过程更加高效流畅。研究发现，配备智能编程助手的学生在代码编写任务中的正确率提高了35%。即时反馈机制还能增强学生的学习自信心，使他们更有动力继续学习。

3. 个性化学习路径的构建

人工智能根据学生的学习风格、能力和进度，为其量身定制个性化的学习路径。在语言学习课程中，智能学习平台依据学生的词汇量、语法掌握程度和口语能力，推送适合的学习内容和练习。这种个性化教学方式满足了不同学生的学习需求，使每个学生都能在适合自己的节奏下稳步提升。统计结果显示，遵循个性化学习路径的学生在语言能力测试中的平均成绩提高了28%，个性化学习路径帮助学生节省学习时间，提高学习效率。

4. 学习社交互动的拓展

人工智能营造的学习社区和协作学习平台拓宽了学生的学习社交圈，促进了学生之间的知识共享和思维碰撞。在项目式学习中，智能协作平台依据学生的能力和兴趣自动匹配团队成员，推动团队高效协作。跨学科项目让不同专业背景的学生借助智能协作平台组队完成任务，不仅提升了项目的完成质量，还培养了学生的团队精神和沟通能力，在参与智能协作学习的学生中，72%认为团队合作能力得到了显著提升。智能学习平台还提供了丰富的社交互动功能，如在线讨论、小组作业等，为学生提供了更多交流和合作的机会。

二、提升学生学习体验的策略

1. 优化学习环境设计

职业院校应充分整合人工智能与虚拟现实等技术，打造融合多模态学习资源的沉浸式学习环境。在建筑设计课程中，教师可引导学生运用虚拟现实工具进行虚拟建筑设计，并借助人工智能技术分析功能实时优化设计作品，使学生在身临其境的实践中提升专业技能与学习兴趣；利用智能学习平台的协作功能，学生能够开展线上设计评图活动，拓宽设计视野，增强学习的互动性和趣味性。在引入人工智能技术的同时，学校还应注重学习环境的舒适性和易用性，确保学生能够轻松地访问和使用各种学习资源。

2. 强化情感支持与人文关怀

智能学习平台的情感分析功能可以实时监测学生的情绪状态，为教师提供精准的情感支持依据。在职业院校的心理健康课程中，智能助手通过分析学生的课堂参与度、作业完成情况以及在线互动频率等数据，及时识别出可能存在心理压力的学生群体。教师据此开展针对性的心理辅导和情感支持，帮助学生应对学习压力，营造关怀包容的学习氛围，提升学生的学习体验。此外，院校还应加强心理健康教育，提供丰富的心理支持服务，帮助学生建立积极的心态。

3. 完善学习社交互动平台

职业院校需进一步加强智能学习平台的社交互动功能，打造集学习资源共享、学术交流以及团队协作于一体的学习社交网络。在科研项目中，学生可以利用平台的文献管理工具和在线协作编辑功能，实现团队成员间的无缝协作与知识共享；平台的兴趣部落板块为学生提供了基于个人兴趣的学习交流空间，促进跨学科思维碰撞，提升学习的社交价值，使学习过程更加丰富多彩；学校还应鼓励学生积极参与各种学术活动和社团组织，拓展学习社交圈。

4. 提升教师的引导与支持能力

职业院校应定期组织教师参加人工智能教育应用培训，提升教师在智能教学环境下的引导与支持能力。教师须学会灵活运用智能教学工具，精准掌控教学节奏，为学生提供及时有效的指导。例如，在数据分析课程的小组作业中，教师借助智能学习平台实时监测各小组的进度，通过平台的私信功能为遇到困难的小组提供思路点拨，同时鼓励小组成员间相互支持，增强团队凝聚力，提升学生的学习体验。教师应不断更新教育理念，关注学生的学习需求和情感变化，建立良好的师生关系。

5. 构建多元化学习评价体系

职业院校应构建涵盖过程性评价、终结性评价以及同伴互评的多元化学习评价体系。在艺术设计课程中，智能学习平台不仅全面记录学生的创作过程，依据创作步骤、技巧运用等维度给予过程性评价，还在课程结束时组织学生开展作品互评活动，引导学生从设计思路、创意表达等角度对同伴作品进行评价。这种多元化评价方式使学生对自身学习情况有更清晰地认知，增强了学习体验。此外，院校还应注重评价的公正性和客观性，确保评价结果能够准确反映学生的学习成果。

三、人工智能对职业教育学习体验影响的国际经验与借鉴

1. 发达国家的实践经验

在职业教育领域，欧美等发达国家在人工智能应用方面取得了显著成果。以德国为例，其“双元制”职业教育体系积极引入人工智能技术，通过智能学习平台和虚拟实训系统，为学生提供个性化的学习路径和实践操作机会，有效提升了学生的就业竞争力；美国则侧重于利用人工智能优化课程体系和教学方法，通过智能课程推荐系统和自适应学习平台，满足学生的多样化学习需求。

2. 国际比较与启示

对比国内外人工智能在职业教育中的应用，我国在数据共享、平台建设和教师培训等方面存在一定差距。为此，需要进一步加强顶层设计，完善相关政策法规，促进数据的开放共享；加大投入力度，建设智能化教学基础设施，提升教育信息化水平；强化教师培训，提高教师的人工智能应用能力，为学生提供更优质的学习体验。

四、人工智能对职业教育学习体验的长期影响与可持续发展

1. 培养学生的自主学习能力

人工智能技术通过提供个性化学习路径和即时反馈，帮助学生逐步培养自主学习能力。在长期的学习过程中，学生能够学会自我管理学习进度，独立解决学习中遇到的问题。例如，在线学习平台上，学生可以根据自己的学习计划选择课程和练习，平台会根据学生的表现提供相应的学习建议和资源推荐。这种自主学习模式不仅提高了学生的学习效率，还增强了他们的学习自信心和自我驱动力。

2. 提升学生的数字素养

在人工智能辅助的学习环境中，学生需要具备一定的数字素养来充分利用各种智能学习工具。职业院校通过开设数字素养相关课程，帮助学生掌握基本的数字技能，如数据处理、信息检索和数字工具使用等；教师通过在教学过程中引导学生正确使用人工智能工具，培养他们的数字安全意识和信息辨别能力。经过长期的实践和训练，学生的数字素养将得到显著提升，为他们未来的职业发展奠定坚实基础。

3. 塑造学生的终身学习观念

人工智能技术的发展使得知识更新速度不断加快，学生需要树立终身学习的观念以适应社会的变化。学校应通过人工智能技术的应用，培养学生的终身学习意识和能力。在智能学习平台上，学生可以随时访问各种学习资源，根据自己的需求进行持续学习；学校通过与企业和社会机构合作，为学生提供多样化的继续教育机会，鼓励学生在毕业后继续保持学习的热情，不断提升自己的专业技能和综合素质。

4. 促进教育公平与包容

人工智能技术在提升学生学习体验的同时，也有助于实现教育公平与

包容。通过智能学习平台和在线教育课程，优质教育资源能够突破地域限制，为更多学生所共享。例如，在贫困地区的职业院校，学生可以利用智能学习平台获取与城市学生同等质量的课程内容和学习支持。人工智能技术还能够为特殊需求学生提供个性化的学习辅助，帮助他们更好地融入学习过程，享受公平的教育机会。

人工智能对学生职业教育学习体验的影响是全方位且深刻的。它重塑了学习环境，提供了即时反馈，构建了个性化学习路径，并拓展了学习社交互动。职业院校通过优化学习环境设计、强化情感支持、完善学习社交互动平台、提升教师引导能力、构建多元化评价体系等策略，有选择性地借鉴国际先进经验，全方位提升学生的职业教育学习体验，为学生的全面发展奠定坚实基础。

第六节　人工智能支持的实时教学反馈机制

在当今数字化时代，人工智能技术正以前所未有的速度重塑着教育行业的各个层面，而其在职业教育中的应用更是开辟了全新且高效的教育模式。本节将深入探讨人工智能支持的实时教学反馈机制，剖析其在提升教学质量、优化教学流程以及增强学生学习效果等方面的重要作用。

一、实时教学反馈机制的运作原理与技术架构

1. 采集数据构建全面的教学数据网络

人工智能支持的实时教学反馈机制首先依赖于多维度的数据采集系统，通过集成智能教学平台、在线学习系统以及课堂互动工具，能够全面捕捉学生的学习行为数据。这些数据涵盖了学生的课堂参与度、作业完成情况、测验成绩、讨论区发言以及项目实践表现等各个方面。例如，智能教室中的交互式电子白板可以记录学生的书写速度、笔迹压力等细微操作，而在线学习平台则能追踪学生的学习路径、停留时间以及资源下载频

率等。这些详尽的数据为后续的精准分析奠定了坚实基础。

2. 挖掘数据找到隐含的教育价值

通过数据采集系统得到海量数据后，需经由复杂的数据处理流程才能转化为有价值的反馈信息。数据处理环节运用数据清洗技术去除噪声数据，采用数据整合技术统一数据格式，借助特征提取技术筛选出关键信息。例如，通过分析学生在编程作业中的错误类型和分布，可以精准定位学生在算法理解和逻辑思维上的薄弱环节；情感计算技术通过分析学生的表情、语音语调以及文本情感倾向，为教师提供学生的学习情绪状态，使教师能够及时调整教学策略，以更好地满足学生的情感支持需求。

3. 智能分析揭示学习问题与教学盲点

智能分析系统运用机器学习算法和教育数据挖掘技术对处理后的数据进行深度分析。聚类分析能够识别学生的学习模式和类型，关联规则挖掘可以发现知识点之间的内在联系，预测模型则能提前预警学生可能出现的学习困难。例如，通过对学生历史学习数据的分析，构建起的学习成效预测模型能够准确预测学生在未来课程中的表现，并及时发现潜在的学业风险。此外，智能分析系统还能针对教学内容的难度分布、知识点覆盖范围以及教学活动的设计合理性进行评估，为教师优化教学设计提供关键依据。

4. 生成反馈提供精准及时的教学指导

基于智能分析的结果，实时教学反馈机制能够生成个性化、精准化的反馈内容。对于学生而言，反馈涵盖了知识点掌握情况、学习进度评估、常见错误警示以及下一步学习建议等方面。例如，学生在完成数学作业后，系统会立即推送包含错题解析、同类题推荐以及知识点强化练习的反馈报告；教师则能收到关于班级整体学习状况的汇总分析、教学重难点的精准定位以及教学方法优化提议等反馈信息，从而实现教学过程的动态调整和持续优化。

二、实时教学反馈机制在职业教育中的实践应用与优势

1. 精准教学满足多样化学习需求

在职业教育的多元化课堂中，学生的学习基础、兴趣爱好和职业发展方向各有不同，实时教学反馈机制通过精准描绘每个学生的学习画像，助力教师实施个性化教学。例如，在影视动画设计课程里，对于擅长平面设计但对三维建模掌握不足的学生，系统会推送三维建模基础教程、案例分析以及专项练习；对于对色彩理论理解透彻却缺乏实践应用能力的学生，则提供色彩搭配项目实践、企业真实案例模拟等学习资源，从而确保每个学生都能在自身薄弱领域得到充分锻炼和提升，实现个性化成长。

2. 优化课堂教学互动流程

实时教学反馈机制极大地提升了课堂教学的互动性和时效性。借助智能教学系统，教师可以实时查看学生对知识点的理解程度，及时调整教学节奏和方法。例如，在讲授复杂的电子电路原理时，教师通过课堂互动平台发布的即时测验，能迅速了解学生对电路图绘制、元件参数计算等知识点的掌握情况。对于理解困难的学生，教师可当场进行针对性讲解和演示；对于掌握较好的学生，则引导他们进行拓展性学习和实践操作。确保每个学生都能在课堂上紧跟教学进度，实现知识的及时内化和应用。

3. 过程性评价助力学生成长

实时教学反馈机制强调过程性评价的重要性，通过对学生学习过程的持续监测和分析，为学生提供全方位、全过程的学习指导。在实习阶段，学生可以通过智能反馈系统实时了解自己在实习任务完成、职业技能应用、职场沟通协作等方面的表现。例如，在酒店管理专业的实习中，学生在每次服务实践后，都能收到包含服务态度评分、操作规范性评估、客户满意度分析以及改进建议的详细反馈报告。这不仅有助于学生及时发现自身问题并加以改进，还能增强学生的学习积极性和自我管理能力，促进其职业技能和职业素养的螺旋式上升。

4. 提升教师教学监控与反思能力

实时教学反馈机制为教师的专业成长提供了有力支持。教师通过分析反馈数据，能够深入洞察自己的教学优势与不足，从而有针对性地进行教学反思和改进。教师在授课后可查看系统生成的教学效果分析报告，了解学生对自己教学内容呈现方式、教学活动组织形式以及课堂时间分配等方面的评价。基于这些反馈信息，教师可以调整教学策略，参加相关教学培训，学习先进的教学方法和技巧，不断提升自己的教学水平和专业素养，实现从经验型教师向专家型教师的转变。

三、实时教学反馈机制的实施策略与案例剖析

1. 构建稳定可靠的技术环境

构建实时教学反馈机制，首要任务是构建稳定、高速且安全的校园网络基础设施，这是保障数据传输和系统运行的关键。职业院校需部署覆盖全校的无线网络，确保信号强度稳定、连接顺畅；再引入云计算服务，借助其强大的计算能力和存储资源，实现数据的高效处理与安全存储；通过采用分布式云架构，将数据存储分布在多个数据中心，不仅提高了数据的安全性，还能有效防范数据丢失风险，确保教学数据的完整性和可用性。

2. 打造一体化智能教学平台

职业院校应积极打造集成多种功能的一体化智能教学平台，满足实时教学反馈机制的运行需求。平台须具备智能教学资源管理功能，依据课程标准和学生学习需求，精准推送教学资料；支持在线教学活动开展，涵盖实时授课、互动讨论、在线作业布置与批改等多种功能；嵌入智能分析工具，实现对学生学习行为和教师教学行为的实时监测与分析；通过智能推荐算法，根据学生的学习进度和知识掌握情况，自动推送适合的学习资源和练习，为学生提供个性化学习支持。

3. 提升教师的数字素养与反馈应用能力

为充分发挥实时教学反馈机制的优势，职业院校必须进一步加强教师

培训，通过组织教师参与专题培训课程，系统学习人工智能基础知识、数据分析原理以及智能教学工具的操作方法。学校可以开展教学工作坊和实践教学活动，鼓励教师分享应用实时反馈机制的教学案例和经验，共同探索创新教学模式；通过组织教师参加“数据驱动教学决策”等各类提升数字素养与技能的工作坊，帮助教师掌握如何解读学生学习数据、运用反馈信息调整教学策略的技能，从而提升教学质量。

4. 培养学生的数据意识与自我管理能力

实时教学反馈机制的有效运行需要学生的积极参与和正确使用。学校通过开设数据素养课程，帮助学生理解学习数据的含义和价值，指导学生如何解读反馈信息、利用数据进行自我评估和自我管理。在新生入学教育中，应加入智能学习平台使用培训环节，向学生详细讲解如何查看学习报告、分析数据图表以及根据反馈建议制订学习计划，从而激发学生的学习主动性和自我提升意识，使学生能够更好地利用实时反馈机制优化自身学习过程。

5. 实时动态调整教学内容

职业院校应依据实时反馈数据动态调整教学内容，将其与产业需求紧密结合以提升教学实用性。例如，在软件编程课程中，若反馈显示学生对某一编程语言的掌握欠佳，而该语言恰是行业热门且企业急需的，教师应迅速增加相关教学资源与实践项目。此外，还应对教学方法进行同步优化，采用项目驱动教学法，让学生在实际项目中深入学习和应用这门编程语言。这样的动态调整不仅提升了学生对编程语言的掌握程度，还增强了他们的实践能力，使学生毕业后能够迅速适应企业工作环境，满足企业的实际需求。

6. 优化管理与资源分配

职业院校需建立完善的管理和监督机制来确保实时教学反馈机制的有效运行。一是制定相应的管理制度，明确教师和学生在使用该机制中的职责与权利，从而规范教学和学习行为；二是加强对教学过程和学习过程的监督，及时发现并解决机制运行中的问题，以保障教学质量；三是学校应合理分配教学资源，根据实时反馈数据识别出教学资源不足或配置不合理的地方，并及时进行调整。例如，某一专业课程的反馈显示学生对实践教学资源需求大，学校应加大对此类资源的投入，优化资源分配，满足学生实践学习的需求。通过这些措施，确保实时教学反馈机制能够充分发挥其优势，为提升教学质量提供有力支持。

四、实时教学反馈机制实施的难点与解决方案

尽管人工智能支持的实时教学反馈机制在职业教育中展现出巨大潜力，但在实际应用中也面临许多困难，需要职业院校根据各自不同的实际状况，找到不同的解决方案。

1. 技术层面

（1）“数据孤岛”与系统集成难题。职业院校往往使用多个独立的教学系统，如学习管理系统、在线测试平台和智能教学工具等，这些系统之间的数据难以互通，形成“数据孤岛”。例如，学习管理系统可能记录了学生的课程参与度和作业完成情况，而在线测试平台则掌握了学生的考试成绩和知识点掌握情况。由于缺乏统一的数据标准和接口，教师难以全面了解学生的学习情况，导致反馈信息的不完整和不准确。对于这个难点，学校需要推进教学系统的集成与标准化建设，制定统一的数据规范和接口标准，确保不同系统之间的数据能够无缝对接；引入数据中台技术，建立一个集中式的数据管理中心，对来自各个系统的数据进行统一采集、存储和管理，打破“数据孤岛”，为实时教学反馈机制提供全面、准确的数据支持。

（2）数据质量与噪声问题。在实时教学反馈中，数据的质量决定着教学反馈的成效。但是，实际采集到的数据往往存在噪声、缺失值、异常值等问题，影响分析结果的可靠性。例如，在课堂互动中，学生的即时测验答案可能由于网络延迟或操作失误而出现错误提交，导致数据失真。针对这种问题，学校要建立严格的数据质量监控体系，在数据采集源头进行质量把控，对数据进行实时清洗、校验和补全；采用先进的数据修复技术和算法，自动识别和处理缺失值和异常值，提升数据的完整性和准确性，确保反馈信息的真实性和可信度。

2. 教师层面

（1）反馈信息过多与分析困难。实时教学反馈机制虽能提供大量信息，但教师可能因海量信息而难以筛选关键内容。例如，反馈报告中包含学生的学习时长、作业成绩、课堂互动等多维度数据，教师在有限时间内难以全面分析。此外，多数教师也缺乏深入分析数据的能力，难以从复杂的数据中提取有价值的教学信息。对于这个难点，学校应为教师提供专业的数据培训，提升其数据素养和分析能力；优化反馈系统的界面设计和信息呈现方式，采用数据可视化技术，将复杂的数据转化为直观的图表和图形，突出关键指标和趋势，使教师能够快速抓住重点，准确把握学生的学习状况，从而做出合理的教学决策。

（2）教学反馈的个性化与差异化问题。不同学生对反馈的接受程度和理解能力存在差异，教师在提供反馈时难以做到完全个性化，有的学生可能对文字形式的反馈更敏感，而另一些学生则更倾向于图形或视频形式的反馈；学生的学习需求和问题也各不相同，在班级规模较大、教学任务繁重的情况下，教师很难满足每个学生的个性化反馈需求。为解决这一问题，学校只能通过人工智能技术开发智能反馈生成工具，根据学生的学习风格、偏好和需求，自动生成个性化的反馈内容和形式。例如，利用自然语言生成技术为学生撰写针对性的文本反馈，或通过数据可视化工具生成个性化的图表和图形反馈。学校还可以鼓励教师采用小组反馈和个别辅导相结合的方式，针对不同学生群体的共性问题进行集中反馈，对于个别学生的特殊问题进行一对一辅导，提高反馈的个性化和有效性。

3. 学生层面

（1）反馈依赖与自主学习能力下降。过度依赖实时反馈可能导致学生自主学习能力的退化。例如，学生在每完成一个学习任务后都等待系统反馈，缺乏独立思考和自我评估的主动性，长期依赖外部反馈会使学生失去自我学习的动力和能力。学校需要注重培养学生的自主学习能力，教育学生如何进行自我评估和反思。教师可以设计一些不依赖即时反馈的学习活动，鼓励学生独立完成任务，并引导学生学会对自己的学习进行总结和评价。在项目式学习中，让学生在没有即时反馈的情况下独立完成项目规划、实施和总结，培养学生的自主学习意识和能力。

（2）反馈抵触与学习动力减弱。部分学生可能因害怕面对负面反馈而产生抵触情绪，甚至放弃学习。如果学生在多次测验中收到较低的分数和批评性反馈时，就有可能失去学习信心和动力。为了避免这种问题，首先，教师在提供反馈时，应注重语言的鼓励性和引导性，采用“三明治”反馈法，即先肯定学生的优点和进步，再指出问题和不足，最后提出改进方向和期望；其次，学校应建立学习支持系统，为学生提供必要的帮助和资源，帮助他们克服学习困难，增强学习信心；再次，设立学习辅导中心，为学生提供免费的学业辅导和咨询服务；最后，开展学习互助活动，组织学生之间相互帮助、共同进步。

4. 评价层面

（1）反馈与评价的隐私泄露问题。实时教学反馈机制涉及大量学生数据的收集和分析，可能存在隐私泄露和数据滥用的风险。例如，学生的考试成绩、学习行为等数据被未经授权地共享或用于其他目的，可能对学生的未来发展产生负面影响。反馈信息的不准确或偏颇可能会导致对学生不公正的评价，影响学生的自信心和学习积极性。学校应建立严格的数据使用规范和隐私保护制度，确保学生数据的安全和合法使用；在数据收集和使用过程中，充分尊重学生的知情权和选择权，明确告知学生数据的用途和保护措施；加强对反馈信息的审核和管理，确保反馈的准确性和客观性，避免因错误或不当的反馈对学生造成伤害。

（2）反馈的单一性与评价的片面性问题。实时教学反馈机制大多侧重于学生的学习结果，如考试成绩、作业完成情况等，而对学习过程中的情感、态度、价值观等非认知因素关注不足，这种单一的反馈和评价模式不能全面反映学生的学习体验和成长。学校需要构建更多元化的评价体系，将过程性评价与终结性评价相结合，定量评价与定性评价相结合。在反馈机制中增加对学生情感、态度、合作能力等方面的评价维度，采用叙事性评价、成长档案等方式，全面记录学生的学习过程和成长轨迹。例如，在程序设计课程中，不仅评价学生的程序的运行结果，还关注学生在编程过程中的创新思维、团队协作，为学生提供更全面、客观的学习评价。

5. 管理层面

（1）机制的可持续性与教师积极性的衰减。实时教学反馈机制的有效运行需要教师的积极参与和持续投入，如果缺乏相应的激励机制和认可体系，教师在额外的工作负担下可能缺乏动力。教师为提供个性化反馈花费大量时间分析数据、设计反馈内容，但这些额外工作未在绩效考核中得到充分体现，导致教师积极性受挫。对此，学校应建立完善的激励机制，将教师在实时教学反馈机制中的工作表现纳入绩效考核体系，对积极参与并取得良好教学效果的教师给予奖励和表彰；为教师提供必要的支持和资源，减轻其工作负担，如提供教学助手、共享优质教学资源等，提高教师参与实时教学反馈机制的积极性和可持续性。

（2）反馈机制的适应性与课程多样性的平衡问题。职业院校课程体系丰富多样，不同课程的教学目标、内容和方法差异较大，实时教学反馈机制在不同课程中的应用效果也存在差异。理论课程往往更适合基于知识点掌握的反馈，而实践课程则需要更多关注操作技能和项目成果的反馈，这要求反馈机制能够灵活适应不同课程的特点和需求。学校可以根据课程特点和教学需求，定制多样化的反馈方案和工具。对于理论课程，可侧重于知识点测试、作业分析等反馈方式；对于实践课程，可引入项目管理工具、实践操作记录等反馈手段。此外，鼓励教师根据课程实际情况创新反馈方法，确保实时教学反馈机制在不同课程中都能发挥最佳效果。

人工智能支持的实时教学反馈机制为职业教育教学方法的变革注入了新的活力。通过构建精准的教学数据网络、运用智能分析技术、提供个性化反馈以及优化教学流程等实践路径，实时教学反馈机制在提升教学质量、满足学生个性化需求方面展现出了显著的效果。职业院校需要积极应对技术、教师、学生、评价和管理等层面的难题，通过创新性的应对策略，确保实时教学反馈机制的可持续发展和有效应用。随着人工智能技术的不断进步和应用场景的拓展，实时教学反馈机制将在职业教育领域发挥更为重要的作用，为职业教育的人才培养提供有力保障。

本章主要内容结构图

本章主要内容结构如图 2－1 所示。

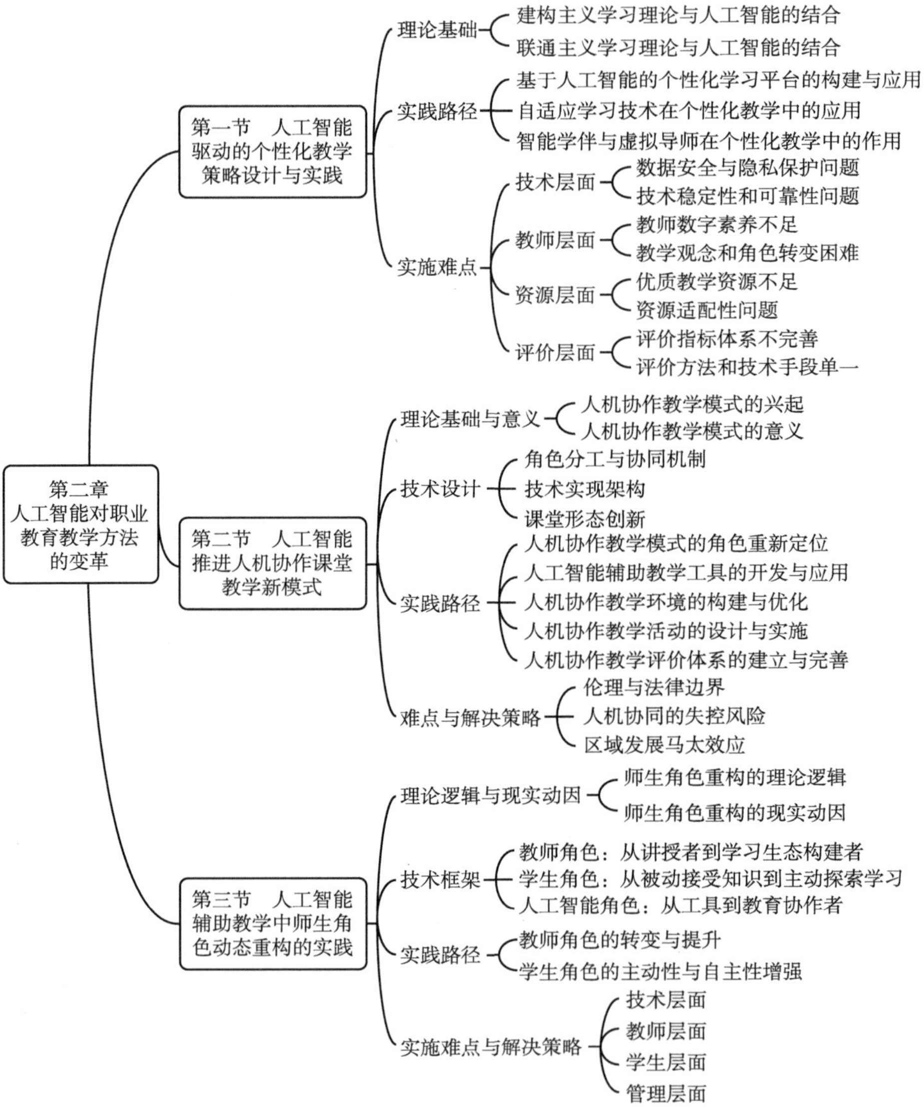

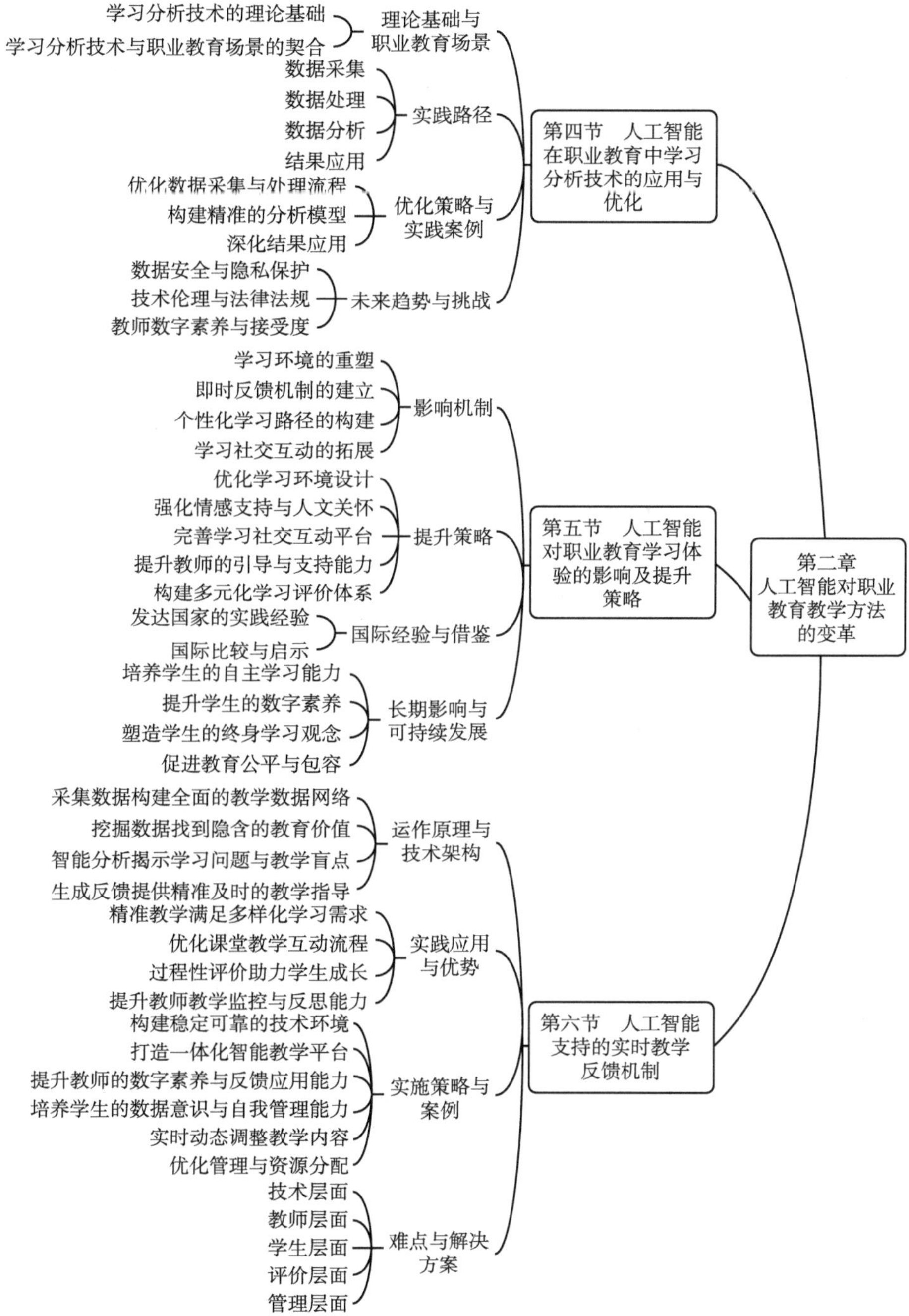

图 2－1　内容结构图：人工智能对职业教育教学方法的变革

第三章　人工智能在职业教育专业建设中的应用

在职业教育数字化转型浪潮中，专业建设成为关键一环。人工智能技术深度融入，推动教学资源开发从“经验驱动”迈向“数据与算法双轮驱动”新时代，它重构了资源开发技术路径，促使职业教育向“个性化适配”深刻变革。本章深入剖析人工智能在职业教育专业建设中的多维应用，从教学资源高效开发，到智慧课程建设优化，再到数字教材质量保障、实训平台实践教学创新以及产教深度融合实践等，全面呈现人工智能如何重塑职业教育专业建设体系，助力培养适应数字时代的高素质技术技能人才，为职业教育高质量发展注入新活力与新动能。

第一节　人工智能推动教学资源高效开发与创新应用

人工智能技术的深度融入，为教学资源的开发与应用开辟了全新的路径，使其在效率与创新层面实现了质的飞跃。从教育资源的精准配置到个性化学习内容的生成，再到资源质量的智能化评估与优化，人工智能正全方位重塑职业教育的教学资源生态。

一、职业教育教学资源开发的现状与痛点

尽管现在我国职业教育在规模上已位居世界前列，但高质量教学资源的稀缺性却成为制约其发展的关键瓶颈。一是职业院校间的办学理念、课

程设置及教学模式差异显著，导致难以形成标准化、通用化的教学资源体系。以中职与高职的衔接为例，部分课程内容重复率高达40%，而技能训练的连贯性和递进性却严重不足，这种割裂状态不仅浪费了大量教育资源，更让学生的学习过程缺乏系统性与连贯性。二是行业技术的快速更新使得传统教学资源迅速过时，尤其在信息技术、智能制造等新兴领域，教材内容的更新速度远落后于产业实践。据统计，目前约55%的职业院校专业课程教材存在内容滞后问题，部分教材的案例与实际生产流程的契合度不足40%。三是教学资源的呈现形式也较为单一，主要以文字、图片为主，难以满足现代职业教育多元化、互动性强的教学需求。

在资源建设主体方面，职业院校教师承担了主要的教学资源开发任务，但他们在资源开发过程中面临许多困难。首先，教师需要耗费大量时间与精力进行课程设计、教材编写、课件制作等工作。据调查，平均开发一门精品在线开放课程，教师需投入超过1000小时的工作量，其中用于教学资源收集与整理的时间占比达45%。这种高强度的工作负担使教师难以兼顾教学资源的创新性与教学质量的提升。其次，教师的专业技术能力有限，尤其在新兴技术应用方面存在明显短板。例如，在开发虚拟仿真教学资源时，超过70%的教师表示缺乏相关技术知识与实践经验，难以独立完成资源制作。最后，教学资源的开发往往依赖于教师个人的经验与能力，缺乏团队协作与跨学科整合机制，导致资源的系统性与科学性不足。

二、人工智能驱动教学资源开发的理论基础与技术路径

人工智能技术在职业教育教学资源开发中的应用并非简单的工具替代，而是基于其强大的数据分析、智能生成与个性化推荐能力，对传统的资源开发模式进行深度重构。

1. 理论基础

人工智能驱动教学资源开发的理论基础主要源于知识工程、教育数据挖掘与学习科学。知识工程通过构建领域知识库与智能推理机制，为教学资源的自动化生成与智能化推荐提供了可能；教育数据挖掘则通过对海量

学习行为数据的深度分析，揭示了学习资源使用背后的规律与问题，为资源优化提供了依据；学习科学则强调以学习者为中心，关注学习资源的适应性与个性化，为资源开发指明了方向。

2. 技术赋能逻辑

人工智能技术的介入，通过数据驱动、算法优化与智能生成三大技术路径，重构了教学资源开发的全生命周期。从技术赋能逻辑看，人工智能对教学资源开发的革新体现在三个维度。

（1）知识萃取与结构化。基于自然语言处理（NLP）与知识图谱技术，人工智能能够从海量行业报告、技术文档和实操案例中提取关键知识点，构建跨学科、跨领域的知识网络。例如，某教育科技企业推出的“职教知识大脑”项目，通过训练千亿级参数的行业大模型，自动生成覆盖智能制造、数字金融等领域的结构化知识库，资源开发效率提升 70%。

（2）动态适配与个性化生成。依托机器学习算法，系统可实时分析区域产业需求、学生能力画像与教学反馈数据，动态调整资源内容。例如，广东某职业技术学院开发的“AI 课程工厂”平台，能够根据珠三角地区电子制造企业的技能需求变化，自动优化《智能硬件设计》课程的实训案例库，确保教学内容与岗位能力模型保持同步。

（3）多模态资源融合创新。通过计算机视觉、虚拟现实与增强现实技术，人工智能将抽象理论转化为沉浸式学习场景。例如，浙江某职业学院与企业联合开发的“智慧交通虚拟实训系统”，利用数字孪生技术模拟城市交通调度场景，学生可通过交互式操作掌握信号优化、事故应急等技能，实训成本降低 60%，操作失误率下降 45%。

3. 核心技术路径

（1）知识图谱驱动的课程内容生成。知识图谱技术通过实体识别、关系抽取与语义推理，构建学科知识与产业实践的动态关联网络。在职业教育领域，这一技术被广泛应用于课程体系设计。以四川某职业技术学院与企业合作的“新工科课程生成系统”为例，系统整合了制造业设备运维、工业互联网等领域的 20 万条技术标准与案例数据，自动生成涵盖理论讲解、故障诊断、实操演练的模块化课程包。经试点验证，课程开发周期从6个月缩短至2周，内容与企业实际需求匹配度达92%。

（2）生成式人工智能赋能的教材智能化编撰。大语言模型（LLM）与生成对抗网络（GAN）的结合，为教材编撰提供了全新的自动化工具。2024年，某科研团队发布的智写系统，可基于学科知识框架自动生成教材初稿，并通过多轮人机协同编辑优化内容质量。湖南某职业学院利用该系统开发《跨境电子商务》教材，系统自动整合全球30个电商平台的运营规则、典型案例与政策法规，教师仅需对生成内容进行逻辑校验与本土化适配，编撰效率提升80%。

（3）虚拟仿真与数字孪生技术重构实训资源。传统实训受限于设备成本与安全风险，难以满足大规模、高频次训练需求。人工智能驱动的虚拟仿真技术通过高精度建模与实时物理引擎，构建零风险的沉浸式实训环境。例如，某企业开发的“智能制造数字孪生平台”，可模拟数控机床、工业机器人等设备的全生命周期操作，学生通过AR眼镜进入虚拟车间，系统实时监测操作轨迹并反馈错误点。

（4）自适应推荐系统优化资源匹配效率。基于协同过滤与深度强化学习的推荐算法，能够精准匹配学生个体差异与资源特性。例如，某在线课程平台采用的智能学习系统，通过分析数十万名学生的知识点掌握度、学习风格偏好、职业倾向等历史学习数据，为每位学生推送定制化的学习路径与资源组合，使学生的知识吸收效率提升20%，课程完成率从68%跃升至82%。

三、人工智能驱动教学资源高效开发的实践路径

人工智能在教学资源开发中的实践路径，主要围绕资源内容生成、资源形式创新、资源平台构建和资源优化与更新四个关键环节展开。

1. 资源内容生成

智能教学资源生成系统是人工智能在教学资源开发领域的核心应用之一。通过自然语言处理、图像识别与生成等技术，该系统能够实现教学文

本、课件、习题等多种类型教学资源的自动化生成。以某高职院校的Python程序设计课程为例，教师只需输入课程大纲与核心知识点，智能教学资源生成系统即可自动生成教学文本，包括理论讲解、代码示例、编程规范等内容，生成的文本质量达到了专业教材的标准水平。系统还能够根据教学文本内容自动生成配套的教学课件，将文字内容转化为图文并茂的幻灯片形式，并自动插入相关的代码截图与流程图，极大地提升了课件制作的效率与质量。在习题生成方面，系统依据知识点的难度层次与认知维度，批量生成多样化的习题，涵盖选择题、填空题、编程题等多种类型，为学生提供了丰富的练习素材。这不仅显著减轻了教师的教学资源开发负担，还确保了教学资源的科学性与一致性。

2. 资源形式创新

资源形式的创新是提升教学资源吸引力的关键，人工智能技术通过融合多媒体与交互元素，为教学资源赋予了新的生命力。例如，在某职业学院的电子商务课程中，教师利用AI技术创建了一系列互动式教学视频，这些视频中嵌入了智能问答、虚拟购物等互动环节，学生在观看视频的同时，可以通过语音或触屏方式与视频内容进行互动，这种沉浸式的学习方式极大地提高了学生的学习兴趣与参与度。采用互动式教学视频的班级，学生课程满意度提升了约30%，学习成绩也显著提高。创新的教学资源形式还能够帮助学生更好地理解和掌握复杂的概念，它通过模拟真实场景和提供即时反馈，使学习过程更加直观和易于理解。

3. 资源平台构建

资源平台的构建是实现教学资源高效管理与共享的基础，它对于教育信息化的发展具有至关重要的作用。通过运用人工智能技术，构建一个智能化的资源管理平台，不仅能够实现资源的精准搜索，还能提供智能推荐与个性化推送功能。以某职业技术学院为例，该校成功建立了基于人工智能的资源管理平台，通过整合学习行为分析与资源使用数据，为每位学习者量身定制了个性化的资源推送列表。学生在登录平台后，便能立即看到根据其学习进度、兴趣偏好以及职业导向精心挑选的学习资源。这种个性化的推送机制不仅显著提高了资源的利用率，还极大地提升了学生的学习效率与满意度，为学习者带来了更加丰富和高效的学习体验。

4. 资源优化与更新

人工智能技术还为教学资源的持续优化与更新提供了智能化解决方案。通过学习分析技术，系统能够实时收集学生在使用教学资源过程中的行为数据，如学习时间、点击率、完成度、测试成绩等，对教学资源的有效性进行精准评估。以某财经职业学院的电子商务课程为例，系统分析发现学生在“跨境电商运营”模块的学习中，对“国际市场营销策略”部分的资源点击率较低，且测试成绩普遍不理想。基于这一数据反馈，教学团队及时对相关教学资源进行了优化调整，补充了更多的实际案例、操作流程视频以及互动式的市场模拟练习。利用人工智能的预测分析功能，系统能够提前预测教学资源在未来一段时间内的适用性，提醒教师及时更新内容，确保教学资源与行业发展的同步性。

四、人工智能推动教学资源创新应用的实践案例

在实际教学场景中，人工智能技术推动教学资源创新应用的案例层出不穷，为职业教育教学改革提供了丰富的实践样本。

案例1：人工智能驱动的智能仓储模拟系统

湖南某职业学院的物流管理专业引入了人工智能驱动的智能仓储模拟系统。该系统通过虚拟现实技术构建了一个高度仿真的智能仓储环境，学生可以在其中进行货物入库、分拣、配送等全流程操作。系统内置的人工智能算法能够实时监测学生的操作流程，对不规范操作进行即时纠正，并根据学生的操作效率与准确性给予个性化评分与改进建议；系统集成了大数据分析功能，为学生展示仓储物流行业的实际运营数据，如库存周转率、配送成本等，帮助学生深入理解专业知识在实际生产中的应用。通过这种创新教学资源的应用，学生在毕业实习中的操作熟练度比传统教学模式下提高了40%，就业竞争力显著增强。

案例 2：基于增强现实技术的智能烹饪教学资源

某江西中等职业技术学校的烹饪专业借助增强现实技术开发了智能烹饪教学资源。学生在烹饪过程中，通过佩戴 AR 眼镜，可以实时看到虚拟的烹饪步骤提示、火候控制指南以及食材处理技巧等信息叠加在实际操作场景中。教师通过后台系统可以远程监控学生的学习进度，及时为学生提供个性化的指导。这种创新的教学资源不仅提高了学生的学习兴趣，还有效解决了烹饪教学中因操作不规范导致的安全隐患问题。学生通过学习智能烹饪教学资源，烹饪实操考核中的优秀率提高了 26%，学生对专业课程的满意度达到了 92%。

五、人工智能推动教学资源高效开发与创新应用的实施难点

尽管人工智能在职业教育教学资源开发中展现出巨大的潜力，但实际应用中仍面临许多实施的难点。

1. 数据安全与隐私保护问题

在教学资源开发与应用过程中，需要大量收集与处理学生的学习数据，这些数据包含学生的个人隐私信息，如学习进度、成绩、学习偏好等。一旦数据泄露，不仅会损害学生的个人权益，还可能对学校的声誉造成严重影响。鉴于该情况，学校必须建立健全的数据安全管理制度，加强数据加密、访问控制等技术防护措施，确保学生数据的安全性与保密性。人工智能技术的稳定性和可靠性也存在风险，如智能教学资源生成系统可能出现生成内容不准确、逻辑混乱、“AI 幻觉”等问题，影响教学资源的质量与教学效果。学校需要选择成熟、稳定、知名的技术产品与服务提供商，并建立完善的技术运维团队，及时处理技术故障，保障教学资源开发与应用的顺利进行。

2. 教师的数字素养与技术应用能力不足问题

许多教师对人工智能技术的理解仅停留在表面，缺乏将其深度融入教

学资源开发的实践能力。例如，在使用智能教学资源生成系统时，部分教师无法准确把握系统参数设置，导致生成的资源质量参差不齐。学校加强教师的培训与专业发展支持，通过开展专题讲座、实践操作培训、教学观摩等活动，提升教师的数字素养与人工智能技术应用能力。传统的教学资源开发模式下，教师是知识的权威传授者，而在人工智能辅助资源开发模式下，教师需要转变为学习的引导者与资源整合者，这一角色转变对部分教师来说难以适应。学校应通过开展教学理念研讨、案例分享等活动，帮助教师更新教育观念，积极拥抱人工智能技术带来的教学变革。

3. 优质教学资源的匮乏问题

尽管人工智能技术能够提高教学资源的开发效率，但目前仍存在大量低质量、不适用的教学资源充斥市场。部分智能生成的教学资源存在内容浅薄、缺乏深度、与职业教育实际需求脱节等问题。职业院校需要加强与企业、行业组织、教育科研机构等的合作，共同建立教学资源质量标准与审核机制，确保教学资源的科学性、实用性和创新性；不同专业、不同层次的职业教育对教学资源的需求存在差异，如何确保人工智能生成的教学资源能够精准适配不同教学场景与学习目标是一大问题；人工智能系统需要进一步优化算法，提高资源推荐的精准度与个性化程度，教师也应加强对教学资源的筛选与二次加工，使其更好地服务于教学实践。

六、解决策略与未来展望

针对上述实施难点，职业院校可采取相应的解决策略，以推动人工智能在教学资源开发与应用中的可持续发展。一是加强基础设施建设，提升校园网络带宽与稳定性，确保人工智能系统的流畅运行；建立数据安全管理体系，定期开展数据安全审计与风险评估，从技术与管理层面双重保障数据安全。二是优化教师培训体系，将人工智能技术培训纳入教师常态化培训计划，设立专项培训基金，鼓励教师参与线上线下培训课程、教学改革项目，提升教师的技术应用能力与教学创新能力。三是构建教学资源共建共享生态，联合企业、科研机构等多方力量，共建教学资源库，加强资源的质量审核与优化，确保资源的高质量与精准适配。

随着人工智能技术的持续演进与应用场景的不断拓展，其在职业教育教学资源开发与创新应用领域将展现出更为广阔的前景。一方面，人工智能技术将与虚拟现实、增强现实、元宇宙等新兴技术深度融合，为教学资源开发带来更加丰富的表现形式与交互体验；另一方面，基于人工智能的教学资源个性化推荐算法将不断优化，能够实现对每个学生学习需求的精准捕捉与动态适配，真正实现因材施教的理想教育模式。职业院校需要积极布局，加强技术研发与应用实践，推动人工智能与职业教育教学资源开发的深度融合，为培养高素质技术技能人才提供坚实的教学资源保障。

第二节　基于人工智能的智慧课程建设与优化策略

智慧课程建设是职业教育数字化转型的关键环节，也是人工智能技术深度赋能教育领域的核心实践之一。随着教育信息化的不断推进，传统课程体系与教学模式已难以满足新时代对复合型、创新型技术技能人才的需求。人工智能技术的融入，为智慧课程的建设与优化提供了全新的思路与方法，推动职业教育课程从“标准化”向“个性化”“智能化”转变，助力学生实现自主、高效地学习。

一、智慧课程建设的内涵与特征

智慧课程是借助人工智能、大数据、云计算等前沿科技，深度整合优质教育资源与先进教学理念，构建的具有高度智能化、个性化、交互性与动态适应性的课程体系。其核心目标在于全方位满足学生的个性化学习需求，促进学生的全面发展与创新能力培养，同时提升教师的教学效能。智慧课程具备一些显著特征：一是智能化教学内容呈现，借助虚拟现实、增强现实等技术，将抽象的理论知识转化为直观可感的三维模型与沉浸式场景；二是个性化学习路径规划，运用机器学习算法分析学生的学习行为、能力水平与兴趣偏好等多维度数据，为每位学生量身定制专属学习路径；三是实时交互式教学反馈，能够在学生学习过程中实时监测其操作、回答等问题情况，及时给予精准反馈与指导；四是动态更新的教学资源，基于大数据分析技术能够紧密追踪行业技术发展趋势与市场需求变化，实时更新课程资源。

二、职业教育智慧课程建设的现状与问题

近年来，我国职业教育智慧课程建设取得了显著进展，但整体仍处于探索发展阶段，面临着诸多问题与挑战。

1. 地区、院校之间发展水平参差不齐问题

经济发达地区的高职院校由于资金充足、技术设备先进、师资力量雄厚，能够积极引入先进的人工智能技术与平台，建设了多门高质量的智慧课程。如广东某职业技术学院利用当地丰富的科技资源与知名企业合作，打造了人工智能、云计算等领域的智慧课程群，课程的智能化水平与教学效果均处于国内领先地位；但中西部地区以及经济欠发达地区的许多职业院校，由于资金短缺、技术基础设施薄弱、教师信息技术水平有限，智慧课程建设滞后等原因，部分院校甚至仍停留在传统教学模式阶段，课程的数字化、智能化程度较低，难以满足学生对优质教育资源的需求。

2. 重技术轻教学、重资源轻应用问题

一些职业院校在建设智慧课程时，过度关注技术的先进性与课程资源的数量，忽视了教学内容的系统性、科学性以及教学方法的适配性。例如，某些学院投入大量资金建设虚拟仿真教学资源，但这些资源在实际教学中的应用频率却较低，未能充分发挥其教学价值；部分智慧课程虽然拥有丰富的在线资源，但教学方法依然沿用传统的讲授式教学，未能真正实现以学生为中心的教学模式转变，导致学生学习积极性不高，教学效果不理想。

3. 数据安全与隐私保护等相关问题

智慧课程系统需要收集与处理大量学生的学习数据，包括个人信息、

学习行为、考试成绩等，这些数据具有极高的敏感性，一旦数据泄露，将对学生的个人隐私造成严重侵害，甚至可能影响学生的学业与未来发展。2023 年某职业院校的在线学习平台曾因安全漏洞导致学生信息泄露，引发了社会广泛关注。如何保障数据安全与学生隐私，是智慧课程建设必须解决的重要课题。

三、人工智能助力智慧课程建设的理论基础与技术路径

人工智能技术为智慧课程建设提供了坚实的理论支撑与强大的技术动力，推动智慧课程从概念走向实践，从局部试点走向全面应用。

1. 理论层面

人工智能驱动智慧课程建设的理论根基涵盖认知主义学习理论、建构主义学习理论以及联通主义学习理论。认知主义学习理论聚焦于学生的知识构建过程，强调智慧课程应依据学生的认知结构与学习规律，科学组织教学内容，合理安排教学顺序，以促进学生对知识的深度理解和有效记忆；建构主义学习理论则注重学生在学习过程中的主体地位，倡导通过创设丰富的学习情境、开展项目式学习等方式，让学生在实践中主动建构知识体系；联通主义学习理论注重适应信息时代的发展需求，突出知识网络的构建与信息的高效流通。智慧课程借助人工智能的关联分析能力，将不同学科知识、课程资源进行有机整合，构建知识图谱，使学生能够从整体上把握知识体系，提升知识迁移与创新能力。

2. 技术层面

（1）智能内容编排技术实现课程知识的系统整合。借助自然语言处理与知识图谱技术，对课程知识进行深度萃取与结构化处理，构建全面的课程知识体系。以电子信息类课程为例，通过训练基于 Transformer 架构的语言模型，从海量的教材、论文、行业报告等文本资源中提取关键知识点，如电子电路原理、信号处理方法、通信协议等，并依据知识之间的逻辑关系与层次结构，编织成一张细粒度的知识图谱。这张图谱不仅清晰地展现

了课程知识的全貌，还能够根据学生的知识掌握情况，智能推荐学习内容，引导学生系统学习，避免知识碎片化。

（2）自适应学习技术打造个性化学习体验。通过机器学习算法对学生的多维度学习数据进行实时分析，包括学习时间、学习频率、作业完成质量、测验成绩等，精准绘制学生的学习能力画像。以一门高等数学课程为例，系统发现某学生在微积分部分存在明显学习困难，正确率仅为 43%，而在线性代数部分表现良好，正确率达 86%。基于此画像，自适应学习平台动态调整学习路径，为该学生推送微积分基础概念讲解、经典例题演示、专项练习等资源，并增加相应的辅导课程与练习题，帮助学生攻克难点，提升学习效果；系统还会根据学生的学习进度与掌握情况，实时更新学习计划，确保学习过程的连贯性与有效性。

（3）智能交互技术提升课程的师生互动性。智能语音识别与自然语言处理技术使课程系统具备了强大的人机交互功能，学生可以通过语音或文字向系统提问，系统能够快速理解问题的含义，并给予准确、详细的解答。例如，在 Python 语言学习中，学生询问“如何解决数组越界问题”，系统会立即给出问题产生的原因分析、解决方法示例以及相关代码片段，同时还可提供类似问题的拓展讲解，帮助学生深入理解。

（4）学习分析技术优化课程教学效果。学习分析技术贯穿于智慧课程的整个教学过程，通过对学生学习行为数据的深度挖掘与分析，为教师提供全面、精准的教学反馈。以某门在线课程为例，学习分析系统收集学生在视频学习中的停留时间、暂停次数、回放节点，作业中的错误类型、答题时长，论坛中的发帖内容、互动频率等多维度数据。经数据挖掘分析发现，学生在某个知识点对应的视频段停留时间较长，且作业中该知识点相关题目错误率较高，达 37%。教师据此及时调整教学策略，对该知识点进行重新讲解、补充案例，并增加针对性练习。

四、人工智能驱动的智慧课程建设实践路径

人工智能技术在智慧课程建设中的应用可以通过课程内容的智能化设计与开发、智慧课程平台的搭建与应用、智慧课程的教学模式创新、智慧

课程的质量评估与持续优化等几个主要路径得以实现，为智慧课程的高效建设与持续优化提供有力保障。

1. 课程内容的智能化设计与开发

智能化课程内容设计依托人工智能技术，对教学内容进行深度加工与优化，使其更符合学生的认知规律与学习需求。以机械专业的机械制造课程为例，首先运用自然语言处理技术对大量机械制造领域的教材、论文、企业技术文档等文本资源进行语义分析与知识提取，挖掘出课程的核心知识点，如机械制图规范、零件加工工艺、数控编程方法等。其次，结合职业教育学生的认知特点与就业岗位技能需求，运用知识图谱技术将这些知识点进行系统整合与关联，构建课程知识体系。最后，在知识体系的指导下，教师与课程开发人员利用三维建模软件、动画制作工具等，将抽象的机械原理、复杂的加工工艺转化为直观生动的三维模型、动画视频等多媒体教学资源。智能化课程内容设计还应注重将企业实际生产案例融入教学内容，通过与企业的深度合作，收集真实的机械制造生产案例，经过去敏处理后，将其改编为课程项目任务。学生在完成项目任务的过程中，不仅能够掌握专业知识与技能，还能了解企业生产流程与行业标准，提升解决实际问题的能力。

2. 智慧课程平台的搭建与应用

智慧课程平台是人工智能技术在智慧课程建设中应用的重要载体，它为课程的运行、管理与教学交互提供了全方位的支撑。好的智慧课程平台应具备以下几个关键功能。

（1）用户画像构建是智慧课程平台的核心功能之一。平台通过收集学生的基本信息、学习行为数据、学习偏好等多维度数据，运用先进的机器学习算法为每位学生绘制出精准的用户画像。这些用户画像不仅包含了学生的个人信息，还涵盖了他们的学习习惯、兴趣点以及可能的学习障碍等重要信息。通过这样的画像，平台能够更好地理解每个学生的需求和特点，从而提供更加个性化和高效的教学服务。

（2）智能推荐系统功能作为智慧课程平台提升教学个性化水平的关键

组件，它依据用户画像与课程知识图谱，为学生提供个性化的学习资源推荐。在推荐过程中，平台综合考虑课程的难易程度、知识点关联度、资源类型多样性等因素。通过这种智能推荐机制，学生能够获得更加精准和符合个人学习需求的资源，从而提高学习效率和质量。智能推荐系统通过分析学生的学习行为、历史成绩以及偏好设置，能够动态调整推荐策略，确保推荐内容始终与学生的学习进度和理解能力相匹配。

（3）实时交互功能为教师与学生、学生与学生之间的教学互动提供了便捷的途径，平台支持在线课堂讨论、实时答疑、小组协作等多种交互方式。在在线课堂讨论中，教师可以发布与课程内容相关的开放性问题，引导学生进行思考与讨论；学生通过文字、语音、图片等多种形式发表自己的观点与见解；平台的智能助手还会实时参与讨论，对学生的观点进行点评、补充，激发学生的思维火花；小组协作功能则为项目式学习提供了有力支持，学生可以组成学习小组，在平台上共同完成课程项目任务；平台提供在线文档编辑、代码协作、任务分配等功能，方便小组成员之间实时协作、共享资源、交流进度。

（4）数据驾驶舱是智慧课程平台的教学管理与决策支持工具，为教师、课程负责人、教学管理人员提供了全方位的教学数据可视化展示与分析功能。教师通过数据驾驶舱，可以实时查看课程的整体运行情况，包括学生的学习人数、学习时长分布、作业完成率、测验成绩分布等关键指标；平台还提供多维度的数据分析图表，如学习进度雷达图、知识点掌握热力图等，可以通过这些图表直观地了解学生的学习状况，发现教学过程中存在的问题。

3. 智慧课程的教学模式创新

人工智能技术的应用促使智慧课程形成了一系列创新的教学模式，打破了传统教学模式的局限，为学生提供了更加丰富、灵活的学习体验。

（1）在混合式教学模式中，人工智能技术发挥了重要的辅助作用。例如，在市场营销课程中，学生在课前通过智慧课程平台自主学习理论知识，平台的智能推送功能为学生提供个性化的学习资料，如营销理论讲解视频、经典营销案例分析报告等；平台的智能测试系统根据学生的学习进度与掌握情况，推送相应的预习测验题目，帮助学生巩固基础知识；教师通过平台的数据反馈及时了解学生的预习情况。课堂上，教师针对学生在预习过程中存在的共性问题进行重点讲解，并组织学生开展小组讨论、案例分析等互动活动。学生通过小组协作，在智慧课程平台的在线白板上进行方案构思与展示准备。课堂讨论结束后，教师引导学生进行总结反思，并在平台上布置课后拓展任务，如让学生调研一个本地企业的营销现状，撰写营销策划报告，并通过平台提交作业。课后，平台的智能批改系统对学生的作业进行初步批改，给出指导意见，教师在此基础上进行二次批改与反馈。这种线上线下融合的混合式教学模式，充分发挥了人工智能技术的优势，使学生的学习过程更加连贯、深入，学习效果显著提升。

（2）项目式学习模式在人工智能的助力下得到了进一步优化。以建筑工程专业的智慧课程为例，学生在课程中以小组为单位承接一个实际的建筑工程项目任务，如设计一座小型商业建筑。项目任务被分解为多个阶段，包括项目策划、建筑设计、结构设计、施工组织等。在每个阶段，智慧课程平台为学生提供相应的专业工具与资源支持。平台的智能协作功能支持小组成员之间的实时沟通与协作，学生可以在平台上共同编辑建筑模型、讨论设计方案、分配工作任务。在项目实施过程中，平台的智能导师系统为学生提供全过程的指导与反馈，当学生在结构设计阶段遇到技术难题时，智能导师会根据学生的问题描述，提供相关的理论知识讲解、设计规范要求、案例参考以及可能的解决方案建议。学生在智能导师的指导下，通过自主探索与团队协作，逐步攻克技术难题，完成项目任务。最后，学生通过平台提交项目成果，包括建筑模型、施工图纸、项目报告等，教师组织学生进行项目展示与答辩，平台的智能评价系统结合教师的评价标准，对学生的项目成果进行全面、客观的评价，给出成绩与改进建议。这种项目式学习模式不仅培养了学生的专业技能，还提升了学生的职业素养、团队协作能力与问题解决能力。

4. 智慧课程的质量评估与持续优化

智慧课程的质量评估是保障智慧课程建设成效、促进课程持续改进的关键环节，与传统课程评估相比，智慧课程质量评估具有显著优势。

（1）质量评估构建了多维度的评估指标体系。除了传统的教学质量指标，如教学内容准确性、教学方法合理性、教师授课水平等，还增加了与智慧课程特征紧密相关的指标，如课程资源的智能化水平、个性化学习支持效果、师生交互活跃度、课程内容更新及时性等。以某智慧课程的质量评估指标体系为例，课程资源智能化水平评估指标包括资源的多媒体丰富度、虚拟仿真资源的交互性、资源与知识点的关联准确性等；个性化学习支持效果评估指标涵盖学习路径的适配性、智能推荐资源的满意度、个性化学习服务的及时性等；师生交互活跃度评估指标则包括课堂讨论参与人数、讨论发言频率、在线答疑响应时间等。通过这些多维度的评估指标，全面、客观地衡量智慧课程的质量状况。

（2）评估数据的实时收集与动态分析优势。智慧课程平台能够实时记录教学过程中的各类数据，如学生的学习行为数据、教师的教学活动数据、课程资源的使用数据等。以学习行为数据为例，平台收集学生在课程视频学习中的播放时长、暂停次数、快进/回退节点，作业中的答题时间、错误类型、修改次数，论坛中的发帖数量、点赞数、评论数等详细数据。利用大数据分析技术，平台对这些数据进行动态分析，及时发现课程教学过程中存在的问题。例如，通过分析发现某章节课程视频的平均观看时长较短，且学生在该章节的作业错误率较高，论坛中关于该章节的问题讨论较多。这些数据表明该章节教学内容可能存在难度过大、讲解不清等问题，教师据此及时调整教学策略，对该章节内容进行重新梳理，优化教学方法与资源配置，重新录制部分视频内容，并增加相应的辅导资料与练习题。

（3）智能评估模型为质量评估提供了科学、精准的评估手段。通过构建机器学习模型，对历史评估数据与课程质量指标进行学习与训练，模型能够自动识别影响课程质量的关键因素，并对课程质量进行预测与评估。以某智慧课程平台的智能评估模型为例，模型采用了深度神经网络算法，输入层包括课程的各项评估指标数据，如教学内容得分、教学方法得分、师生交互活跃度得分等；隐藏层通过神经元的非线性变换提取数据中的潜在特征与关联关系；输出层则给出课程质量的综合评估结果，包括课程质量等级、优势指标、劣势指标等。智能评估模型的评估结果与人工专家评估结果能够达到很高的一致性，为智慧课程的质量评估与改进提供了有力支持。

五、基于人工智能的智慧课程建设实施难点

尽管人工智能为智慧课程建设带来了许多便利，但在实际推进过程中仍面临很多难点，需要学校的相关领导、专业负责人及课程负责人高度重视。

1. 技术应用方面

虽然人工智能技术在不断发展，但其在智慧课程中的应用仍存在一些技术难题。例如，自然语言处理技术在处理专业领域术语时准确性不够高，导致部分智能辅导系统对专业问题的理解与回答不够精准；在法律、医学等专业课程的智能辅导中，系统对复杂法律条款、医学症状描述等问题的回答正确率不高，难以满足学生对专业知识的高精度需求；虚拟现实与增强现实技术在设备性能、交互自然性方面仍存在不足，VR 设备存在分辨率不够高、画面延迟等问题，增强现实技术在复杂环境下的图像识别准确率有待提升，限制了其在实际教学场景中的广泛应用。

2. 课程建设方面

智慧课程建设需要跨学科团队的紧密协作，包括专业教师、教育技术专家、人工智能工程师等，但在实际组建团队过程中，往往面临人员结构不合理、协作不顺畅等问题。部分专业教师虽然具备丰富的教学经验与专业知识，但对人工智能技术的理解与应用能力不足，难以与技术团队有效沟通，导致课程建设中教学内容与技术应用脱节。智慧课程建设涉及大量的前期投入，包括资金、时间、人力等方面。对于一些偏远地区、规模较小、资金不足的职业院校来说，难以承担高昂的建设成本，导致智慧课程建设项目难以启动或推进缓慢。

3. 教学应用方面

尽管智慧课程提供了丰富的学习资源与个性化的学习支持，但部分学

生在实际学习过程中存在自主学习能力不足、过度依赖智能系统等问题。一些学生在学习过程中遇到问题时，习惯于直接寻求智能辅导系统的答案，而不是通过自主思考与探索解决问题，导致其思维能力与问题解决能力得不到有效锻炼；智慧课程的开放性与灵活性也会导致缺乏学习自律性的学生不能按照预定的学习计划完成学习任务，出现学习进度拖延、学习效果不佳的情况。智慧课程教学中促使教师从知识的权威传授者转变为学习引导者与促进者，承担起设计学习活动、组织协作学习、提供个性化指导等新职责。教师教学角色的转变会导致许多教师难以适应，不能熟练运用智慧课程平台的各项功能开展教学活动，影响了教学效果。

4. 质量评估方面

智慧课程质量评估是非常复杂的系统工程。首先，智慧课程质量评估指标体系尚未完全成熟，对于一些新兴的智慧课程特征，如人工智能技术应用水平、学习数据分析效果等，缺乏统一、科学的评估标准。不同院校、不同专业在制定评估指标时往往根据自身情况随意设定，导致评估结果缺乏可比性与客观性。其次，智慧课程质量评估的实施难度较大，涉及多学科知识、多种技术应用以及复杂的学习行为数据，全面、准确地收集与分析评估数据是一项艰巨的任务。最后，评估结果的反馈与应用机制不完善，评估结果往往未能及时有效地反馈给课程建设团队与教师，难以对智慧课程的持续改进提供有力支持。

针对上述实施难点，职业院校应积极采取有效策略，推动基于人工智能的智慧课程建设持续健康发展。一是加强技术研发与多方协同，学校与科研机构、科技企业建立紧密的合作关系，共同开展人工智能技术在智慧课程中的应用研究，组建跨学科、跨领域的智慧课程建设团队，加强团队成员之间的沟通与协作培训，确保教学内容与技术应用深度融合。二是提升教师与学生的数字素养，通过开展专题讲座、实践操作培训、教学观摩等活动，提升教师的人工智能技术应用能力与智慧课程教学设计能力；进一步加强对学生数字学习素养的培养，引导学生树立正确的数字学习观念，提高学生的信息检索、分析处理、自主学习与知识创新等能力，培养学生在智慧课程学习中的自律性与自主性。三是建立科学、规范、具有可操作性的智慧课程质量评估指标体系，结合职业教育特点与智慧课程发展实际，明确各项评估指标的内涵、权重与测量方法，实现评估数据的实时监测、动态分析与精准反馈；加强评估结果的应用，建立评估结果与课程改进的联动机制，将评估结果作为课程建设团队绩效考核、课程资源更新、教师教学改进的重要依据，确保评估结果能够有效推动智慧课程的持续优化。

随着人工智能技术的不断创新突破与教育应用场景的深度拓展，基于人工智能的智慧课程建设将呈现更为广阔的发展前景。人工智能与其他前沿技术的融合将更加紧密，智慧课程更加注重培养学生的人工智能素养与创造性思维，为学生的未来职业可持续发展打下良好基础。

第三节　人工智能赋能数字教材开发与质量保障

人工智能作为核心驱动力深度融入教育领域，正全方位重塑教学资源的开发流程与应用模式。人工智能技术不仅为数字教材的建设提供了全新的思路与方法，其在职业教育领域的应用也迈入了新阶段，使其在个性化学习支持、教学效率提升以及教学质量保障等方面展现出巨大的潜力。

一、数字教材开发的现状

当下数字教材开发呈现出一片繁荣的景象，出版机构、教育科技企业以及各类教育机构纷纷涌入。但由于众多开发主体的能力参差不齐，从专业的教育出版机构到跨界而来的企业甚至个人开发者比比皆是，开发团队的专业构成也是千差万别，成员涵盖了教育学、学科知识、技术等不同领域的人员，但在跨学科协作上普遍不够紧密，沟通障碍多，开发流程混乱，导致数字教材质量良莠不齐。现有数字教材质量令人担忧，一部分产品仅对传统纸质教材进行了简单的数字化转换，仅仅实现了文本、图片等基础元素的电子化呈现，内容上缺乏深度加工与创新设计，既没有融入足够的多媒体资源，也没有设计有效的互动环节，更没有基于数据的个性化学习支持，无法充分调动学生的学习积极性与主动性，极大地限制了数字教材在教学实践中的应用价值。在开发标准方面，目前数字教材的开发缺乏统一且权威的规范。不同开发主体各自为政，依据自身对教育理念的理解以及技术能力，自行设定开发标准，导致市场上数字教材在内容组织、资源格式、交互设计等方面差异巨大，难以实现跨平台的共享与互操作。

由于上述情况，教师在选择和使用数字教材时面临很大困难，学生的学习体验也因教材的不一致而受到严重影响。

二、人工智能助力数字教材开发的理论与技术支撑

人工智能助力数字教材开发并非简单地引入新技术，而是基于其卓越的数据处理、智能分析与个性化推荐能力，深度重塑数字教材的开发逻辑。

1. 理论基础

（1）认知主义学习理论强调知识的内在逻辑与学生的认知结构相契合。人工智能助力数字教材开发时，依据学生的认知规律，科学组织教学内容，合理安排教学顺序，深度剖析学科知识体系，精准提炼核心概念与知识点，依据学生认知水平层层递进地构建内容架构，促进学生深度理解和有效记忆知识。

（2）建构主义学习理论倡导学生在实践活动中主动构建知识体系。人工智能赋能的数字教材通过创设丰富的虚拟学习情境、开展项目式学习等方式，让学生在实践中自主探究、合作学习，如利用虚拟实验室进行科学实验、借助编程平台开展项目实践等，培养学生解决问题的能力，提升其创新思维。

（3）联通主义学习理论注重知识网络的构建与信息流通。人工智能助力数字教材构建知识图谱，关联不同学科知识、课程资源，使学生整体把握知识体系，提升知识迁移与创新能力。

2. 技术路径

人工智能介入数字教材开发后，依托数据驱动、算法优化与智能生成技术，革新开发全流程。在知识萃取与结构化方面，自然语言处理与知识图谱技术从海量行业报告、技术文档和实操案例中提取关键知识点，构建跨学科、跨领域的知识网络；在动态适配与个性化生成方面，机器学习算法实时分析区域产业需求、学生能力画像与教学反馈数据，动态调整资源内容；在多模态资源融合创新方面，计算机视觉、虚拟现实与增强现实技术能够将抽象理论转化为沉浸式学习场景；在知识图谱驱动的课程内容生成方面，知识图谱技术通过实体识别、关系抽取与语义推理，构建学科知识与产业实践的动态关联网络。

三、人工智能驱动下的数字教材开发标准构建

为了使数字教材真正实现高质量发展，必须建立一套完善且统一的开发标准，人工智能技术的应用为构建这个标准体系提供了全新的思路和方法。

1. 内容选题规划

数字教材开发团队在规划数字教材的内容选题时，要深入分析职业教育市场的动态需求，紧密围绕产业发展趋势以及职业岗位能力要求，精心挑选那些对学生职业发展具有关键支撑作用的知识内容，还要充分考虑学科自身的逻辑体系和知识更新的节奏，确保所选内容既具有前瞻性，又能保持相对的稳定性，为学生构建起一个扎实、系统的知识基础。

2. 素材采集处理

对于数字教材中各类素材的采集与处理，应遵循规范化流程和严格的质量把控标准。一是要确保所采集素材的内容具有科学性、准确性和权威性，无论是文字资料、图片图像，还是音频视频等，都必须经过严谨的筛选和审核，避免出现知识性错误或不当内容；二是在技术处理上，要依据统一的格式规范和质量要求，对素材进行编辑、加工和优化，使其在画

质、音质、文件大小等方面都能满足数字教材的呈现和应用需求，保障教材在不同设备和网络环境下的兼容性和流畅性。

3. 内容创作编辑

在进行数字教材的内容创作和编辑工作时，应充分发挥人工智能技术的优势，同时确保内容的质量和教学价值。教材开发团队可以借助智能写作工具辅助编写教材文本，但必须由专业教师和本领域专家进行严格的审核和把关，确保内容的逻辑连贯性、教学适用性和思想性；对于多媒体内容的创作，如动画、虚拟仿真等，要遵循教育传播的规律，注重其教学设计的合理性和科学性，以有效地支持教学目标的实现。

4. 审核校对验证

通过成立包括教育专家、专业带头人、企业工程师等专业的审核团队，从教育理念、学科知识、技术实现等多个维度对数字教材进行全面审查。在审核过程中，要充分利用人工智能技术进行辅助，如利用智能文本校对工具检查教材中的语言文字错误、知识一致性问题，运用图像识别技术检测图片的准确性和规范性等，提高审核的效率和准确性；注重教材的试用和验证环节，选择部分地区或学校进行试教试用，收集教师和学生的反馈意见，根据实际应用情况对教材进行优化和改进，确保教材能够真正满足教学需求，适应教学实际。

四、人工智能赋能数字教材的质量保障

人工智能技术在数字教材质量保障体系中的应用，可以通过四个关键路径实现，为数字教材的高效建设与持续优化提供有力保障。

1. 教材质量的智能测评与持续优化

通过学习分析技术，系统能够实时收集学生在使用数字教材过程中的行为数据，如学习时间、点击率、完成度、测试成绩等，对教材的有效性进行精准评估。某职业院校的 Python 程序设计数字教材的建设中，教师借

助智能教学资源生成系统，自动生成教学文本、课件和习题等资源，不仅大大减轻了工作负担，还确保了教材的科学性和一致性，学生练习素材也得以丰富，有效提升了教学质量。

2. 教材应用过程的动态监测与精准反馈

人工智能技术实现对数字教材应用过程的动态监测与精准反馈，主要体现在对学生学习过程的实时跟踪与分析，以及为教师提供详细准确的教学反馈，助力教师精准把握学情，及时调整教学策略。以某高职院校的高等数学课程为例，智能学习系统实时收集学生在教材使用中的学习行为数据，包括观看视频时长、做题正确率、讨论参与度等。经数据分析发现学生在微积分部分存在困难后，系统自动推送基础概念讲解、例题演示及专项练习等资源，并将相关情况反馈给教师。教师据此在课堂上重点讲解难点内容，组织小组讨论，引导学生反思总结，课后利用智能批改系统和反馈功能辅导学生，有效提升了学生的学习效果和教师的教学针对性。

3. 教材内容的智能更新与动态完善

借助于大数据分析技术的强大功能，数字教材能够实时地追踪和捕捉行业技术的最新发展动态以及市场需求的不断变化，进而实现教材内容的智能更新和动态完善。以电商运营课程的数字教材为例，它能够自动整合最新的前沿案例和技巧，例如直播带货、社交电商等，确保教材内容始终与行业实际保持同步，为学习者提供最前沿的知识和技能。这种智能更新机制不仅提高了教材的时效性和实用性，而且极大地增强了学习者的学习兴趣和动力。通过持续的动态完善，教材能够不断优化和调整，以适应教育目标的变化和学习者需求的演进，从而确保教育质量和学习效果的持续提升。

五、基于人工智能的数字教材建设难点与解决策略

尽管人工智能赋能数字教材建设潜力巨大，但实际推进中仍面临许多困扰，针对这些问题，职业院校应积极采取有效的解决策略，从而推动数

字教材持续健康发展。

1. 数字教材建设难点

（1）技术不够完善。尽管人工智能技术不断进步，但在数字教材中的应用仍存在瓶颈。自然语言处理技术在专业术语处理上准确性不足，导致部分智能辅导系统对专业问题理解与回答不够精准；生成式人工智能常常出现“说胡话”的情况，使学生难以辨别答案的真伪，不能满足学生对专业知识高精度的需求。

（2）建设成本高昂。数字教材建设涵盖前期调研、内容创作、技术开发、后期维护等环节，成本高昂。经济发达地区院校可凭借充足资金、先进技术与优质师资积极投入，而偏远地区或规模较小的职业院校则因资金短缺而步履维艰。部分西部地区职业院校因资金不足，数字教材建设停滞不前，教师与学生难以享受到先进教学资源。

（3）优秀人才短缺。数字教材建设需跨学科团队紧密协作，包括专业教师、教育技术专家、人工智能工程师等。然而，当前多数团队组建存在人员结构不合理、协作不顺畅等问题，专业教师对人工智能技术理解不足，难以与技术团队有效沟通，导致教学内容与技术应用脱节。地处偏远地区或小城市的职业院校更是无法找到类型多样、技术领先的优秀人才。

（4）教学应用难题。尽管数字教材提供了丰富资源与个性化支持，但部分学生自主学习能力不足、过度依赖智能系统。学生遇到问题时习惯直接寻求智能辅导系统的答案，缺乏自主思考，导致思维与问题解决能力得不到锻炼。教师在数字教材开发与教学应用中也需要转变角色，在熟悉数字教材平台功能的基础上承担设计学习活动、组织协作学习、提供个性化指导等新职责。师生两方面的转变如果不彻底，将会影响教学效果。

（5）评估体系不完善。数字教材质量评估是保障建设成效、促进持续改进的关键，但评估指标体系尚未成熟，一是对人工智能技术应用水平、学习数据分析效果等新兴特征，缺乏统一、科学的评估标准，不同院校、专业自行制定评估指标，导致评估结果缺乏可比性与客观性；二是评估实施难度大，涉及多学科知识、多种技术应用及复杂学习行为数据，全面收集与准确分析评估数据任务艰巨；三是评估结果反馈与应用机制不完善，评估结果难以及时有效反馈给课程团队与教师，难以支持数字教材持续改进。

2. 解决策略

（1）强化技术攻关。职业院校可以与科研机构、科技企业紧密合作，共同攻克人工智能在数字教材中的技术难题。针对自然语言处理的不足，组建专业团队深入专业领域的语义理解与知识图谱构建，微调生成式人工智能大模型参数，建立针对本课程的本地知识库，提升其回答准确率。

（2）优化建设投入。各级教育主管部门出台专项扶持政策，设立数字教材建设基金，向偏远地区、实力不足的职业院校倾斜，缩小数字教材建设的区域差距；鼓励社会力量参与数字教材建设，通过购买服务等多种方式，引入企业资金与技术，降低职业院校建设成本，实现互利共赢。

（3）提升团队能力。院校建立跨学科培训体系，针对专业教师开展人工智能技术应用培训，提升其技术理解与应用能力；为技术团队开设教育学、职业教育课程，增强其教育理念与教学设计意识；定期组织跨学科团队协作培训与研讨活动，增进成员间的沟通与信任，打造高素质、协作紧密的数字教材建设团队。

（4）深化教学改革。加强学生数字学习素养培养，开设相关课程，培养学生自主学习、信息处理、自我管理等能力，引导学生正确使用数字教材，提高学习自律性；鼓励教师探索基于数字教材的新教学模式，如翻转课堂、混合式教学等，在教学实践中不断总结经验，提升数字教材应用能力与教学效果。

（5）完善评估体系。建立涵盖多维度指标的质量评估体系，在传统教学指标基础上，增加人工智能技术应用水平、个性化学习支持效果、跨平台兼容性等指标；利用大数据分析与人工智能技术，构建智能化评估平台，实现评估数据实时监测、动态分析与精准反馈；建立评估结果与教材改进的联动机制，将评估结果纳入课程团队绩效考核与教材更新决策中，确保数字教材持续优化。

随着生成式人工智能技术的不断创新突破与教育应用场景的深度拓展，数字教材将迎来更为广阔的发展前景。一方面，人工智能将与其他前沿技术如元宇宙、区块链等深度融合，为数字教材带来全新的学习体验与安全保障；另一方面，数字教材将成为培养学生人工智能素养与数字伦理意识的重要载体，助力学生在未来职业发展中具备可持续竞争力。职业院校需要进一步加强数字教材建设的规划与实施，充分发挥人工智能技术的优势，打造高质量职业教育数字教材体系，为人工智能时代的人才提供有力支撑。

第四节　基于人工智能的实训平台建设与实践教学创新

实践教学作为职业教育体系中的关键环节，对于培养学生的实践操作能力、问题解决能力以及创新精神具有重要作用。随着以 Chat GPT、DeepSeek 为代表的人工智能技术发展，实训平台的建设与实践教学的创新正迎来重大的变革。

一、实训平台建设的核心要素

实训平台是实践教学得以顺利开展的重要载体，其建设水平的高低直接关系到实践教学的质量与效果。实训平台的建设应当紧密围绕产业需求，注重培养学生的实践能力和创新精神，确保实训内容与职业岗位的紧密对接。实训平台应充分利用人工智能技术的优势，实现实训资源的智能化管理、实训过程的智能化监控与评估以及实训服务的智能化提供，从而提升实践教学的效率与质量。

1. 平台架构与技术基础

构建一个稳定、可扩展且安全的实训平台架构是确保实践教学顺利进行的基础。该架构应能够支持大规模用户的并发访问，确保在高峰时段仍能保持平台的稳定运行，避免因访问量过大而导致的系统崩溃或响应缓慢等问题。通过采用云计算技术，利用其强大的计算能力和存储空间，能够支持海量实训数据的处理与分析；通过负载均衡和容灾备份等机制，可以进一步提高平台的稳定性和可用性。

在技术基础方面，实训平台应基于云计算、大数据、人工智能等先进技术进行构建。云计算技术可以为实训平台提供弹性的资源分配和按需服务的能力，降低硬件投入成本，提高资源利用效率；大数据技术则可以对实训过程中产生的海量数据进行深度挖掘和分析，发现数据背后的规律和趋势，为实践教学的优化提供数据支持；人工智能技术可以赋能实训平台的各个环节，实现实训资源的智能化推荐、实训过程的智能化监控与评估等功能，提升实践教学的智能化水平。

2. 实训资源开发与整合

实训资源是实训平台的核心内容，其质量与多样性直接影响到实践教学的效果，职业院校应加大实训资源的开发力度，注重资源的实用性与创新性。在实训资源开发过程中，应遵循一定的流程和标准，确保资源的质量和可用性。制定实训资源开发指南，明确资源开发的步骤、方法和要求，规范资源开发的流程。建立质量控制机制，对开发的实训资源进行严格的审核和测试，确保资源的质量和稳定性。

为了丰富实训平台的内容，提高资源的利用效率，学校应积极整合包括企业生产案例、行业最新技术标准、学校优质师资力量等校内外实训资源，打破资源壁垒，实现资源的共享与复用。通过整合这些资源，可以为学生提供更加全面、丰富的实训体验。例如，可以与企业合作，将企业的实际生产流程引入实训平台，让学生在模拟的工作环境中进行实训，增强他们的实践能力和职业素养。学校还应该与其他学校或教育机构进行资源共享，共同开发高质量的实训资源，提高资源的利用效率。

3. 实训环境与场景构建

利用虚拟现实、增强现实、数字孪生等先进的数字技术，可以构建逼真的实训环境与场景，为学生提供沉浸式、交互式的实训体验。这种体验方式不仅可以激发学生的学习兴趣和积极性，还可以帮助他们更好地理解和掌握实训内容。例如，在机械制造专业的实训中，可以利用虚拟现实技术构建虚拟的机床操作环境，让学生身临其境地进行机床操作练习，在虚拟环境中进行机床的启动、停止、加工等操作，感受真实的操作过程，而无需担心实际操作中可能带来的安全风险。在医学专业的实训中，则可以利用增强现实技术将人体的解剖结构以三维立体的形式呈现出来，帮助学生更加直观地了解人体结构，通过 AR 眼镜观察人体的各个器官和系统，进行虚拟的解剖操作，提高他们的实践能力和空间想象能力。

数字孪生技术也可以在实训环境与场景构建中发挥重要作用，通过构建物理实体的数字孪生体，可以在虚拟环境中对物理实体进行模拟和仿真。例如，在智能制造专业的实训中，可以构建生产线的数字孪生体，让学生在虚拟环境中对生产线进行调试和优化。他们可以通过修改参数、调整布局等方式，观察生产线的运行状态和性能指标，从而找到最优的生产方案。这种基于数字孪生的实训方式不仅可以降低实训成本，还可以提高实训的安全性和效率。

二、人工智能在实训平台建设中的应用场景

人工智能技术在实训平台建设中具有广泛的应用场景，可以为实践教学带来很多便利与创新。通过充分利用人工智能技术的优势，可以实现实训资源的智能化管理、实训过程的智能化监控与评估等智能化的实训服务，从而提升实践教学的效率与质量。

1. 智能实训资源推荐

基于用户画像与机器学习算法，实训平台可以智能推荐个性化的实训资源给学生。用户画像的构建是智能推荐系统的基础，它通过对学生的学习行为、兴趣偏好、能力水平等信息进行深度挖掘和分析，形成对学生的全面描述。例如，可以通过分析学生的历史学习记录、实训成绩、在线互动行为等数据，构建学生的用户画像，机器学习算法就可以根据用户画像为学生推荐最适合他们的实训资源。这些算法可以不断学习和优化，提高推荐的准确性和满意度。江苏某职业技术学院的实训平台引入智能推荐系统后，学生的实训资源利用率提高了 30% 以上。学生可以根据自己的兴趣

和需求选择适合自己的实训资源，提高了学习的积极性和效率；教师可以通过智能推荐系统了解学生的学习需求和兴趣偏好，为他们提供更加个性化的指导和支持。

2. 智能实训过程监控与评估

利用人工智能技术，实训平台可以对实训过程进行实时监控与数据分析，通过监测学生的实训操作、记录实训数据等信息，平台可以全面了解学生的实训情况，并提供精准的实训效果评估与反馈。实训过程监控的指标体系需要包括学生的操作准确性、操作速度、问题解决能力等多个方面指标，通过对这些指标进行实时监测和分析，可以及时发现学生在实训过程中存在的问题和不足。例如，可以利用数据挖掘技术对实训数据进行深度挖掘和分析，发现数据背后的规律和趋势；利用可视化工具将实训数据以图表、图像等形式呈现出来，帮助教师和学生更加直观地了解实训情况。通过实训过程监控与评估结果，教师可以及时了解学生的学习进度和存在的问题，为他们提供针对性地指导和支持；学生可以根据评估结果调整自己的学习策略和方法，提高实训效果。

3. 智能实训管理与服务

实训平台可以实现实训资源的智能化管理，如自动调度实训设备、智能维护实训环境等。自动调度实训设备可以根据实训计划和学生的需求，自动分配和调度实训设备，避免设备的闲置和浪费；智能维护实训环境则可以通过传感器和物联网技术对实训环境进行实时监测和调控，确保实训环境的稳定性和安全性。例如，在实训过程中，如果实训设备的温度过高或湿度过大，智能维护系统可以自动调节设备的运行状态或开启通风设备，保证实训的顺利进行。智能化服务可以提升实践教学的效率与质量，如在线答疑功能、远程指导功能等。在线答疑功能可以让学生在实训过程中随时向教师或其他学生求助，及时解决遇到的问题；远程指导功能则可以让教师在无法亲自到现场指导时，通过视频通话、屏幕共享等方式对学生进行实时指导。这些智能化服务不仅可以提高学生的实训效率和质量，还可以增强他们的学习体验和满意度。

三、实践教学的创新

基于人工智能的实训平台为实践教学提供了有力支持，在这种实训平台上探索新的教学模式、教学方法和教学评价体系，可以进一步提升实践教学的质量和效果，培养学生的实践能力和创新精神。

1. 教学模式创新

（1）混合式教学模式将线上学习与线下实训相结合，可以充分发挥两者的优势，提高教学效果。在线上学习阶段，学生可以通过实训平台观看教学视频、阅读电子教材、完成在线测试等任务，掌握基本的知识和技能。在线下实训阶段，学生则可以在基于人工智能的实训平台上进行实际的实训操作，将所学的知识和技能应用到实践中去。这种教学模式不仅可以提高学生的学习效率和质量，还可以培养他们的自主学习能力和实践能力。

（2）项目式教学模式则以实际项目为载体，让学生在完成项目的过程中掌握知识和技能。在项目式教学中，学生通过实训平台分组合作，共同完成一个实际的项目任务，通过调研、设计、实施、测试等环节，将所学的知识和技能应用到项目中去。这种教学模式不仅可以培养学生的实践能力和创新精神，还可以增强他们的团队协作能力和沟通能力。例如，在软件技术专业的实训中，可以让学生分组开发学生管理系统、在线商城等项目，以此掌握软件开发的全流程和技术要点，提高他们的实践能力和综合素质。

2. 教学方法创新

（1）情境教学法通过创设与职业岗位相似的情境，让学生在模拟的工作环境中进行实训，可以增强他们的职业认同感和实践能力。例如，在酒店管理专业的实训中，可以通过人工智能技术创设一个酒店的模拟环境，让学生在其中扮演不同的角色，如前台接待员、客房服务员、餐厅服务员等。他们需要在模拟的环境中完成各种工作任务，如接待客人、办理入住手续、提供客房服务等。通过这种情境教学法，学生可以更好地了解酒店管理的实际工作流程和要求，提高他们的实践能力和职业素养。

（2）案例教学法则通过分析实际案例，引导学生运用所学知识解决实际问题，可以培养他们的分析问题和解决问题的能力。在案例教学实践中，教师可以通过实训平台选择企业实际的案例，让学生进行分析和讨论；学生需要借助实训平台，运用所学的知识和技能，对案例进行深入剖析，提出解决方案和建议。通过这种案例教学法，学生可以更好地了解所学知识的实际应用价值，提高他们的实践能力和创新能力。

（3）利用人工智能技术实现教学过程的智能化记录与分析，可以为教学反思与改进提供依据。例如，在实训过程中，可以利用智能摄像头和传感器对学生的实训操作进行实时记录和分析，通过分析学生的操作过程、操作时间、操作结果等数据，可以发现学生在实训过程中存在的问题和不足。教师可以根据这些数据对教学过程进行反思和改进，优化教学方法和策略，提高教学效果和质量。

3. 教学评价创新

建立基于人工智能的多元化、过程化教学评价体系，可以全面、客观地评估学生的学习成果。传统的以考试成绩为主的评价方式往往只能反映学生的部分能力，而基于人工智能的实训平台能够提供多元化、过程化的教学评价体系，综合考虑学生的知识掌握情况、实践能力、创新精神等多个方面。例如，在评价学生的实训成果时，不仅要看他们的实训报告和作品质量，还要看他们在实训过程中的表现、团队合作能力、创新能力等方面。学习分析技术可以对学生的学习行为、实训成果等进行全面评估。通过分析学生的学习行为数据，如学习时间、学习进度、学习互动等，可以了解学生的学习习惯和态度；通过分析学生的实训成果数据，如实训报告、作品质量、测试成绩等，可以了解他们的实践能力和知识掌握情况；通过将这些数据综合起来进行分析和评估，可以为教师提供更加精准的教学反馈，帮助他们更好地了解学生的学习情况，制订更加合理的教学计划。这种教学评价体系也可以激励学生积极参与实践教学，提高他们的学习效果和综合素质，全面提高他们的实践能力和创新精神，为未来的职业发展打下了坚实的基础。

随着人工智能技术在教育应用场景的不断拓展，基于人工智能的实训平台建设与实践教学将迎来更加广阔的发展前景。一方面，人工智能将与其他前沿技术如元宇宙、区块链等深度融合，为实训平台带来更加沉浸式的体验与可靠的安全保障；另一方面，智能化实训平台将成为培养学生人工智能素养与数字技术创新的重要载体，助力学生在未来职业发展中具备持续的竞争力。

第五节 人工智能赋能产教深度融合的实践

人工智能技术的快速进步为产教融合提供了全新的发展空间，成为推动职业教育与产业界紧密合作的强大驱动力。产教融合作为职业教育发展的关键路径，对培养适应社会需求的高素质技术技能人才具有重要的战略意义。但是，传统产教融合模式在信息对接、教学资源开发、学生实践能力培养以及产业反馈响应等方面存在许多痛点、堵点，亟待借助人工智能技术进行深度优化与完善。

一、传统产教融合模式的问题分析

在传统产教融合模式下，校企合作往往面临信息不对称难题。一是职业院校对企业的技术迭代、岗位需求等信息掌握滞后，导致人才培养与产业实际需求脱节，调查显示约 70% 的职业院校存在不同程度的课程内容与企业实际需求不符的情况；二是企业对学校的教育资源、科研能力等缺乏全面了解，校企合作的契合度受到严重影响；三是大多数企业参与人才培养的积极性不高，很多企业仅将校企合作视为简单的劳动力补充渠道，对深度参与课程设计、教学实施等环节意愿较低；四是产教融合平台的运作效率低下，资源整合与共享不足，难以实现校企资源的高效对接；五是实训基地建设与管理的协调难度较大，校企双方在设备采购、维护等方面目标不一致，实训基地的设备更新往往滞后，难以满足学生实践能力培养的需求。

二、人工智能赋能产教深度融合的理论基础与技术路径

人工智能技术为产教融合提供了全新的理论支撑与技术路径，推动校企合作从传统模式向智能化、高效化转型升级。

1. 理论基础

人工智能赋能产教深度融合的理论基础主要源于系统论、协同创新理论以及终身学习理念。

（1）系统论。系统论的视角是将产教融合视为一个复杂系统，强调系统内部各要素（如学校、企业、政府、科研机构等）之间的协同与互动。人工智能技术的引入，为系统内的信息共享、资源优化配置提供了强大支持，促进了系统整体效能的提升。

（2）协同创新理论。这个理论强调企业、学校、研究机构等不同创新主体之间的跨界合作与资源共享，共同推动技术创新与产业升级。人工智能技术通过构建开放创新生态，促进了知识、技术、人才等创新要素的流动与融合，为产教融合提供了新的动力。

（3）终身学习理念。它强调在知识爆炸和技能迭代加速的背景下，终身学习的能力是个人适应社会发展的必备能力。人工智能技术通过个性化学习推荐、智能辅导等方式，为学习者提供了灵活多样的学习路径和资源，支持其在职业生涯中持续学习、不断进步。

2. 技术路径

人工智能技术通过数据驱动、算法优化与智能生成为产教融合全流程提供了改革条件。在智能匹配与精准推送方面，借助大数据分析技术，对产业需求信息和学校教育资源进行深度挖掘与智能匹配，实现校企资源的精准对接。例如，通过分析学生的专业技能、兴趣爱好等数据，为学生精准推荐适合的实习岗位和企业项目。在虚拟仿真与增强现实技术的应用上，通过虚拟现实、增强现实、数字孪生等技术构建虚拟工厂、虚拟实验室等场景，让学生在虚拟环境中进行沉浸式操作训练，系统自动记录操作

数据并进行智能分析，实时评估学生的操作规范性与技能水平，提供个性化改进建议。在智能评估与反馈方面，利用机器学习算法对学生的实训操作进行实时评估，通过与标准操作流程的比对，精准评估学生的操作规范性与技能水平，及时发现错误操作并给予针对性指导。

三、人工智能驱动下的产教融合实践

人工智能技术在产教融合中的应用，主要通过构建智能信息对接平台、基于人工智能的虚拟仿真实训基地、产教融合大数据平台等几种方式来实现，为校企合作的高效开展与持续优化提供有力保障。

1. 智能信息对接平台的构建与应用

智能信息对接平台是人工智能在产教融合中的核心应用之一。借助大数据分析、自然语言处理等技术，平台能够实现产业需求信息与教育资源的精准匹配。从学校角度，平台通过整合省内企业的招聘信息、技术需求、项目发布等多源数据，运用智能匹配算法，为职业院校提供精准的产业需求情报，学校可以根据这些信息，及时调整专业设置与课程内容，使人才培养更加贴近市场需求。从企业角度，平台为企业提供院校的学科优势、师资力量、科研成果等信息，帮助企业精准找到合适的合作伙伴。平台内置的智能推荐系统能够根据用户的浏览历史、搜索偏好等行为数据，为校企双方推送个性化的合作信息，进一步提高信息对接的效率与质量。智能信息对接平台不仅打破了校企之间的信息壁垒，还显著提升了产教融合的精准度与效率。

2. 基于人工智能的虚拟仿真实训基地建设与实践教学创新

虚拟仿真实训基地是人工智能赋能产教融合的关键载体，通过虚拟现实、增强现实和数字孪生等先进技术，构建高度仿真的虚拟实训场景。例如，在航空维修专业中，利用虚拟现实技术构建虚拟飞机维修机库，学生可以在虚拟环境中进行飞机发动机拆装、故障诊断与维修等实训操作。系统能够实时监测学生的操作流程，对不规范操作进行即时纠正，并根据学生的操作效率与准确性给予个性化评分与改进建议。虚拟仿真实训平台集成了大数据分析功能，为学生展示航空维修行业的实际运营数据，如飞机零部件的维修周期、维修成本等，帮助学生深入理解专业知识在实际生产中的应用。通过这种虚实结合的实训方式，学生的实践操作能力、操作熟练度比传统教学模式大大提高，从而增强了学生的就业竞争力。

3. 产教融合大数据平台的建设与应用

产教融合大数据平台是人工智能技术在产教融合中的重要应用，它通过数据采集、存储、分析和可视化等技术手段，为产教融合的决策提供科学依据。平台不仅收集学生的学业成绩、实训表现、职业倾向等学习数据，还整合企业的岗位需求、技术发展趋势、行业标准等产业信息，以及学校的课程设置、教学资源、师资力量等数据。通过对这些多源异构数据的融合分析，平台能够洞察产教融合的现状与问题，预测未来的发展趋势。例如，平台发现某地区制造业企业对工业互联网技术人才的需求将持续增长，而当地职业院校在该领域的课程设置相对薄弱，实训设备也较为陈旧。学校就可以根据得到的数据及时调整专业方向，加强工业互联网相关课程的建设，并与企业合作更新实训设备，确保人才培养与产业需求的紧密结合。平台还通过数据可视化技术将复杂的分析结果以直观易懂的图表形式展示给各级各类的决策者，为学校的人才培养方向、企业的用人决策以及政府的政策制定提供数据支持。

4. 人工智能赋能产教融合的实践案例

江苏某职业技术学院的智能制造专业引入人工智能驱动的虚拟仿真平台，构建高度仿真的智能工厂环境。学生通过操作虚拟设备完成编程、调试、故障排除等任务，系统实时监测操作并反馈改进建议；学校通过与某知名制造企业合作，根据企业需求定制实训内容，学生毕业后进入该企业工作适应期缩短50%，企业对毕业生满意度大大提高。广东某职业学院的护理专业利用增强现实技术开发智能护理实训平台。学生佩戴AR设备进行静脉注射实训时，设备实时显示血管分布等信息并评估操作手法；学校与医院深度合作，根据医院实际工作场景设计实训案例，学生毕业后能够迅速适应临床工作环境，有效提升了护理专业学生的实践动手能力。还有部分院校在金融、物流、信息技术等领域探索人工智能赋能产教融合的新模式，也都取得了一定的成效。这些实践案例充分展示了人工智能技术在推动产教融合、提升人才培养质量方面的巨大潜力。

四、基于人工智能的产教融合实施难点

人工智能为产教融合带来了很多发展机遇，但人工智能与职业教育融合还处于探索阶段，在实际推进过程中仍面临许多困难。

1. 技术方面

人工智能技术在产教融合中的应用仍存在一些技术难题。例如，虚拟现实与增强现实技术在设备性能、交互自然性等方面有待提升，VR 设备的分辨率不够高、画面延迟的问题，增强现实技术在复杂环境下的图像识别准确率有待提高的问题，都在一定程度上影响了学生实践体验与技能评估的精准度。智能评估系统对复杂操作技能的评估准确性还有待提升，对于一些高度依赖手感与经验的技能操作，如数控加工中的刀具磨损判断、汽车维修中的发动机异响诊断等，现有智能评估系统难以完全精准地评估学生操作水平。

2. 资金与资源方面

建设一个功能完善的智能化产教融合平台需要大量的资金投入，涵盖硬件设备购置、软件系统开发、数据资源采集等多方面。大多数职业院校都难以承担高昂的建设费用，而且随着技术的进步，更加先进的平台不断涌现，学校的资金投入更加无法跟上平台更新的速度，无法持续地为学生提供高质量的实践体验。

3. 教师与学生方面

现阶段大多数教师对人工智能技术的理解与应用能力不足，难以有效利用智能化产教融合平台开展教学活动，无法充分发挥平台优势。一些教

师在传统教学模式下习惯于以教师为中心的教学方法，在使用智能化产教融合平台时，缺乏对学生个性化学习的引导与支持，教学效果受到影响；对于学生而言，部分学生对新技术的接受能力较弱，难以适应智能化产教融合平台的操作流程与学习方式，无法充分利用平台资源进行自主学习与技能提升。

五、基于人工智能的产教融合解决方案

针对上述实施难点，职业院校应积极采取有效策略，推动基于人工智能的产教融合持续健康发展。

1. 加强技术研发与合作

院校需要主动与科研机构、科技企业开展紧密合作，共同攻克人工智能在产教融合中的技术难题。针对虚拟现实与增强现实技术的不足，加大在图像渲染、交互算法等关键领域的研发投入，提升虚拟实训场景的真实感与交互性；优化智能评估系统的算法，引入深度学习技术，对复杂技能操作的评估模型进行训练与优化，提高评估准确性；积极探索新兴技术的融合应用，如结合物联网技术实现实训设备的远程监控与管理，借助5G技术提升虚拟实训场景的数据传输速度与稳定性，为学生提供更加流畅的实训体验。

2. 加大资金投入与资源优化

地方各级政府需要增加对职业教育产教融合的资金支持，设立专项基金，向经济欠发达地区的职业院校倾斜，缩小区域差距。鼓励社会力量参与产教融合平台建设，通过校企合作、产教融合等方式，引入企业资金与技术资源，共同建设实训平台。企业还可与院校联合打造实训基地，将企业的生产设备、工艺流程等资源引入校园，院校为企业提供人才培养、技术研发等服务，实现互利共赢。

3. 提升教师与学生人工智能应用

职业院校需要进一步加强对教师在人工智能技术与应用方面的培养，

将人工智能知识与技能培训纳入教师继续教育体系，定期组织教师参加相关培训课程、研讨会与工作坊，提升教师的技术应用能力与教学创新意识；鼓励教师积极参与智能化产教融合平台教学实践，探索新型教学模式与方法，提升教学质量。在各专业的人才培养中，应加强对学生数字素养与技能的教育，开设数字技术与人工智能应用的相关课程，培养学生的技术应用能力、自主学习能力与创新思维，引导学生正确使用智能化产教融合平台，提高学生的学习效果与技能水平。

4. 完善产教融合评价体系

建立科学完善的产教融合评价体系，综合考量学生的技能操作水平、问题解决能力、团队协作能力、创新思维等多维度指标，全面评估学生的学习成果。引入企业专家、行业技术人员参与产教融合评价，确保评价标准与行业实际需求相契合。充分利用智能化产教融合平台的数据采集与分析功能，实现对学生实训过程的实时监测与动态评价，及时反馈学生的学习情况，为实践教学改进提供依据。

随着人工智能技术的不断成熟与应用成本降低，基于人工智能的产教融合将迎来更加广阔的发展前景。人工智能与物联网、元宇宙、区块链等技术深度融合，为产教融合带来更加沉浸式的体验与可靠的安全保障。职业院校需要主动积极地拥抱技术变革，加强产教融合的规划与实施，充分发挥人工智能技术的优势，打造高质量职业教育产教融合体系，为培养适应人工智能时代发展趋势的高素质技能型人才提供实践支持。

本章主要内容结构图

本章的主要内容结构如图 3－1 所示。

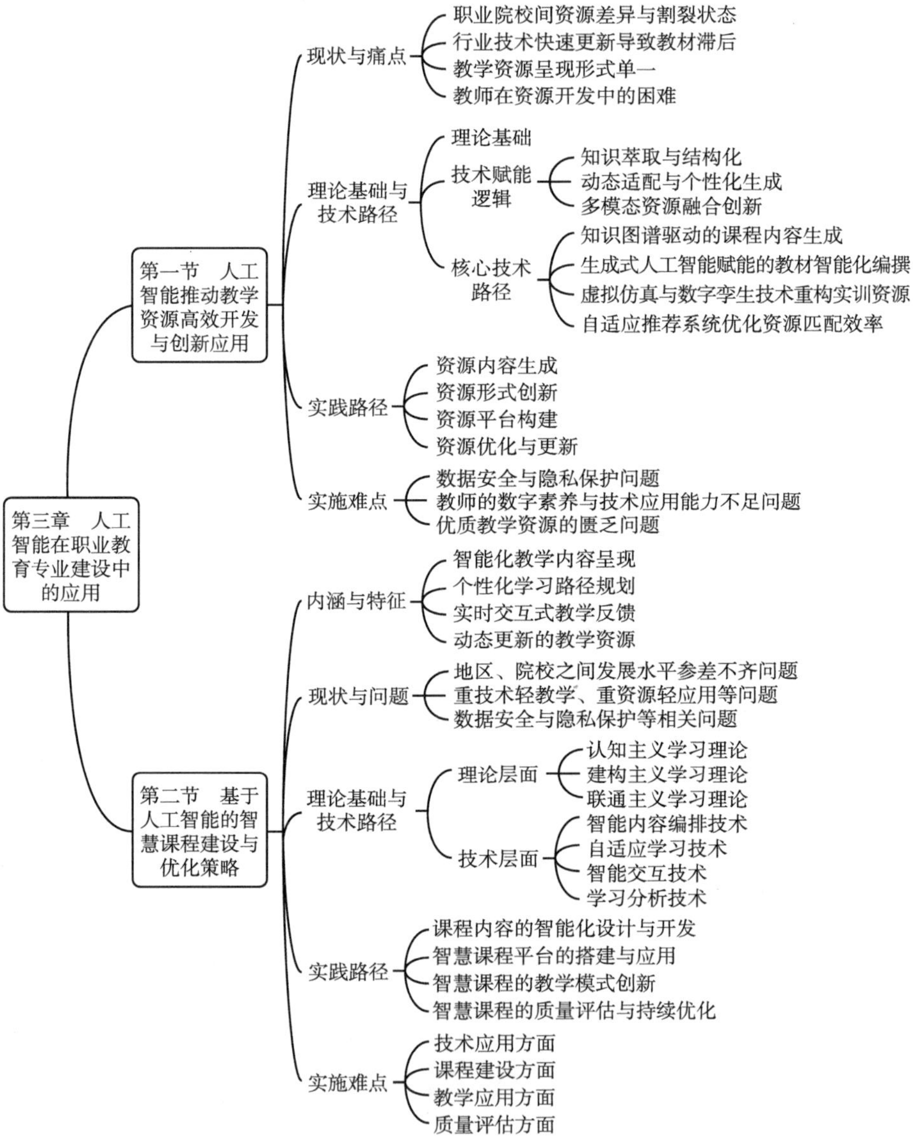

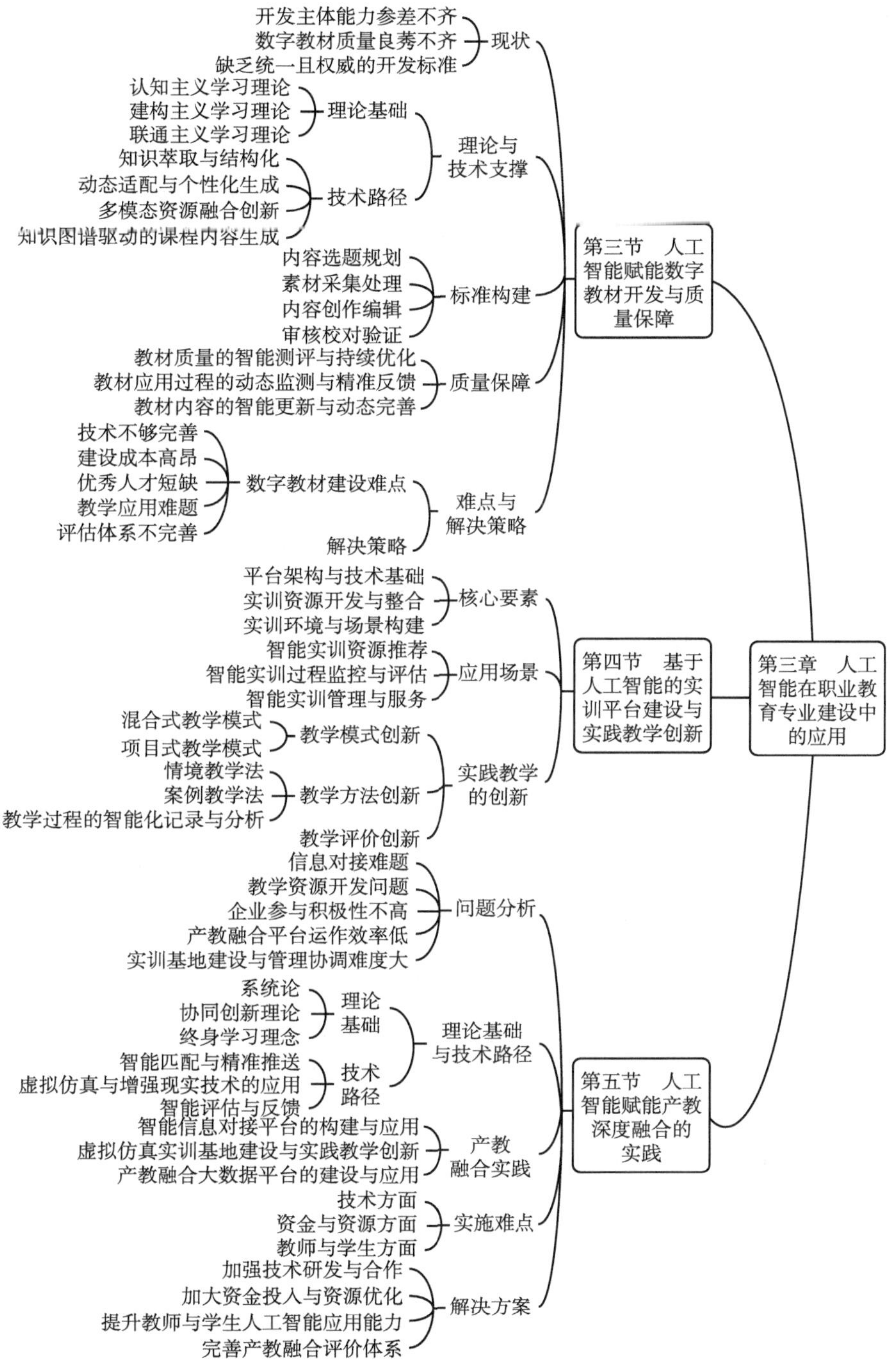

图 3－1　内容结构图：人工智能在职业教育专业建设中的应用

第四章　数字素养与人工智能应用能力提升的路径与策略

教师与学生作为教育活动的核心主体，其数字素养和人工智能应用能力的提升，已成为职业教育现代化进程的最关键的因素。本章聚焦于人工智能时代职业教育人才的能力进阶，从教师数字素养与人工智能应用能力的强化策略，到学生自主学习能力的培养路径，再到教师教学与科研能力的协同发展，深入探讨如何构建适应智能时代的教育能力体系。通过系统化的培训研修、跨学科协作、智能化教学平台的构建与应用，以及多元化的评价与激励机制，为教师专业成长提供全方位支持。借助个性化学习资源推送、沉浸式学习体验与项目式学习模式，全面激发学生自主学习潜能。这些研究不仅关系到师生个体能力的提升，更关系到职业教育整体质量的飞跃，为培养适应未来社会需求的高素质技术技能人才奠定坚实基础。

第一节　教师数字素养提升与人工智能应用能力强化的策略

在当前人工智能快速向各行业渗透的背景下，职业院校的教师们既面临着前所未有的机遇，也承受着巨大的挑战。教师数字素养与人工智能应用能力的掌握与强化，已成为关乎教育教学质量、人才培养成效乃至职业院校发展的关键因素。本节将深入剖析提升教师在这两方面能力的可行性策略。

一、教师数字素养与人工智能应用能力提升的重要性

随着科技的飞速发展，教育形态正经历深刻变革。人工智能融入教学，促使教师重新审视自身的角色定位与职责使命。只有具备较高数字素养和人工智能应用能力的教师才能在智能教学环境中游刃有余地使用各类数字化工具、平台和资源，为学生打造高效、精准、个性化的学习体验，打破传统教学的时空限制，实现教学模式从“以教为中心”向“以学为中心”的深度转变。例如，在线教学平台、智能辅导系统、虚拟实验室等数字化教学工具的应用，既要求教师能够熟练操作和管理这些平台，又要能利用数据分析功能了解学生的学习进度和掌握情况，从而提供个性化的学习建议和指导。

当前产业数字化转型加速，企业对技术技能人才的要求日益严苛。调研报告显示，超过70%的制造类企业期望新入职高职毕业生能熟练运用数字工具解决实际生产问题。教师只有提升自身数字素养与人工智能应用能力，精准把握产业前沿动态，才能将最新技术和行业标准融入教学，培育出契合产业需求的复合型人才，增强学生就业竞争力，助力职业教育与产业发展的深度融合。例如，教师应能够将人工智能在制造业中的应用，如智能质量检测、预测性维护、智能排产等，以案例形式融入教学内容，让学生在学习过程中了解和掌握相关技术，从而更好地适应未来的工作环境。

二、提升教师数字素养与人工智能应用能力的策略

1. 系统的培训与研修体系构建

（1）分层分类培训。由于不同职业院校的教师数字素养与人工智能基础差异较大，学校应开展分层分类培训。针对数字“小白”教师，着重夯实基础，开设计算机基础操作、常用办公软件使用、网络信息检索与筛选等课程，确保其能熟练运用数字工具开展日常教学与管理；对于有一定基础的教师，侧重于进阶技能培育，如编程语言学习、数据分析与可视化、

人工智能工具应用等，提升其在教学中深度融入数字技术的能力；针对骨干教师，则组织前沿技术研讨、人工智能项目实战等高端研修项目，培养其成为人工智能教学应用的引领者与创新者。有的职业院校会对新入职教师进行计算机操作技能的摸底测试，根据测试结果为不同水平的教师安排相应层级的培训课程，经过一个阶段的培训，这些教师在数字技术应用能力方面有了显著提升，教学效果也得到了学生的好评。

（2）线上线下混合研修模式。充分发挥线上线下教育优势，打造混合研修模式。教师可利用线上优质教育平台的数字素养与人工智能课程资源，根据自身时间和需求灵活自主学习，随时随地获取知识；线下则组织集中培训、工作坊、教学观摩、案例研讨等活动，促进教师间的交流互动，分享实践经验与教学心得，解决线上学习的疑难困惑，深化对知识的理解与内化。例如，某职业技术学院与国内知名在线教育平台合作，搭建校本研修专属频道，同时定期举办线下“人工智能教学应用坊”，教师参与后反馈学习效果提升显著，教学中数字技术应用越来越熟练。在线学习平台上丰富的课程资源，如人工智能原理、机器学习算法、深度学习框架等课程为教师提供了系统的理论知识学习机会；线下的工作坊则通过实际操作和案例分析，帮助教师将理论知识转化为实际教学能力。

（3）与企业合作开展挂职实践。职业院校与人工智能企业建立紧密合作关系，开展教师企业实践培训项目。由企业为教师提供真实的项目场景和岗位实践机会，安排技术专家指导，使教师深入了解人工智能在实际业务中的运作流程、技术难题与解决方案。在企业实践期间，教师可参与产品研发、项目测试、数据分析等核心环节，将理论知识与实践应用紧密结合，积累宝贵的实战经验，为后续教学提供鲜活案例与实战指导。例如，一位进入企业进行挂职实践的教师，在企业参与了基于深度学习的图像识别项目，回到学校后，将该项目的实践经验和案例融入图像处理课程教学中，让学生能够接触到真实的项目流程和技术应用，极大地提高了学生的学习兴趣和实践能力。

2. 教学团队协作与共享机制培育

（1）跨学科组建教学团队。学校应该鼓励教师打破学科壁垒，组建跨学科教学团队。计算机相关专业的教师与数学、经管、金融等学科教师合作，共同探讨如何在教学中融入数字素养与人工智能元素，设计跨学科融合课程项目。例如，联合开发“智能商务分析”课程，数学专业教师负责讲解数据分析原理与模型；计算机专业教师教授编程实现与数据挖掘技术；经管专业教师引导学生运用所学解决实际商业问题。通过多学科视角碰撞，拓宽教师教学思路，提升课程综合应用水平，培养学生的跨学科解决问题能力。在跨学科教学团队的协作过程中，教师们不仅能够互相学习各自领域的专业知识，还能通过共同备课、教学研讨等活动，深入探讨如何将不同学科的知识和技能有机融合，形成综合性的教学方案。跨学科合作模式不仅有助于提升教师的综合教学能力，还能为学生提供更全面、更深入的学习体验，使学生能够更好地应对未来复杂多变的工作环境。

（2）建立团队协作与资源共享平台。搭建校内教学团队协作与资源共享平台，鼓励教师将个人在数字素养提升、人工智能教学应用探索中的资料、心得、课件、案例等上传至平台，实现资源的集约化管理与高效共享。利用平台开展在线研讨、协同备课、教学设计等活动，加强团队成员间的信息交流与合作互动，形成良好的学术氛围与合作生态。共享平台可以打破教师之间的信息孤岛，使得优质教学资源能够在教师群体中快速传播和共享。通过平台的在线研讨功能，教师们可以随时发起讨论，针对教学中的问题和挑战进行深入交流，共同寻找解决方案。团队协作与共享机制不仅能够提高教学资源的利用效率，还能促进教师之间的相互学习和共同进步，为教学团队的整体发展提供了有力支持。

（3）开展团队教学竞赛与项目合作。职业院校可以定期组织校内跨学科团队教学竞赛，设置“数字素养教学融合奖”“人工智能应用创新奖”等奖项，激发教师团队的教学创新活力与竞争意识；对跨专业教师团队联合申报的各级教育教学改革项目、科研课题给予政策倾斜，鼓励教师团队围绕数字素养培育、人工智能教学应用等关键问题展开深入研究与实践探索。在竞赛与项目合作过程中，团队成员相互学习、优势互补，不仅提升了教学能力，还产出了一批高质量的教学成果与科研论文。例如，某职业院校举办的跨学科团队教学竞赛中，一个由计算机、机械和艺术设计教师组成的团队，凭借其开发的“智能工业设计”课程项目获得了“人工智能应用创新奖”。该课程将计算机技术、机械工程知识和艺术设计元素相结合，通过实际项目案例引导学生运用人工智能技术进行工业产品设计，取得了良好的教学效果。

3. 激励与评价机制的完善

（1）设立专项激励政策。为了激励教师积极主动地提升数字素养与人工智能应用能力，学校应该制定专项激励政策，对在数字素养提升与人工智能应用能力培养方面表现突出的教师给予表彰与奖励。在职称评定、岗位晋升、绩效考核等方面，增设数字教学能力、人工智能教学成果等考核指标，对积极参与相关培训、教研活动并取得显著成效的教师，在同等条件下予以优先考虑。通过设立“数字教学优秀教师奖”“人工智能教学应用先进奖”等专项荣誉，给予获奖教师一定的物质奖励与精神激励，营造尊师重教、鼓励创新的良好氛围，引导广大教师积极投身于数字素养与人工智能应用能力提升的实践活动中。这些激励政策不仅为教师提供了明确的努力方向和目标，还能在一定程度上缓解教师参与教学改革和能力提升活动的后顾之忧，使他们能够更加专注于自身专业素养的提升和教学能力的发展。

（2）构建科学合理的评价体系。建立科学合理的教师数字素养与人工智能应用能力评价体系，从教学理念更新、教学技能培训、教学应用实践、教学成果产出等多个维度设置评价指标，确保评价的全面性与客观性。通过采用包括学校管理部门、同行教师、学生以及企业专家等多元评价主体，从不同角度对教师能力水平进行评价，收集多维度反馈信息，定期开展评价工作，依据评价结果为教师提供针对性的改进建议与发展指导，帮助教师明确优势与不足，持续优化自身能力素质，实现专业成长的良性循环。通过全面客观的评价体系，教师们可以更加清晰地了解自己在数字素养和人工智能应用能力方面的优势和不足，从而有针对性地进行改进和提升，学校相关部门也能根据评价结果，及时调整和完善教师培训和支持策略，为教师的专业发展提供更加精准、有效的帮助。

三、实践中的典型案例与经验启示

案例1：浙江某职业技术学院教师数字素养提升实践

浙江某职业技术学院自2023年起，实施“教师数字素养跃升工程”。学校先后投入300余万元，建设数字化培训中心，引进先进数字教学培训课程体系，组织全校500余名专任教师分批次参与培训，与周边人工智能企业建立合作关系，安排教师利用寒暑假进企业实践。经过一年实践，教师在教学中运用数字技术的频率提高了60%以上，开发的数字化教学资源数量增长2.5倍，学生对教师数字化教学的满意度从60%提升到85%。这个案例显示，加大资金投入、引进优质培训资源、强化校企合作实践是提升教师数字素养与人工智能应用能力的关键路径。该校的数字化培训中心配备了先进的计算机设备、虚拟现实教学设备和智能教学软件，为教师提供了良好的培训环境和实践条件。先进的数字教学培训课程体系涵盖了从数字教学基础到人工智能应用的多个层次和领域，满足了不同水平教师的学习需求；校企合作实践则让教师有机会深入企业一线，了解人工智能技术在实际生产中的应用情况，从而将企业实践经验和案例带回到教学中，使教学内容更加贴近行业实际需求。这些措施相互配合，共同推动了教师数字素养和人工智能应用能力的快速提升。

案例2：江苏某职业学院跨学科团队协作模式探索

江苏某职业学院信息工程学院联合商学院和基础教育学院组建跨学科教学团队，共同打造“人工智能+跨境电商”专业群。团队教师共同开展教学研讨、课程研发与项目实践，开发出一系列跨学科融合课程，如“智能贸易洽谈”“跨境电商大数据分析”等。在教学实践中，教师团队协作能力显著增强，跨学科教学水平大幅提升，学生在技能竞赛中获奖级别较以往明显提高。在跨学科团队协作过程中，信息工程学院教师提供了人工智能技术和程序开发方面的专业知识；商学院教师贡献了跨境电商理论与实践经验；基础教育学院外语教师则负责语言教学和跨文化交流指导。通过共同备课、联合授课和项目指导，教师们打破了学科之间的壁垒，将各自的优势资源有机整合，形成了综合性的教学团队。这种跨学科的教学模式，不仅让学生能够接触到多学科的知识和技能，培养了他们的综合职业素养和创新能力，还促进了教师之间的相互学习和共同成长。教师们在跨学科团队中不断拓宽自己的知识视野，提升了自己的教学能力和专业水平。

提升职业院校教师的数字素养与人工智能应用能力是一项系统性、长期性工程，需要从培训研修、团队协作、激励评价等多方面协同发力。通过构建完善的提升体系，激发教师内在动力，培养出一批具备高素质数字教学能力的教师队伍，为职业教育高质量发展筑牢根基，为企业数字化转型源源不断地输送具备数字素养与人工智能应用能力的高素质技能型人才。在具体的实践过程中，职业院校应结合自身实际情况，借鉴成功案例的经验，不断探索和创新提升教师数字素养与人工智能应用能力的方法和途径，以适应新时代职业教育发展的要求和挑战。

第二节　人工智能时代学生数字素养提升的路径

在人工智能技术蓬勃兴起与广泛渗透的背景下，职业院校学生数字素养的培育已成为教育现代化的核心问题。数字素养不仅关乎学生个人能力的全面塑造，更是其在未来职场中持续发展的关键竞争力。本节将从理论根基、现状剖析、提升路径及实践案例等多个维度，深入探究人工智能时代学生数字素养提升的多元化策略，为职业教育教学提供具有实践性的指导。

一、数字素养的内涵、外延与重要性

数字素养是21世纪核心素养体系的重要支柱，涵盖了信息获取、理解、评估、创造、交流以及安全合法使用数字技术与资源的综合能力。在人工智能技术的推动下，数字素养被赋予了更为丰富的外延，包括数据分析、算法理解、人工智能工具应用以及伦理道德意识等多个维度。具备卓

越数字素养的学生，能够更加全面地运用数字技术解决复杂问题，灵活适应不断变化的职业环境，从而在未来职场中占据有利位置。

调研报告显示，我国职业院校学生数字素养的整体水平虽呈现出稳步上升的态势，但区域间发展失衡、技能应用深度不足等问题依然凸显。特别是在人工智能技术的应用层面，超过80%的学生仅掌握了基础操作技能，而在深度学习与创新应用方面显得不足。探索行之有效的提升路径，对于培育符合人工智能时代需求的高素质技术技能人才具有举足轻重的意义。

二、职业院校学生数字素养提升的现状与挑战

当前，职业院校在学生数字素养培育方面已开始加快推进，采取了开设相关课程、搭建数字化教学平台、组织技能竞赛等举措。但在人工智能技术快速发展的趋势下，仍面临着一系列挑战。

1. 课程内容与产业需求的错位

在当前的教育环境中，部分院校的数字素养课程内容更新滞后，未能及时吸纳最新的人工智能技术和行业应用案例，导致学生所学的知识与实际工作需求之间存在明显的脱节。这种错位不仅影响了学生的就业竞争力，也制约了其未来职业发展的空间。学生在毕业后，可能会发现他们在学校学到的技能和知识在职场上并不适用，这无疑增加了他们适应新环境的难度；企业也面临着寻找具备最新技术知识和实际应用能力的员工的难题。因此，职业院校需要与产业界紧密合作，确保课程内容能够与时俱进，满足产业发展的实际需求，从而为学生提供更加实用和前瞻性的教育。

2. 教学资源与设施的匮乏

受限于资金、技术等多重因素，部分职业院校在数字化教学资源和实验实训设施方面的投入明显不足，这导致了在满足学生深度学习和实践操作的迫切需求方面存在显著的短板。资源的短缺不仅影响了学生数字素养

提升的深度，也限制了其广度，使学生在掌握现代技术技能方面面临挑战；由于缺乏足够的教学资源和设施，教师在教学方法和手段上也难以创新，这进一步加剧了教育质量的不均衡。这种资源和设施的不足，不仅影响了学生的学习效果，也制约了学校整体教育水平的提升。

3. 教师数字素养与人工智能应用能力的欠缺

教师作为学生数字素养培养的引路人，其自身在数字技术和人工智能应用方面的知识储备与技能水平却显得参差不齐。部分教师由于缺乏相关的专业培训和实践经验，难以有效地指导学生进行深度学习和创新应用，这无疑成为学生数字素养提升过程中的一大障碍。教师在数字技术掌握上的不足，不仅限制了他们在课堂上运用现代教育工具的能力，也影响了他们对新兴技术趋势的敏感度和适应性。这种能力的不足，使教师在面对快速变化的教育环境时，难以及时更新教学方法和内容，进而影响到学生对数字技术的全面理解和应用能力的培养。

4. 学生自主学习能力与创新意识的薄弱

长期以来，传统教学模式过于侧重知识的灌输，忽视了对学生自主学习能力和创新意识的培养。这种教学模式导致学生在面对新技术、新挑战时，往往缺乏主动探索和解决问题的能力，制约了其数字素养的全面提升。学生往往习惯于被动接受知识，缺乏主动学习和思考的习惯，这使他们在学习过程中难以形成独立的见解和创新的思维。由于缺乏足够的实践机会和创新环境，学生在实际操作和应用知识方面的能力也相对较弱。为了适应未来社会发展的需求，职业教育必须重视并加强学生自主学习能力与创新意识的培养，以促进学生全面发展。

三、人工智能时代学生数字素养提升的理论基础

学生数字素养的提升需要有坚实的理论作为支撑，认知主义学习理论、建构主义学习理论以及联通主义学习理论构成了数字素养提升的三个理论支柱。

1. 认知主义学习理论

认知主义学习理论强调，在数字素养提升的过程中，学生应该通过与数字技术的深度交互，积极构建起个人的认知结构。认知主义观点认为，学生应当成为学习过程中的积极参与者，通过解决实际问题来深化对数字技术和人工智能的理解与掌握。例如，在编程学习的场景中，学生通过编写代码来解决实际问题，这不仅能够提升他们的编程技能，还能在实践中深化对算法逻辑的理解。这种学习方式鼓励学生主动探索和思考，而不是被动地接受知识，这样学生才能够更好地将理论知识与实际应用相结合，从而在数字时代培养出更强的竞争力和适应能力。

2. 建构主义学习理论

建构主义学习理论强调学生在真实或模拟的情境中，通过探究、协作等多元化方式主动建构知识，学习是一个积极主动的过程，学生需要通过亲身体验和实践来构建自己的知识体系。在数字素养的培养过程中，建构主义鼓励学生充分利用数字技术工具进行项目式学习，通过亲自动手操作来掌握相关技能。例如，在数据分析课程中，学生可以分组进行市场调研项目，利用数据分析工具挖掘市场趋势，从而在实践中提升数据分析能力和团队协作能力。通过这种方式，学生不仅能够学习到理论知识，还能够培养解决实际问题的能力，这对于他们未来的发展具有重要意义。

3. 联通主义学习理论

在信息爆炸的时代背景下，构建知识网络以及实现信息的高效流通变得非常重要。联通主义学习理论强调，学生应当学会如何高效地连接和利用各种数字资源，构建起个人的知识网络，以便更好地适应这个快速变化的信息环境。例如，在学习人工智能课程的过程中，学生可以通过积极参与在线社区的讨论、关注行业内的最新动态等方式，不断拓宽自己的知识视野，与业界的专家和技术前沿保持同步，从而在不断变化的知识体系中找到自己的定位。

四、基于人工智能应用的学生数字素养提升的路径与实践

1. 构建跨学科融合的数字素养课程体系

（1）课程内容的持续更新与优化。职业院校应紧跟人工智能技术的最新发展动态和行业应用趋势，对数字素养课程的内容进行及时调整与优化。例如，可以引入机器学习、深度学习、自然语言处理等前沿技术，以及智能制造、智慧城市等典型应用场景，使课程内容更加贴近实际需求。通过邀请行业专家进校园讲座、组织师生赴企业调研等方式，确保课程内容与产业实践的紧密对接。

（2）跨学科课程的深度开发。鼓励计算机相关专业与其他专业（如商学院、艺术学院等）深入合作，共同打造跨学科融合课程。例如，可以开设“人工智能与商业决策”“智能艺术创作”等课程，通过多学科视角的交叉融合，拓宽学生的知识视野，提升其综合运用数字技术的能力。在课程实施过程中，不同学科的教师应共同备课、联合授课，通过跨学科的教学研讨，实现知识的有机整合与创新应用。

（3）实践导向教学模式的深入推广。在课程设置中，学校应大幅增加实践环节的比例，通过项目式学习、案例分析等多元化方式，让学生在解决实际问题的过程中提升数字素养。通过组织学生参与企业的真实项目，利用人工智能技术进行产品优化、客户行为分析等任务，从而增强其实战经验和问题解决能力；通过设立创新实验室、举办技术沙龙等活动，为学生提供更多实践锻炼的机会和平台。

2. 打造智能化的数字素养学习平台

（1）个性化学习资源的精准推送。借助人工智能技术的个性化推荐算法，根据学生的学习进度、兴趣偏好和能力水平，为其推送量身定制的学习资源。校企联合开发智能学习系统，通过深度分析学生的学习行为数据，为其推荐最适合的学习路径和资源组合，从而显著提高学习效率；系统还可以根据学生的反馈和学习成效，动态调整推荐策略，确保学习资源的持续优化与更新。

（2）交互式学习体验的创新创设。利用虚拟现实、增强现实等先进技术，构建沉浸式的学习场景，极大地提升学生的学习兴趣和参与度。在数字素养课程中，可以利用 VR 设备模拟数据中心的运维场景，让学生在虚拟环境中进行故障排查、系统优化等操作，从而增强其空间感知和问题解决能力；通过引入游戏化学习元素，如积分奖励、排行榜等机制，进一步激发学生的学习兴趣和积极性。

（3）智能化学习评估与反馈机制的构建。通过学习分析技术，实时收集学生在学习过程中的行为数据，对其学习成效进行精准评估，并提供个性化的反馈和建议。学校可以利用智能批改系统对学生的编程作业进行自动评分和错误分析，帮助学生及时发现并改正问题；系统还可以根据学生的学习进度和掌握情况，动态调整学习计划和资源推送策略，确保学习过程的连贯性和有效性。

3. 校企合作共建数字素养实训基地

（1）深度探索校企联合培养模式。职业院校应与企业建立长期稳定的合作关系，共同制定数字素养人才培养方案，实现课程设置、教学内容与企业实际需求的无缝对接。与人工智能领域的龙头企业合作，共同开发实训课程和项目，让学生在真实的工作环境中提升数字素养。通过设立校企联合研发中心、共建产业学院等方式，推动产教融合向纵深发展。

（2）共建共享与高效利用实训基地。院校主动与企业共建数字素养实训基地，引入企业的先进设备和技术资源，为学生提供高质量的实践平台。通过校企合作联盟、资源共享平台等机制，实现实训基地的资源共享和高效利用，降低建设成本，提高资源利用效率；通过建设行业产教融合共同体等方式，建立跨区域的实践实训基地共享网络，让不同院校的学生都能享受到优质的实践资源。

（3）全面实施企业导师制度。邀请企业专家和技术人员担任学生的校外导师，通过讲座、工作坊、项目指导等多种形式，为学生传授行业前沿知识和实战经验；通过定期组织“企业导师进校园进课堂”等活动，让学生与企业导师面对面交流，了解行业发展趋势和技术应用动态；通过设立企业导师奖励机制、建立校企双方导师互聘制度等方式，进一步激发企业导师的积极性和参与度。

4. 举办数字素养技能竞赛与创新活动

（1）广泛组织与积极参与技能竞赛。职业院校需要积极组织学生参加大学生程序设计竞赛、人工智能创新大赛等各类数字素养技能竞赛，通过“岗课赛证”相融合的模式激发学生的学习热情和创新意识；学校内部也可以举办数字素养挑战赛、创新项目大赛等相关竞赛，为学生提供展示自我、锻炼能力的舞台。通过竞赛的锤炼，学生不仅能够提升专业技能和创新能力，还能增强团队协作和竞争意识。

（2）全方位孵化与支持创新项目。学校鼓励学生自发组建创新团队，围绕数字技术和人工智能应用开展创新项目。通过设立创新基金，为优秀项目提供资金和技术支持；通过邀请企业专家进行项目评审和指导，帮助学生将创新成果转化为实际应用；通过举办创新项目路演、建立创新成果展示平台，为学生的创新成果提供展示和交流的机会。

（3）建设与运营创新社区。学校可以探索建设数字素养创新社区，为学生打造一个交流思想、分享经验、协作创新的环境。社区可以定期举办线上线下的交流活动，如技术沙龙、项目研讨会、创意工作坊等，促进学生之间的知识共享和思维碰撞。通过设立社区管理团队、建立社区规章制度等方式，确保社区的有序运营和持续发展。

五、实践案例与经验启示

案例1：江苏某职业学院数字素养提升项目

江苏某职业学院在数字素养提升方面进行了深入探索与积极实践。学校与多个知名科技巨头强强联手，共同打造了“人工智能与大数据应用”实训基地，引入了企业的真实项目和先进设备。深入开展校企联合培养，学生不仅掌握了最新的数字技术和人工智能应用技能，还深入了解了行业需求和企业文化。学校还定期举办“数字文化节”，鼓励学生积极展示创新成果、交流创新经验，有效提升了学生的数字素养和创新能力。

案例2：北京某职业技术学院跨学科课程实践

北京某职业技术学院在跨学科课程实践方面取得了显著成效。学校开设了“智能物联网应用”跨学科课程，由计算机学院、自动化学院和商学院三个学院的骨干专业教师共同授课。课程内容涵盖了物联网技术、数据分析、商业模式等多个领域，通过项目式学习的巧妙运用，让学生在完成实际项目的过程中全面提升数字素养。例如，学生团队为某物流企业设计了智能仓储管理系统，通过深度数据分析优化库存布局和配送路线，取得了明显成效。这一课程实践不仅培养了学生的跨学科技能，还提升了他们的团队协作和问题解决能力。

人工智能时代学生数字素养的提升是一项复杂而系统的工程，需要职业院校、企业、政府以及社会各界的共同努力与协同推进。通过构建跨学科融合的课程体系、打造智能化的学习平台、深化校企合作、举办技能竞赛与创新活动等多元化举措的综合施策，可以有效提升学生的数字素养水平，为其未来的职业生涯铺平道路。随着人工智能技术的持续进步和教育理念的不断更新迭代，学生数字素养的培育将迎来更多的机遇与挑战，职业院校应该勇于探索新的教学模式和方法，不断优化学生数字素养提升的路径。

第三节　人工智能时代教师教学与科研能力协同发展的研究

随着人工智能技术的发展与广泛应用，职业教育正迎来前所未有的变革，教师的教学与科研能力如何与人工智能技术协同发展，成为推动职业教育高质量发展的一个重要问题。

一、人工智能时代教师教学与科研能力的新要求

在人工智能赋能职业教育过程中，教师角色与职能正经历深刻转型。传统意义上，教师主要承担知识传授与技能培养的任务，而在人工智能时

代，教师还需成为学习资源的设计者、学习过程的引导者以及学生个性化发展的支持者。这一转变对教师的教学与科研能力提出了更高要求。

1. 教学能力的多维拓展

人工智能技术为教学带来了丰富多样的诸如智能教学平台、虚拟仿真实验室、个性化学习系统等工具和资源。教师需熟练掌握这些工具进行教学设计、课堂互动与学习评估，以实现教学活动的精准化与个性化。例如，通过智能教学平台，教师可以实时获取学生的学习数据，进而调整教学策略，为每位学生提供定制化的学习路径和资源，确保教学效果的最大化。

2. 科研能力的深度融合

科研是教师专业发展的重要组成部分，也是推动教学创新的关键驱动力。在人工智能背景下，教师的科研活动需更加注重与教学实践的紧密结合，通过探索人工智能技术在教育领域的创新应用，解决教学实际问题，提升教学质量。教师需要积极参与跨学科研究，与计算机科学、数据科学、人工智能等领域的企业专家合作，共同推动教育技术的革新。

二、基于人工智能的教师教学与科研能力协同发展路径

为实现教师教学与科研能力的协同发展，职业院校需要建立系统化、多维度，涵盖教师培训、跨学科研究、学术交流等多个方面的支持体系。

1. 构建智能化的教师培训体系

智能化的教师培训体系是提升教师教学与科研能力的基础，学校需要依托人工智能技术，打造个性化、精准化的培训模式，实现教师快速成长。

（1）分层分类培训。针对不同学科背景、技术基础的教师，设计差异化的培训课程。对于初学者，重点培训人工智能基础、智能教学工具使用等；对于有一定基础的教师，则重点培养高级数据分析、机器学习算法应用等进阶技能。例如，某职业院校利用智能教学平台，为财经类教师提供

了“Python编程与数据分析”在线课程，显著提升了这些教师的数据处理能力。

（2）混合式研修模式。结合线上自学与线下研讨，形成灵活多样的学习路径。线上课程提供丰富的教学资源，教师可根据自身需求灵活安排学习时间；线下研讨则通过工作坊、教学观摩等形式，促进教师间的经验交流与思想碰撞。有的学校就采用定期举办“人工智能教学应用沙龙”，邀请行业专家与教师共同探讨智能教学的新模式、新方法，以此提升教师的人工智能应用能力。

（3）实战导向的培训项目。与企业合作，建立教师实践基地，让教师深入企业一线，了解人工智能技术在实际业务中的应用场景与问题挑战。通过参与企业项目，教师能够将理论与实践相结合，积累宝贵经验，反哺教学。例如，江苏某职业学院与本地智能制造企业合作，建立了“智能制造实训基地”，教师在此参与智能产线优化项目，并将项目经验融入“自动化生产线控制”课程教学中。

2. 跨学科研究

跨学科研究在职业教育领域扮演着至关重要的角色，它不仅促进了教师在教学方法上的创新和多样化，而且在提升教师的研究能力方面也起到了不可或缺的作用。通过将不同学科的知识和方法相结合，教师能够更全面地理解复杂的教育问题，从而在教学实践中更加灵活地运用各种策略和技巧。

（1）构建跨学科研究平台。跨学科研究平台对于教师在教学和研究能力上的共同进步具有不可或缺的作用。通过融合校内外多方资源，学校可以打造一个开放共享的研究生态系统，教师们在此能够打破学科的壁垒，共同进行产业应用方向的技术探索。平台的建立，不仅能够促进不同学科之间的知识交流和融合，还能够激发教师的创新思维，推动教学方法和研究手段的革新；平台还可以为学生提供更为丰富和多元的学习体验，使他们能够接触到前沿的科学技术和行业动态，从而培养出更多具备综合能力的高素质人才。

（2）跨学科研究团队。为了促进学术创新和知识的深度融合，学校应积极倡导并支持教师们跨越传统的学科界限，组建起具有多元背景和专业知识的跨学科研究团队。例如，信息学院的教师可以与经济管理学院、艺术学院的教师深入合作，共同探索“人工智能 + 文化创意产业”等新兴交叉领域。通过这样的跨学科交流与合作，教师们不仅能够拓宽自己的研究视野，还能够实现不同领域知识与技能的互补，从而推动学术研究向更深层次、更广范围发展。

（3）科研数据与资源共享平台。通过建立科研数据与资源共享平台，可以为教师提供便捷的数据获取与分析工具。平台需要整合校内外研究资源，如行业报告、学术论文、数据集等，形成本地知识库，支持教师利用生成式人工智能等技术进行深度学习与数据挖掘。当前，许多学校都开始进行 DeepSeek 一体机的本地化部署，为教师提供了海量教育资源与科研工具，显著提升了教师的教学与科研效率。

（4）产学研合作机制。深化与企业的产学研合作，共同开展技术研发与项目攻关。通过与企业建立联合实验室、技术创新中心等形式，教师可以了解行业最新动态，将科研成果转化为实际应用，同时为企业提供技术支持与人才培养服务。例如，广东某职业技术学院与本地电子制造企业合作，共同进行横向课题研发攻关，顺利完成了“智能质量检测系统”，教师在项目中积累了丰富经验，并将其应用于“电子产品质量控制”课程教学中。

3. 促进学术交流与国际合作

学术交流与国际合作是提升教师教学与科研能力的重要途径。通过参与国内外学术会议、访学交流等活动，教师可以了解国际前沿动态，拓宽研究视野，提升学术影响力。

（1）学术会议与研讨会。学校需要鼓励与支持教师积极参与国内外的学术会议与研讨会，通过这些机会分享自己的研究成果，与来自不同机构和领域的同行进行深入的交流和讨论。这不仅有助于教师个人学术水平的提升，还能够促进学术思想的碰撞和创新，加强学术网络的构建，为学校和研究机构带来新的合作机会和研究方向。

（2）国际访学与合作研究。支持教师赴海外知名高校或研究机构进行访学交流，参与国际合作研究项目。通过与国际顶尖学者合作，教师可以学习先进的教育理念与研究方法，提升研究水平。例如，江苏某职业院校派专任教师赴德国哥廷根大学等高校访学，参与“人工智能教育应用”项目研究，回国后将国际先进经验融入教学改革中。

（3）国际合作网络构建。当前，国家鼓励职业院校积极开展“职教出海”工作，加强与国外教育机构的交流与合作，促进教育资源的共享和优化配置。这不仅有助于提升教师的国际视野和研究能力，还能通过与国际同行建立长期合作关系，共同开展跨国研究项目，推动学术成果的国际化传播。国际学术网络的构建也有助于提升院校的国际声誉和影响力，为学校吸引更多的国际学生和研究资金。

三、基于人工智能的教师教学与科研能力协同发展案例

实践是检验真理的唯一标准。以下案例展示了职业院校在推动教师教学与科研能力协同发展方面的成功探索。

案例1：江苏某职业技术学院的“AI+智能制造”科研与教学融合

江苏某职业技术学院依托本校的“智能制造技术研究中心”，构建了“AI+智能制造”科研与教学融合平台。平台整合了校内外的智能制造资源，如智能产线、工业机器人、大数据平台等，为教师提供了丰富的科研与实践场景。

科研方面，教师团队聚焦“智能产线优化”“质量预测与控制”等关键问题，与企业合作开展技术攻关。通过深度学习、数据挖掘等技术，教师研发了“智能产线调度系统”，显著提升了生产效率与产品质量。教师将科研成果转化为教学资源，在“智能制造系统设计与应用”课程中，通过案例讲解、虚拟仿真等形式，让学生深入了解智能制造的前沿技术与应用场景。教学方面，教师利用平台资源，开展项目式学习、翻转课堂等新型教学模式。在“工业自动化控制”课程中，教师引导学生分组完成“智能仓储系统设计与实现”项目，通过实践操作，学生掌握了PLC编程、传感器应用等技能，同时培养了团队协作与问题解决能力。

通过科研与教学的深度融合，学校不仅提升了教师的科研水平与教学能力，还为企业培养了一批具备智能制造技能的高素质人才，实现了校企双赢。

案例 2：山东某职业学院的“人工智能 + 新文科”跨学科研究与实践

山东某职业学院积极探索“人工智能 + 新文科”的跨学科研究路径，成立了“人工智能与新文科融合创新中心”。中心聚集了计算机学院、基础教育学院、融媒体学院等多个专业的教师力量，共同开展“智能文本分析”“文化大数据挖掘”等前沿研究。

科研方面，教师团队利用自然语言处理、知识图谱等技术，对古籍文献、网络文本等大数据资源进行深度挖掘与分析，探索文化传承与创新的新模式。教师团队研发了“古籍文献智能检索系统”，通过语义理解、实体识别等技术，实现了古籍文献的精准检索与知识推荐，为文化研究提供了有力支持。教学方面，教师团队将科研成果融入“数字人文”“文化数据分析”等课程中，通过案例分析、项目实践等形式，让学生了解人工智能在新文科领域的应用前景。在“数字人文”课程中，教师引导学生利用智能文本分析工具，对古典文学作品进行情感分析、主题挖掘等研究，培养了学生的跨学科思维与创新能力。

通过跨学科研究与实践，学校不仅推动了新文科领域的创新发展，还提升了教师的科研与教学能力，为学生提供了更加多元、开放的学习体验。

四、教学与科研能力协同发展面临的问题与解决策略

尽管基于人工智能的教师教学与科研能力协同发展展现出巨大发展潜力，但在实际执行过程中仍面临许多问题与难点。需要职业院校探索更多的有效策略与解决方案。

1. 数据安全与隐私保护问题

在利用人工智能技术进行教学与科研活动时，涉及大量学生数据、研究数据的收集与处理。如何确保数据的安全性与隐私性，成为亟待解决的

问题。针对这种问题学校应首先建立健全的数据安全管理制度，加强数据加密、访问控制等技术防护措施；其次，遵照《中华人民共和国个人信息保护法》等相关法律法规，确保数据收集与处理的合法合规；最后，从校级层面定期开展数据安全审计与风险评估，及时发现并消除安全隐患。

2. 教师人工智能应用能力问题

在当前的职业院校中，我国大多数教师对于人工智能技术的掌握和理解程度相对较低，导致他们在尝试将智能教学工具和科研平台融入日常的教学活动和学术研究中时，面临一定的困难。由于缺乏足够的技术知识和应用能力，教师们难以充分利用这些先进的工具来提高教学质量和科研效率。因此，学校应加强对教师的技术培训与支持，通过举办专题讲座、实操培训、教学观摩等活动，提升教师的技术应用能力；通过建立教师互助社区，鼓励教师分享经验、共同学习，形成良好的技术学习氛围。

3. 科研与教学融合深度问题

许多职业院校存在一定程度的科研与教学“两张皮”现象。具体来说，尽管这些院校的科研团队可能取得了不少成果，但这些成果往往难以被有效地整合进教学课程中，成为提升教学质量的资源；同时，教学过程中遇到的问题和痛点也往往没有被充分地作为科研项目的选题来源，导致科研工作与实际教学需求之间缺乏紧密的联系和互动。职业院校有必要建立科研与教学融合的激励机制，鼓励教师将科研成果融入课堂教学，同时将教学问题提炼为科研课题。通过设立教学科研融合的奖项，表彰在科研与教学融合方面表现突出的教师，激发教师的积极性与创造力。

4. 跨学科合作机制问题

跨学科合作是一个涉及不同学科背景和研究范式的复杂过程，它要求来自不同领域的教师们能够打破传统的学科壁垒，实现知识与技能的有机融合。这不仅需要教师们具备开放的心态和创新的思维，还需要他们掌握跨学科沟通与协作的技巧。如何有效地整合各自的专业知识，形成互补，共同解决复杂问题，是当前职业教育领域面临的一大难题。有鉴于此，职业院校应首先建立跨学科合作机制，如跨学科研究团队、联合实验室等，为教师提供跨学科交流的平台；其次，通过定期组织跨学科研讨会、项目合作等活动，促进教师间的思想碰撞与知识共享；最后，学校同时出台相关政策，支持跨学科研究项目的申报与资助，为跨学科合作提供有力保障。

基于人工智能的教师教学与科研能力协同发展，是推动高等职业教育高质量发展的关键路径。通过构建智能化的教师培训体系、搭建跨学科科研平台、促进学术交流与国际合作等举措，职业院校可以有效提升教师的教学与科研能力。面对数据安全、技术应用能力、科研与教学融合深度以及跨学科合作等问题，职业院校需积极采取应对策略，不断优化支持体系与激励机制，确保教师教学与科研能力的持续提升。

第四节　人工智能背景下教师角色定位与转变的策略

人工智能技术的快速发展及其在教育领域的广泛应用，使教师的角色定位与职能发生了深刻变化，从传统的知识传授者逐渐转变为学习资源的整合者、学习过程的引导者和学生个性化发展的支持者。本节将深入探讨人工智能背景下教师角色定位与转变的策略，为职业院校教师队伍建设提供理论支撑和实践指导。

一、人工智能背景下教师角色定位的新要求

在人工智能赋能职业教育的时代背景下，教师的角色定位要适应教育现代化的发展，具备更高的专业素养、技术能力和创新意识。这一转变不仅是对教师个人能力的挑战，更是对整个教育体系的革新。

1. 学习资源的整合者

在人工智能技术的支持下，学习资源的形式和内容都发生了颠覆性变化。从传统的纸质教材到在线课程、虚拟仿真实验、智能辅导系统，学习

资源的丰富性和多样性达到了前所未有的水平。如何在这海量的资源中筛选出适合学生的内容，如何将这些资源有效地整合到教学过程中，成为教师面临的新难题。因此，教师须具备整合这些资源的能力，不仅要熟悉各种资源的特点和优势，还要能够根据教学需求和学生特点，精选优质资源，构建个性化的学习路径，确保学习资源的高效利用。例如，教师可以利用智能教学平台的数据分析功能，分析学生的学习行为和成绩，为学生推送定制化的学习资源，从而提高学习的针对性和有效性。

2. 学习过程的引导者

人工智能技术为学习过程带来了更多的互动性和个性化支持，学生可以通过智能辅导系统获得即时的学习反馈，通过虚拟仿真实验进行实践操作，这些都丰富了学生的学习体验。但是，技术的引入并不意味着教师可以完全放手不管，教师的引导作用反而变得更为重要。教师需要引导学生正确使用智能工具，避免过度依赖技术而忽视了深度学习和思考；教师还需要激发学生的学习兴趣，培养学生的自主学习能力和问题解决能力。在项目式学习中，教师可以设计具有挑战性的项目任务，引导学生分组协作，利用人工智能技术完成项目。在学习过程中，教师要密切关注学生的学习进度和遇到的困难，及时给予指导和帮助，确保学生能够充分发挥主观能动性，通过实践探索获得知识与技能的提高。

3. 个性化发展的支持者

每个学生都是独特的个体，具有不同的学习需求、兴趣偏好和发展潜力。在人工智能背景下，教师需更加注重学生的个性化发展，通过精准地教学和支持，帮助每个学生实现自我超越。利用人工智能技术，教师可以更加全面地了解学生的学习进度、知识掌握程度、学习风格等情况。基于这些数据，教师可以为学生提供个性化的学习建议和支持，助力学生在自己擅长的领域深入探索，在薄弱的环节加强练习。教师可以利用智能评估系统，对学生的学习成效进行实时评估，根据评估结果调整教学策略，为不同水平的学生提供差异化的学习资源和辅导。只有通过个性化的支持，学生才可以更加自信地面对学习挑战，实现自我成长。

二、教师角色转变的策略

为实现教师角色从传统到现代的转变，职业院校需采取一系列策略，这些策略涵盖了教师培训、教学模式创新、评价体系构建等多个方面，目标是全面提升教师的专业素养、技术能力和创新意识。

1. 通过培训提升教师人工智能素养

师资培训是提升教师人工智能素养、推动角色转变的关键方法。面对人工智能技术的快速发展，职业院校需要构建系统化的培训体系，使每位教师都能掌握必要的技术和知识。

（1）基础技能培训。对于人工智能技术的初学者，职业院校应开展Python 编程、生成式人工智能应用、数据分析等技能培训。这些基础技能是教师后续应用人工智能技术的基础。现在已有一些职业院校开展人工智能师资研修班等方式，通过线上课程与线下实操相结合的方式，帮助教师掌握常用的人工智能应用和数据分析工具。经过培训，教师们能够独立完成简单的数据处理和模型训练任务，为后续的教学和科研打下坚实的基础。

（2）高级应用培训。对于已经具备一定基础的教师，职业院校应进一步开展深度学习、自然语言处理、计算机视觉等高级应用培训。这些高级技术是教师实现教学创新、提升教学效果的关键。例如，江苏某职业学院与教育科技企业合作，举办“AI + 教育创新工作坊”，通过邀请行业专家分享最新技术动态和应用案例，教师们进一步参与项目实践，深入了解了“工作流”“智能体”等生成式人工智能技术在教学资源推荐、学生情感分析等方面的应用。

（3）教学融合培训。除了技术培训外，学校还应注重教学融合培训，帮助教师将人工智能技术融入教学设计、课堂互动和学习评估中。例如，某职业学院开设了“智能教学设计与实施”课程，通过案例分析、教学观摩等形式，帮助教师掌握智能教学的实践技巧。教师们通过学习，学会了如何利用智能教学平台分析学生的学习数据，调整教学策略，实现教学活动的精准化与个性化。

2. 通过教学创新促进教师角色转变

教学模式的创新是推动教师角色转变的重要途径。传统的教学模式往往以教师为中心，注重知识的灌输和技能的训练。但在人工智能影响下，这种模式已经无法满足学生的多样化学习需求。职业院校应鼓励教师探索混合式学习、翻转课堂、项目式学习等新型教学模式，充分利用人工智能技术的优势，提升教学效果。

（1）混合式学习。混合式学习结合了线上学习与线下教学的优势，为学生提供了灵活多样的学习路径。线上部分，教师可以利用智能教学平台，为学生提供个性化的学习资源和学习支持；线下部分，则注重师生互动和实践操作。例如，在“Python 程序设计”课程中，教师可以通过线上平台布置预习任务，如观看教学视频、完成在线测试等，线下课堂则重点讲解难点问题和组织学生进行项目实践。通过这种混合式学习模式，学生可以在课前掌握基础知识，课堂时间则用于深入探讨和实践操作，从而提高了学习效率和学习成果。

（2）翻转课堂。翻转课堂将传统课堂中的讲授环节移至课外，课堂时间则用于讨论、协作和问题解决。教师可以利用智能辅导系统，为学生提供课前的个性化学习支持，如预习材料、测试题等，课堂时间则重点培养学生的深度学习和高阶思维能力。例如，在“数据结构”课程中，教师通过视频讲座和在线测试，让学生在课前掌握基础知识，课堂则用于讨论算法优化和问题解决策略。翻转课堂不仅提高了学生的自主学习能力，还增强了课堂的互动性和参与性。

（3）项目式学习。项目式学习以实际项目为载体，让学生在完成项目的过程中学习知识和技能。教师可以利用人工智能技术，为学生提供项目设计、数据分析、成果展示等全方位的支持。例如，在“智能制造系统设计与应用”课程中，教师可以引导学生分组完成“智能仓储系统设计与实现”项目。在项目过程中，学生需要运用所学知识进行系统设计、编程实现和测试验证等环节。通过项目式学习，学生不仅掌握了相关技能，还培养了团队协作和问题解决能力。教师还可以利用智能教学平台对学生的学习过程进行实时监控和评估，确保项目顺利完成。

3. 借助多元化评价体系激励教师角色转变

评价体系的构建对于激励教师角色转变具有重要作用。传统的评价体系往往侧重于教学成果的量化评估，如学生成绩、论文发表等。但是，在人工智能技术的推动下，教师的角色更加多元化，评价体系也要相应地进行调整和完善。

（1）教学评价。除了传统的学生评教、同行评审外，职业院校还应引入学习分析技术，对教师的教学效果进行精准评估。利用智能评估系统分析学生的学习数据，评估教师的教学策略是否有效促进了学生的个性化发展。系统的学生满意度调查、教学观摩等方式可以收集到多方反馈，全面了解教师的教学情况。

（2）科研评价。学校要鼓励教师开展与人工智能技术相关的跨学科研究，将科研成果转化为教学资源。在科研评价中，除了论文发表、项目申报等传统指标外，还应关注科研成果在教学中的应用效果和对学生学习成效的提升。有的学校通过设立教学成果转化方面的奖项，表彰将科研成果成功应用于教学实践的教师。

（3）社会服务评价。鼓励教师参与企业合作、社会培训等活动，将专业知识与技能服务于社会。在社会服务评价中，可以考察教师参与企业项目、技术培训、社会咨询等方面的情况，体现教师角色转变的社会价值。有些学校将社会服务贡献纳入教师的考核与评奖评优方面，激励教师在企业合作和社会服务中取得突出业绩。

通过构建多元化评价体系，职业院校可以更加全面地了解教师的工作情况和成果，为教师角色转变提供有力的激励和支持，有助于形成积极向上的校园文化氛围，鼓励教师不断创新、追求卓越。

三、实践案例与经验启示

案例 1：广东某职业技术学院的“AI＋教学创新”实践

广东某职业技术学院在推动教师角色转变方面进行了积极探索。学院引入了智能教学平台，为教师提供了丰富的教学资源和工具支持，教师积极开展混合式学习和项目式学习等新型教学模式，取得了显著成效。在“人工智能应用开发”课程中，教师充分利用智能教学平台的优势，为学生提供了个性化的学习资源和学习路径，学生可以根据自己的学习进度和兴趣选择适合的学习内容和学习方式，课堂时间则用于讨论项目设计、代码调试和成果展示等环节。这种教学模式提升了学生的学习兴趣和参与度，项目完成率和作品质量也大幅提高。学校还定期组织教学观摩和研讨会等活动，分享优秀教师的教学经验和创新做法，进一步推动了教师角色的转变和教学质量的提升。

通过加强教师培训、引入智能教学平台和创新教学模式等策略，可以有效推动教师角色的转变，提升教学效果和学生的学习体验。同时，学校还注重构建积极向上的校园文化氛围，鼓励教师不断探索和实践新的教学方法和理念。

案例2：湖南某职业学院的“智能辅导系统”应用

湖南某职业学院引入了先进的智能辅导系统，为学生提供课前的个性化学习支持，鼓励教师在课堂中采用翻转课堂的教学模式，将课堂时间用于深度学习和问题解决。在“Java程序设计”课程中，课前，教师通过智能辅导系统为学生提供了预习任务和测试题目，学生自主学习相关知识并完成测试题目，了解自己的学习情况和存在的问题；课堂则主要用于讨论编程技巧、代码优化和项目实践等环节，教师根据学生的预习情况和课堂表现给予个性化的指导和帮助。通过这种教学模式，学生的学习积极性显著提高，编程能力和问题解决能力也得到了有效锻炼。学校通过与软件开发企业合作，邀请企业专家参与课程设计和教学实施过程，为学生提供更加贴近实际的学习体验。

智能辅导系统的应用可以为教师角色转变提供有力支持，通过结合翻转课堂等新型教学模式，教师可以更好地发挥引导作用，促进学生的个性化发展。学校也应该与企业积极合作，拓展社会服务领域，为教师提供更多的实践机会和成长平台。

人工智能背景下教师角色定位与转变是推动职业教育高质量发展的重要环节。面对人工智能技术的快速发展和教育理念的持续更新，职业院校需不断探索和实践新的教学模式和方法。通过加强教师培训、创新教学模式和构建多元化评价体系等策略，职业院校可以有效推动教师角色的转变，提升教师的专业素养、技术能力和创新意识，为专业建设与人才培养提供持续动力。

第五节　人工智能支持的学生自主学习能力培养路径

学生自主学习能力是当前职业教育中人才培养的核心素养。自主学习对于职业院校学生而言，不仅是获取知识的途径，更是终身学习和职业发展的基础。本节将分析探讨人工智能如何助力学生自主学习能力提升，为职业院校的教育教学改革提供具有可行性的实施路径。

一、人工智能对学生自主学习能力的影响

1. 个性化学习资源的精准推送

借助人工智能的个性化推荐算法，学习平台能够细致入微地分析学生的学习行为、兴趣偏好及能力水平，从而为学生推送量身定制的学习资源。这种高度个性化的学习资源推送机制，不仅极大地满足了学生的多样化学习需求，还有效缓解了信息过载带来的学习压力。例如，某职业技术学院的智能学习系统通过深度挖掘学生的历史学习数据和实时学习状态，能够精准地为其推荐最适合的学习视频、习题集和拓展阅读材料，学生无须在海量资源中盲目搜寻，便可获取最符合自身需求的学习内容，从而显著提升学习效率和学习成果。个性化学习资源的推送还能促进学生主动学习的意愿，当学生发现推送的学习资源与其兴趣和能力高度匹配时，他们更愿意投入时间和精力进行深入学习，进而形成良性循环，不断提升自主学习能力。

2. 智能化学习辅导与即时反馈

人工智能技术赋予学习辅导以智能化和即时性的新特征，使学生能够在学习过程中及时获得精准的辅导和反馈。智能辅导系统通过自然语言处理和生成式人工智能技术，能够准确理解学生的问题并给出恰当的解答，同时还能根据学生的学习进度和掌握情况，动态调整辅导内容和难度，确保辅导的针对性和有效性。学生在编程学习中，当遇到代码错误时，智能辅导系统能够迅速检测出问题所在，并提供修改建议和相关示例，帮助学生快速掌握编程技巧，避免盲目试错。智能化学习辅导与即时反馈不仅提升了学生的学习效率，还增强了他们的学习信心和兴趣，学生在遇到问题时能够迅速获得帮助并解决问题，进一步激发了他们的学习动力和探索欲望。

3. 沉浸式学习体验的创造

虚拟现实、增强现实、元宇宙等前沿的数字技术，为学生带来了前所未有的沉浸式学习体验。在这种学习环境中，学生仿佛置身于真实场景之中，通过与虚拟对象的互动，深刻理解和掌握知识点。例如，在化学实验中，学生可以通过 VR 设备进入虚拟实验室，亲手操作实验器材，观察化学反应的细微变化，领悟化学的反应原理。沉浸式学习体验不仅提升了学生的学习兴趣和参与度，还增强了他们的空间感知能力和问题解决能力，使学生能够更加直观地理解抽象的理论知识，降低了学习难度，提高了学习效率，还激发了学生的好奇心和探索欲，促使他们更加主动地投入学习，不断提升自主学习能力。

二、人工智能支持的学生自主学习能力培养路径

为了充分发挥人工智能技术的优势，职业院校需采取学习资源建设、学习平台搭建、学习模式创新等具体且系统的策略，全面培养学生的自主学习能力。

1. 构建丰富多元的智能化学习资源库

职业院校应联合企业、科研机构等多方力量，共同打造涵盖广泛学习内容的智能化学习专业课程资源库。资源库不仅应包含视频课程、电子教材、习题库、实验案例等丰富资源，还应注重资源的持续更新与优化，确保与行业发展的最新动态保持同步。资源库充分利用人工智能技术，实现资源的智能分类、精细标签化和个性化推荐，从而满足学生多样化的学习需求。

例如，江苏某职业院校与知名行业企业深度合作，共同开发了涵盖智能制造、大数据分析、人工智能应用等多个前沿领域的课程资源库。学生可以根据自己的学习需求和兴趣偏好，在资源库中轻松找到适合自己的学习内容。资源库还借助机器学习算法，深入分析学生的学习行为数据，为其推送高度定制化的学习资源和学习路径，助力学生高效学习、精准提升。

智能化学习专业课程资源库的建设还应注重资源的互动性和实践性，通过引入虚拟实验、在线编程等互动环节，学生可以在实践中深化对知识点的理解，提升实际操作能力，从而更好地适应未来职场的需求。

2. 打造功能完备的智能化学习平台

智能化学习平台是学生自主学习的重要支撑。职业院校应建设集资源管理、学习辅导、学习评估等功能于一体的智能化学习平台，为学生提供全方位、多层次的学习支持。平台需要具备个性化学习资源推送、智能化学习辅导、沉浸式学习体验创设等核心功能，并能够实时收集学生的学习数据，为教学优化提供有力依据。

例如，某职业院校引入的先进智能学习平台，能够根据学生的学习进度和能力水平，为其精准推送个性化的学习资源和学习计划。平台内置的智能辅导系统能够实时解答学生的疑问，提供精准的学习反馈和建议。平台采用的虚拟现实技术，为学生打造了逼真的实验环境，使学生能够在虚拟场景中进行实验操作，从而提升学习兴趣和实验技能。

学校在开发智能化学习平台时需要注重平台的易用性和友好性，通过优化界面设计、简化操作流程，学生可以更加便捷地使用平台功能，提升学习体验。同时，平台还需要提供丰富的学习工具和资源，如在线编程环境、代码调试工具等，助力学生更加高效地进行自主学习。

3. 全面推广灵活多样的混合式学习模式

混合式学习模式将线上学习与线下教学的优势巧妙结合，为学生提供了更加灵活多样的学习路径。学校通过多种方式鼓励教师积极采用混合式学习模式，将线上自主学习与线下课堂互动有机融合，充分发挥学生的主观能动性，提升学习效果。例如，在“Python 程序设计”课程中，教师可以利用智能学习平台布置预习任务，通过观看教学视频、完成在线测试等方式让学生在课前掌握基础知识。课堂时间则用于深入探讨和实践操作，如项目设计、代码调试等。通过这种混合式学习模式，学生不仅能够在课前自主学习相关知识，还能在课堂上与教师和同学进行深度交流，共同解决疑难问题，从而提升学习效果和团队协作能力。

混合式学习模式的推广要注重线上线下教学的无缝衔接，教师根据学生的学习进度和反馈，灵活调整教学策略和内容，确保线上学习与线下教学相互补充、相互促进。学校通过技术手段加强对学生线上学习过程的监控和管理，确保学生能够按照计划完成学习任务，提升学习成效。

4. 深入实施以项目为驱动的学习模式

项目式学习以实际项目为载体，让学生在完成项目的过程中学习知识和技能，充分激发学生的创造力和实践能力，培养其自主学习和问题解决能力。学校应鼓励教师设计具有挑战性和实际意义的项目任务，并引导学生利用人工智能技术进行项目实践。例如，在“智能物流系统设计与应用”课程中，教师可以引导学生分组完成“智能仓储管理系统设计与实现”项目。在项目过程中，学生需要综合运用所学知识进行系统设计、编程实现和测试验证等环节。通过项目式学习，学生不仅能够深入掌握相关技能，还能在团队协作中锻炼沟通能力和问题解决能力。教师利用智能学习平台对学生的学习过程进行实时监控和评估，确保项目能够顺利完成并达到预期目标。

项目式学习的实施还应注重项目的多样性和创新性。教师鼓励学生根据项目需求进行创新和探索，尝试运用新技术和新方法解决问题；学校为学生提供实验设备、技术文档等必要的资源和支持，帮助学生更好地完成项目任务。

人工智能技术的发展为学生自主学习能力的培养提供了广阔的空间和无限的可能，职业院校需要抓紧机遇，通过构建智能化学习资源库、打造智能化学习平台、推广混合式学习模式和实施项目式学习等策略，不断提升学生的自主学习能力；通过与企业合作、社会服务等方式，为学生提供更多实践机会和成长平台，促进学生的实践能力和创新能力的发展。

本章主要内容结构图

本章主要内容结构如图 4－1 所示。

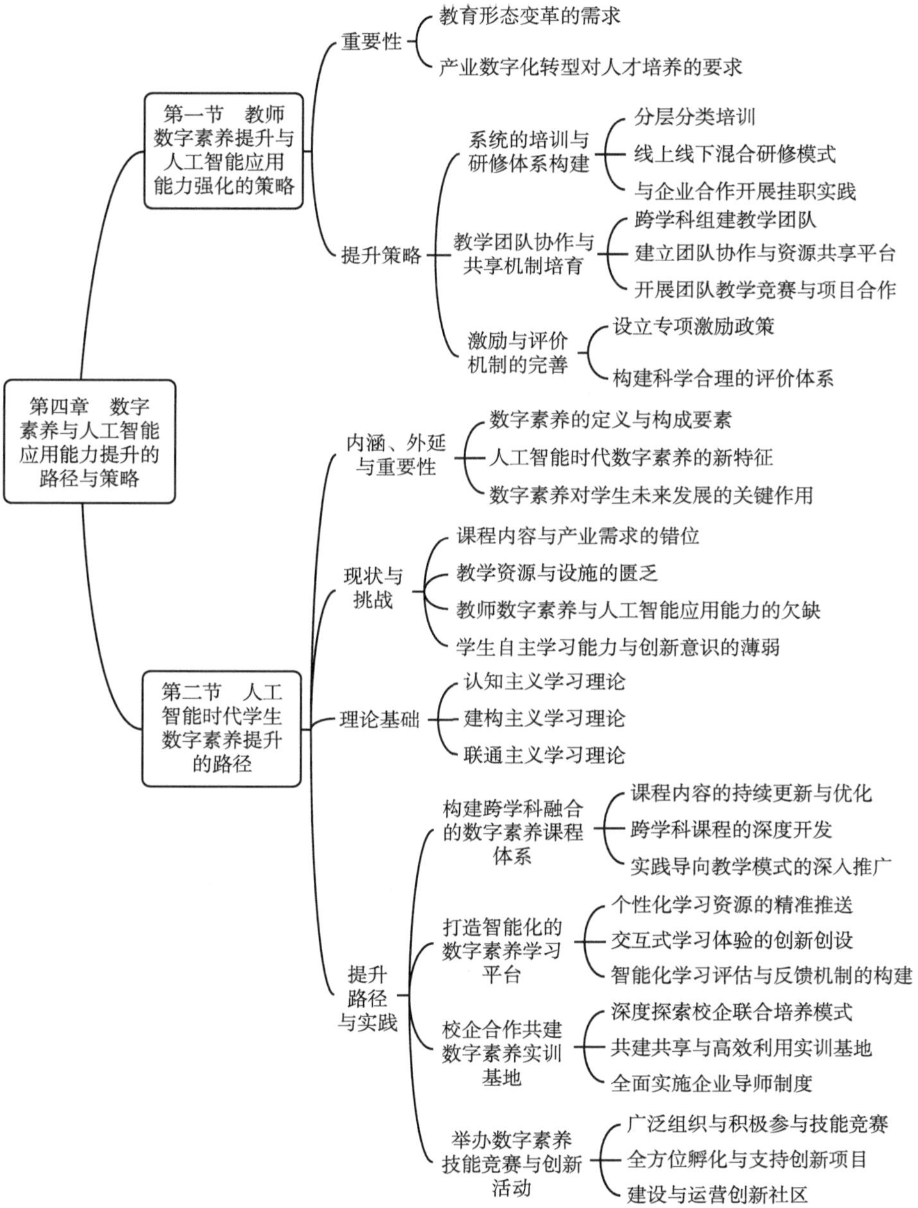

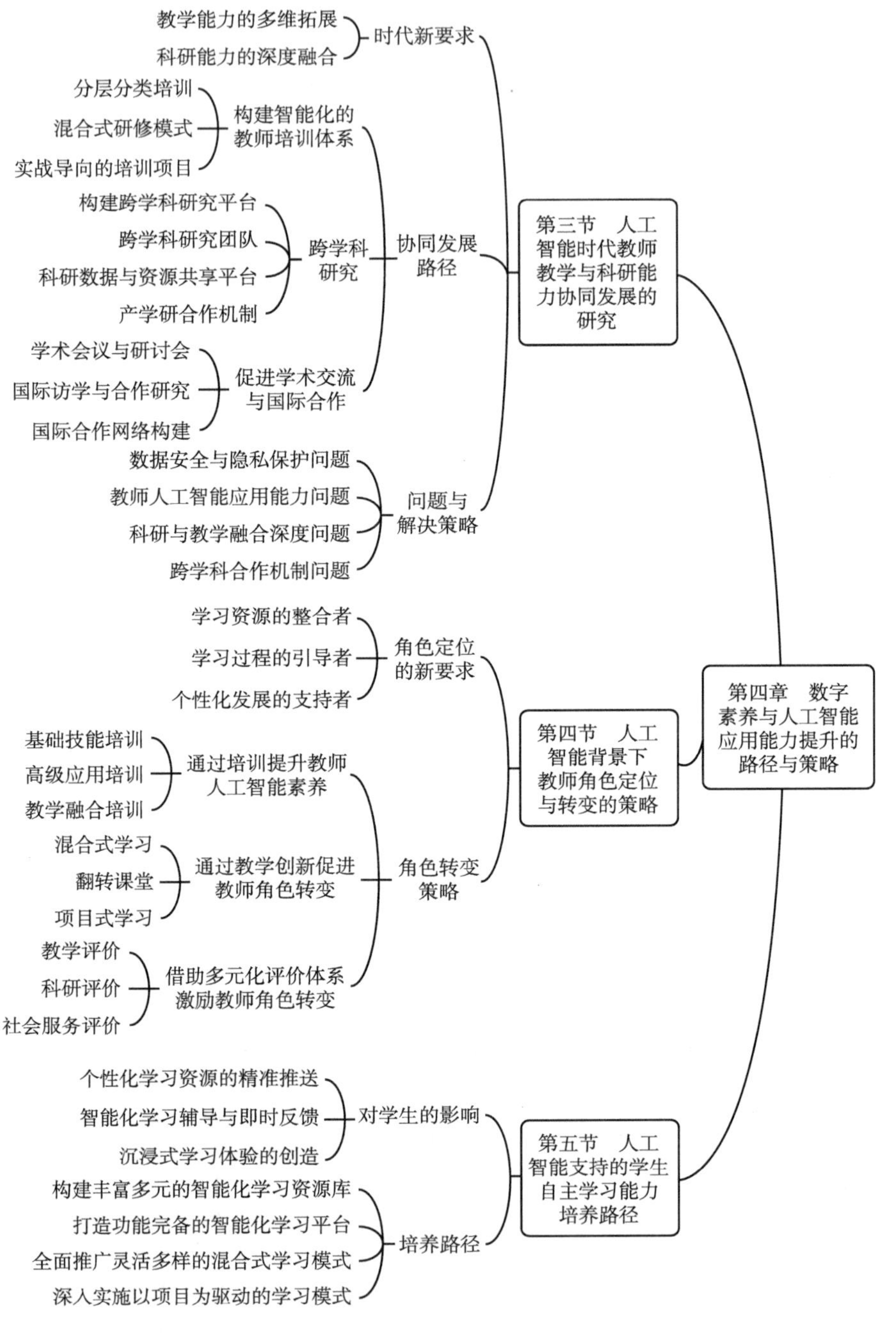

图 4－1 内容结构图：数字素养与人工智能应用能力提升的路径与策略

第五章　人工智能与职业教育跨学科人才培养的融合研究

人工智能技术深度融入职业教育，为跨学科人才培养模式带来了新的机遇与挑战。本章将深入探讨人工智能与职业教育跨学科人才培养的融合研究，重点阐述"人工智能＋专业群"的跨学科课程体系设计、"新文科"建设的创新实践、微专业建设与创新，以及"人工智能＋财经商贸类专业"的课程体系构建。通过构建跨学科课程体系、创新教学模式、优化学习环境和构建评价体系等多维度的实践路径，为职业教育跨学科人才培养提供新的思路和方法。

第一节　"人工智能＋专业群"的跨学科课程体系设计

人工智能技术的发展，使其在职业教育领域的应用日益广泛，为跨学科人才培养提供了全新的契机与挑战。本节将探讨，通过融合不同学科领域的知识与技能，构建"人工智能＋专业群"的跨学科课程体系，以此培养出能够适应未来社会与产业需求的高素质、复合型人才。人工智能的广泛应用，促使职业院校重新思考和设计课程内容，确保课程体系能够紧跟技术发展的步伐，更好地帮助学生应对未来职场的不确定性。

一、跨学科课程体系设计的背景与意义

在知识爆炸和技能迭代加速的今天，单一学科的知识体系已难以满足

复杂多变的职业需求。人工智能作为一门横跨计算机科学、数学、认知科学、工程学等多个领域的综合性技术，其应用场景涵盖了先进制造、商贸服务、经济管理、文化艺术等多个行业。因此，构建“人工智能 + 专业群”的跨学科课程体系，对于培养学生的综合素养、创新能力和跨领域协作能力具有重要意义。

跨学科课程体系的设计，不仅能够打破传统学科壁垒，促进知识交叉融合，还能够使学生具备更宽广的视野和更灵活的思维模式，从而更好地适应职场的变化。通过融合人工智能技术与各专业领域的知识，学生可以掌握更为先进的技术工具和方法，提升解决复杂问题的能力，为未来的职业发展奠定坚实的基础。

二、跨学科课程体系设计的理论基础

跨学科课程体系的设计并非简单的学科拼凑，而是建立在深厚的理论基础之上，包括系统论、认知主义学习理论、建构主义学习理论以及联通主义学习理论等。

系统论强调整体与部分之间的相互关系，认为跨学科课程体系是一个有机整体，各学科之间应相互支撑、协同进化。在“人工智能 + 专业群”的课程体系中，人工智能技术作为核心驱动力，应与其他学科知识深度融合，共同推动课程体系的优化与发展。认知主义学习理论关注学习者的内部认知过程，认为学习是知识建构的过程。在跨学科课程体系中，学生应通过主动探索和实践，建构起跨学科的知识体系。例如，在“人工智能 + 财务管理”的课程中，学生不仅需要掌握财务管理的基本原理，还需了解人工智能技术如何应用于财务数据分析、风险预测等领域，从而构建起跨学科的知识框架。建构主义学习理论则强调学习者在学习过程中的主体地位和情境的重要性。在跨学科课程体系中，应通过创设丰富的学习情境和项目式学习任务，让学生在实践中学习、在合作中成长。例如，在“人工智能 + 智慧城市”的课程中，学生可以通过参与智慧交通、智慧安防等项目的设计与实施，将所学知识应用于解决实际问题中，从而深化对知识的理解和应用。联通主义学习理论适应信息时代的发展需求，强调知识网络的构建与信息的高效流通。在跨学科课程体系中，应充分利用人工智能技术的关联分析能力，将不同学科知识、课程资源进行有机整合，构建知识图谱，使学生能够从整体上把握知识体系，提升知识迁移与创新能力。

三、跨学科课程体系的设计原则

在设计“人工智能＋专业群”的跨学科课程体系时，需遵循融合性、实践性、动态性、个性化等几个原则，以确保课程体系的科学性、实用性与前瞻性。

1. 融合性原则

遵循融合性原则的课程体系需要打破学科界限，实现人工智能技术与相关专业知识的有机融合。例如，在电子商务专业中，可以融入自然语言处理、智能推荐系统等人工智能技术，使学生掌握如何利用人工智能优化商品推荐、提升客户服务等业务流程。

2. 实践性原则

这个原则强调理论与实践相结合，通过项目式学习、案例教学等方式，让学生在解决实际问题的过程中掌握知识与技能。学校通过与企业合作，共同开发基于人工智能的智能仓储管理系统项目，让学生在参与过程中熟悉人工智能技术在物流管理中的应用。

3. 动态性原则

由于人工智能技术的不断演进和产业界需求的持续变化，职业院校课程体系必须具备灵活调整和更新的能力，学校应当采取积极措施，定期邀请来自不同行业的专家以及企业技术专家参与到课程的评审和修订过程中，他们的专业知识和实践经验，可以确保课程内容不仅紧跟当前的行业发展趋势，而且能够预见并适应未来的变化，为学生提供最前沿、最实用的知识和技能。

4. 个性化原则

借助于人工智能技术，学校能够实现教学资源的个性化推荐以及学习路径的定制化服务，从而满足不同学生群体在学习过程中的多样化需求，并且帮助他们更好地规划和实现各自的职业发展目标。通过运用学习分析技术，系统能够实时监控和跟踪每位学生的学习进度和知识掌握情况，进而为其量身定制和推送最适宜的学习资源以及提供精准的辅导支持。

四、跨学科课程体系设计的实践路径

"人工智能 + 专业群"的跨学科课程体系设计，需围绕课程目标设定、课程内容整合、教学模式创新及评价体系构建等关键环节展开。

1. 课程目标设定

课程目标的设定是跨学科课程体系设计的首要任务。在"人工智能 + 专业群"的课程体系中，课程目标应体现跨学科、综合性的特点，既要涵盖各专业领域的基础知识和技能，又要突出人工智能技术的应用与创新能力培养。例如，在"人工智能 + 电子商务"的课程中，课程目标不仅应包括电子商务的基本业务流程、市场营销策略等内容，还应涉及人工智能技术在商品推荐、用户行为分析等方面的应用。

课程目标的设定还需充分考虑行业发展的最新趋势和未来需求。通过调研行业企业、分析岗位能力需求，确保课程目标能够紧密对接产业实际，培养出适应未来职场变化的高素质人才。例如，随着直播带货、社交电商等新兴业态的兴起，以及跨境电商的蓬勃发展，电子商务课程应及时调整目标，加强学生在这些领域的知识和技能培养。

2. 课程内容整合

课程内容的整合是跨学科课程体系设计的核心环节。在"人工智能 + 专业群"的课程体系中，课程内容应打破传统学科的界限，实现知识的交叉融合。

（1）基础知识融合。将人工智能的基础理论与各专业领域的基础知识相结合，形成跨学科的基础知识体系。例如，在“人工智能＋机械制造”的课程中，可以将机器学习、深度学习等人工智能基础理论与机械制造工艺、材料科学等基础知识相融合，使学生具备跨学科的基础知识框架。

（2）技术应用融合。将人工智能技术与各专业领域的技术应用相结合，形成跨学科的技术应用体系。例如，在“人工智能＋金融科技”的课程中，可以将大数据分析、自然语言处理等人工智能技术与金融风险管理、智能投顾等金融领域的技术应用相结合，使学生掌握跨学科的技术应用能力。

（3）案例项目融合。通过跨学科的案例项目和实战演练，将理论知识与技术应用相结合，提升学生的综合实践能力。例如，在“人工智能＋智慧城市”的课程中，可以设计智慧交通、智慧安防等跨学科的项目任务，让学生在完成项目的过程中综合运用所学知识和技术解决实际问题。

在整合课程内容的过程中，还需随时进行课程内容的更新与优化。随着人工智能技术的不断发展和产业需求的不断变化，学校需要通过学生反馈、企业评价等多渠道收集信息，对课程内容进行持续优化和完善，确保与行业发展保持同步。

3. 教学模式创新

跨学科课程体系的设计需要创新的教学模式来支撑。在“人工智能＋专业群”的课程体系中，需要大幅缩减传统的课堂讲授式教学，增加一些较为新颖的教学模式。

（1）混合式教学模式。将线上学习与线下实训相结合，充分发挥两者的优势。线上学习可以提供丰富的学习资源和灵活的学习时间；线下实训则可以提供真实的操作环境和即时的反馈指导。例如，在“人工智能＋物流管理”的课程中，学生可以通过线上平台学习物流管理的理论知识和人工智能技术的应用案例；线下则可以在智能仓储模拟系统中进行实操训练，提升实际操作能力。

（2）项目式学习模式。以实际项目为载体，让学生在完成项目的过程中学习知识和技能。项目式学习可以增强学生的实践能力和团队协作能力，提升解决复杂问题的能力。例如，在“人工智能＋医疗健康”的课程中，可以让学生分组完成一个医疗辅助诊断系统的开发项目，从需求分析、系统设计、代码实现到测试评估等全过程参与，从而深入理解和掌握相关知识和技术。

（3）翻转课堂模式。将传统课堂上的讲授环节移到课外，课堂时间则用于讨论、协作和解决问题，以增强学生的自主学习能力和批判性思维能力。例如，在“人工智能＋教育技术”的课程中，教师可以提前将人工智能技术在教育领域的应用案例和教学视频发布到线上平台，学生在课外自主学习并提出问题，课堂上则组织学生进行小组讨论和案例分析，教师给予指导和反馈。

在创新教学模式的过程中，还需充分利用人工智能技术的优势，如自然语言处理、智能推荐、个性化学习、实时反馈等，为学生提供更加精准和高效的学习支持。通过智能学习系统分析学生的学习行为数据，为学生推荐个性化的学习资源和路径；通过虚拟现实技术构建沉浸式的学习场景，提升学生的学习兴趣和体验。

4. 评价体系构建

跨学科课程体系的评价指标构建是确保教学质量和学习效果的关键环节。在“人工智能＋专业群”的课程体系中，评价指标与体系应体现多元化、过程化和智能化的特点。

（1）多元化评价。评价体系应涵盖知识掌握、技能应用、创新能力、团队协作等多个维度，全面评估学生的学习成果。例如，在“人工智能＋文化创意”的课程中，除了考核学生的理论知识掌握情况外，还应评价其在创意设计、作品制作等方面的表现。

（2）过程化评价。评价体系应关注学生的学习过程和学习态度，通过平时作业、课堂表现、项目进展等多个环节进行持续评价。例如，在“人工智能＋环境科学”的课程中，可以通过学生参与的环保项目策划、数据收集、分析报告等过程性任务来评价其学习情况和能力发展。

（3）智能化评价。利用人工智能技术实现评价过程的智能化和自动化。例如，通过智能批改系统对学生的作业和考试进行自动批改和反馈；通过学习分析技术对学生的学习行为数据进行深度挖掘和分析，为教师提供精准的教学反馈和决策支持；通过自然语言处理技术，理解学生的开放式回答，提供更加全面和细致的评价。系统还要具有不断学习和适应的功能，随着数据的积累，评价的准确性和效率也会不断提升，为教育质量的提升提供有力的技术支撑。

在构建评价体系的过程中，学校要注重评价结果的反馈与应用，及时向学生和教师反馈评价结果，帮助他们了解学习情况和教学效果，及时调整学习策略和教学方法；学校还要将评价结果纳入课程改进和教学资源优化的决策依据中，推动跨学科课程体系的持续优化和发展。

五、跨学科课程体系设计的实施难点与策略

尽管“人工智能+专业群”的跨学科课程体系设计具有很多优势和发展潜力，但在实际实施过程中仍面临许多难题。针对这些问题，需要采取相应的应对策略来确保课程体系的顺利推进和有效实施。

1. 师资力量不足

跨学科课程体系的设计和实施需要教师具备跨学科的知识背景和教学能力，但大多数职业院校的教师仍局限于单一学科领域，缺乏跨学科的教学经验和能力。针对这一问题，可以通过以下策略来改进。

（1）加强教师培训。定期组织教师参加跨学科的教学培训和学术交流活动，提升教师的跨学科素养和教学能力。学校定期邀请行业专家、学者来校讲座或开展项目实践，分享跨学科教学的经验和案例。

（2）引进优秀人才。积极引进具有跨学科背景的高水平人才，补充师资队伍，通过校企合作、产学研合作等方式，聘请企业工程师、科研人员作为兼职教师或客座教授，参与课程设计和教学实施。

（3）组建跨学科教学团队。鼓励不同学科领域的教师组成教学团队，共同开展课程设计和教学活动，通过团队协作和资源共享，提升跨学科课程的教学质量和效果。

2. 教学资源匮乏

跨学科课程体系的设计需要大量的教学资源支撑，包括教材、案例、实训平台等，当前许多职业院校在跨学科教学资源方面恰恰十分匮乏。

（1）加强资源建设。投入资金和资源，加强跨学科教学资源的开发和建设。学校可以与企业合作共同开发教材、案例和实训平台等教学资源；学校还应鼓励教师自行开发或改编教学资源，满足跨学科教学的需求。

（2）共享优质资源。通过校际合作、区域联盟、行业产教融合共同体等方式共享优质的教学资源，校际建立跨学科教学资源库或平台，实现资源的共享和互通，组织校际的教学观摩和交流活动，促进教学资源的流动和优化。

（3）利用开源资源。充分利用互联网上的开源资源和社区资源，丰富跨学科教学内容。例如，信息技术相关专业就可以引入开源的软件工具、数据集和案例库等资源，为学生提供更多的学习材料和实践机会。

3. 学生缺乏适应性

跨学科课程体系的设计对学生的综合素质和学习能力提出了更高的要求。但部分学生由于基础薄弱、未养成良好学习习惯等原因，难以适应跨学科课程的学习。

（1）加强学习引导。在课程开始前，对学生进行跨学科学习的方法和策略培训，帮助他们掌握跨学科学习的技巧和方法。例如，可以开设学习指导课程或工作坊，教授学生如何整合不同学科的知识、如何开展项目式学习等。

（2）提供个性化支持。利用人工智能技术为学生提供个性化的学习支持和服务。可以通过智能学习系统分析学生的学习行为数据，为他们推荐个性化的学习资源和路径；也可以通过在线辅导、虚拟助教等方式，为学生提供即时的学习帮助和反馈。

（3）增强实践环节。通过增加实践环节和项目任务，让学生在实践中学习和成长，帮助学生将理论知识应用于实际问题中，提升他们的实践能力和创新能力。实践环节可以增强学生的团队协作和沟通能力，为未来的职业发展打下坚实的基础。

六、跨学科课程体系的发展趋势

随着人工智能技术的不断发展和职业教育改革的深入推进，“人工智能 + 专业群”的跨学科课程体系设计将迎来更加广阔的发展前景。未来，跨学科课程体系将更加注重深度融合与创新、国际化与本土化、智能化与人性化等几个方面的发展。

1. 深度融合与创新

未来跨学科课程体系的设计将更加注重不同学科之间的深度融合与创新，通过引入新兴技术和前沿理念，推动课程内容的持续更新和优化，培养出更具创新精神和实践能力的高素质人才。例如，结合元宇宙、区块链等前沿技术，探索人工智能在虚拟经济、数字资产管理等领域的应用，为学生提供更加前沿和实用的学习内容。

2. 国际化与本土化并重

随着全球化的不断推进和国际交流的日益频繁，跨学科课程体系的设计将更加注重国际化与本土化的并重。一方面，要借鉴国际先进的教育理念和教学方法，引入国际优质的教学资源，提升学生的国际视野和跨文化交流能力；另一方面，要结合本土产业需求和文化特色，开发具有地方特色的教学内容和案例，增强课程的针对性和实用性。

3. 智能化与人性化相结合

未来跨学科课程体系的设计将更加注重智能化与人性化相结合。通过充分利用人工智能技术的优势，实现教学过程的智能化和个性化，提升教学效果和学习体验；关注学生的学习需求和情感体验，为他们提供更加人性化和关怀性的学习支持和服务。例如，可以通过智能学习伴侣、情感计算等技术，为学生提供更加贴心和个性化的学习陪伴和支持。

“人工智能 + 专业群”的跨学科课程体系设计是职业教育改革的重要

方向之一，通过构建跨学科的知识体系、创新教学模式、完善评价体系以及应对实施难题等策略，跨学科课程体系的构建将不断迈向新的高度，为职业教育的发展注入新的活力和动力。

第二节　人工智能赋能“新文科”建设实践

人工智能在职业教育领域的广泛应用已经为“新文科”建设带来了前所未有的重大发展机遇，为文科教育提供了新的教学工具和方法，使得教育内容更加丰富，教学方式更加多样化；人工智能技术的应用也促进了跨学科的交流与合作，为文科学生提供了更多接触和学习科技知识的机会，有助于他们成为适应未来社会发展需求的复合型人才。

一、“新文科”建设的背景与意义

在全球化、信息化和知识经济时代背景下，传统文科教育面临着诸多挑战。一方面，社会经济的快速发展对文科人才提出了更高要求，不仅需要他们具备扎实的专业知识，还需具备跨学科思维、创新能力和国际视野；另一方面，文科教育的内容和方法相对滞后，难以满足时代发展的需求。因此，推动“新文科”建设，培养适应新时代需求的文科人才。成为当前文科教育改革的重要任务。

“新文科”建设强调文科教育的创新性、交叉性和应用性，通过学科交叉融合、教学方法创新等方式，培养出具备综合素质和创新能力的文科人才。人工智能技术为“新文科”建设提供了强大的技术支持和新的发展路径，通过融合人工智能技术与文科领域的知识，可以推动文科教育的数字化转型和智能化升级，提升文科人才的培养质量和社会适应能力。

二、人工智能赋能“新文科”建设的理论基础

人工智能赋能“新文科”建设并非简单的技术叠加，而是基于深厚的

理论基础，包括认知科学、人文计算、数据科学以及学习科学等。

1. 认知科学

认知科学关注人的认知过程和心智机制，为人工智能赋能“新文科”建设提供了重要的理论支撑。通过借鉴认知科学的研究成果，可以设计更加符合人类认知规律的人工智能教学系统，提升文科学习的效果和体验。例如，在语言学习中，可以利用自然语言处理技术构建智能化的语言学习平台，通过模拟真实对话场景、提供个性化学习建议等方式，帮助学生更好地掌握语言技能。

2. 人文计算

人文计算是人工智能与人文学科交叉融合的新兴领域，通过计算方法和技术手段研究人文现象和问题。在“新文科”建设中，人文计算可以发挥重要作用，通过数据挖掘、文本分析等技术手段，揭示人文现象背后的规律和趋势，为文科研究提供新的视角和方法。例如，在历史学研究中，可以利用大数据分析技术挖掘历史文献中的信息，还原历史事件的真相和背景，为历史研究提供更加丰富和准确的数据支持。

3. 数据科学

数据科学是人工智能技术的核心领域之一，涉及数据收集、处理、分析和可视化等多个方面。在“新文科”建设中，数据科学可以发挥重要作用，通过收集和分析学生的学习数据、行为数据等，为教学改进和个性化学习提供支持。例如，在外语教学中，可以利用学习分析技术分析学生的阅读行为、写作习惯等数据，为教师提供精准的教学反馈和学生评价，从而优化教学内容和方法。

4. 学习科学

学习科学关注学习的本质和过程，为人工智能赋能“新文科”建设提供了重要的理论指导。通过借鉴学习科学的研究成果，可以设计更加科学、有效的教学方法和学习策略，提升文科学习的效果和质量。例如，在金融证券教学中，可以利用虚拟现实技术构建模拟股票交易所，让学生在虚拟环境中进行角色扮演和交易模拟，从而更好地理解股票证券交易的逻辑与原理。

三、人工智能赋能“新文科”建设的实践路径

为了实现人工智能在“新文科”建设中的有效应用，需要深入聚焦创新教学内容、改革教学方法、优化学习环境以及构建评价体系等关键环节，促进文科教育的数字化转型和智能化升级，从而提升教育质量和效率。教学内容的创新需要结合人工智能技术，开发出更多互动性强、个性化学习路径的课程，以适应不同学生的学习需求；教学方法的改革要求教师利用人工智能工具，如智能辅导系统和数据分析，来提高教学的针对性和有效性；学习环境的优化涉及利用人工智能技术打造更加智能化、便捷化的学习平台，为学生提供更加丰富和灵活的学习资源；评价体系的构建需要引入人工智能的评估工具，实现对学生学习过程和成果的实时跟踪和精准评估，从而为教育决策提供科学依据。

1. 创新教学内容

在人工智能赋能下，“新文科”的教学内容应更加注重跨学科融合和创新性。一方面，可以引入人工智能领域的最新成果和案例，丰富文科教学内容，使学生了解人工智能技术在文科领域的应用场景和前景。例如，在新闻传播学教学中，可以引入智能媒体、数据新闻等前沿内容，让学生了解媒体行业的最新发展趋势和技术变革。另一方面，可以利用人工智能技术对传统文科内容进行深度挖掘和重新诠释。例如，在文学研究中，可以利用文本挖掘技术分析古代文学作品的主题、情感、风格等特征，为文学研究提供新的视角和方法。在历史学教学中，可以利用数据可视化技术呈现历史事件的时间线、人物关系等信息，帮助学生更好地理解和记忆历史知识。

2. 改革教学方法

人工智能技术的引入为文科教学方法的改革提供了新的思路和手段。

一是可以利用智能化教学平台和教学工具，实现文科教学的个性化和自适应。例如，在语言学习中，可以利用智能语音识别技术对学生的发音进行实时评估和反馈，帮助学生纠正发音错误；在法律专业课程中，可以利用智能法律检索系统为学生提供快速、准确的法律条文查询服务，提高学习效率。二是可以借助虚拟现实、增强现实等先进技术，创设沉浸式的学习环境，提升文科学习的体验和效果。例如，在历史学教学中，可以利用虚拟现实技术构建古代历史场景，让学生身临其境地感受历史氛围和文化背景；在文学教学中，可以利用增强现实技术将文学作品中的场景以三维立体的形式呈现出来，帮助学生更好地理解和感受文学作品的情感和意境。

3. 优化学习环境

人工智能技术的引入还可以优化文科学习的环境，为学生提供更加便捷、高效的学习支持。一方面，可以利用智能学习系统对学生的学习行为和学习数据进行实时监测和分析，为学生提供个性化的学习建议和资源推荐。例如，在新闻传播学学习中，智能学习系统可以根据学生的学习进度和兴趣偏好，为其推荐相关的新闻案例、媒体评论等资源，帮助学生拓宽视野和深化理解。另一方面，可以利用人工智能技术构建智能化的学习社区和交流平台，促进学生之间的互动和协作。例如，在法律课程学习中，可以建立在线法律论坛或社群，让学生就法律问题进行讨论和交流；在语言学习中，可以利用语音识别和自然语言处理技术构建智能化的语言交流平台，让学生在模拟真实对话场景中进行语言实践和交流。

4. 建立评价体系

在人工智能赋能下，“新文科”的评价体系也应进行相应的改革和创新。职业院校可以利用学习分析技术对学生的学习数据和行为数据进行分析和挖掘，为教学评价提供客观、准确的数据支持。例如，在英文写作评价中，可以利用文本分析技术对学生的作文进行自动评分和反馈，提供针对性地改进建议；在管理学考试中，可以利用数据分析技术对学生的答题情况进行统计和分析，发现学生的学习弱点和难点，为教学改进提供依据。学校通过构建多元化的评价体系，综合考虑学生的知识掌握情况、实践能力、创新思维等多个方面。例如，在新闻传播学评价中，除了考查学生的理论知识掌握情况外，还可以评价学生的新闻采写能力、媒体运营能力等方面；在财务管理课程评价中，除了考查学生的财务知识掌握情况外，还可以评价学生的会计实务操作能力、财务思维能力等方面。通过多元化的评价体系，可以更加全面、客观地评价学生的学习成果和综合素质。

四、人工智能赋能“新文科”建设的痛点与解决策略

尽管人工智能技术的引入为“新文科”建设带来了许多便利，提升了发展潜力，但在实际建设过程中仍存在许多痛点。面对这些问题，需要采取行之有效的应对策略来确保“新文科”建设的顺利推进和有效实施。

1. 技术融合难度

人工智能技术与文科领域的融合并非易事，需要克服技术壁垒和学科差异。一方面，人工智能技术需要不断适应文科领域的特点和需求，进行针对性地优化和改进；另一方面，文科教师也需要不断提升自己的技术素养和应用能力，以便更好地将人工智能技术融入教学中。学校需要鼓励教师加强跨学科合作和交流，组织文科教师和人工智能技术专家进行定期的研讨和交流活动，共同探讨人工智能技术在文科领域的应用场景和解决方案；鼓励文科教师参与相关技术培训和实践项目，提升自己的技术应用能力。

2. 数据安全与隐私保护

在人工智能赋能“新文科”建设的过程中，会涉及大量学生的学习数据和个人信息，确保这些数据的安全性和隐私性成为一个重要问题。数据泄露或被滥用，不仅会对学生的个人隐私造成侵害，还会对学校的声誉和教学质量造成严重影响。因此，学校需要建立健全的数据安全管理制度和技术防护体系，加强数据加密和访问控制等技术措施的应用，确保数据在传输和存储过程中的安全性；同时，学校相关部门要加强对数据使用行为的监管和审计，确保数据的使用符合相关法律法规和伦理规范。

3. 人文关怀与技术理性的平衡

在人工智能赋能“新文科”建设的过程中，需要注意人文关怀与技术理性的平衡。学校在充分利用人工智能技术的优势提升教学效果和学习体验的同时，也要关注学生的学习需求和情感体验，避免过度依赖技术而忽视人文关怀。职业院校应该不断优化教学设计，注重培养学生的批判性思维和创新能力，鼓励学生主动探索和学习；同时，职业院校还要优化学习环境，好的学习环境可以营造出温馨、和谐的学习氛围，为学生提供心理支持和关怀。学校通过开展相关的人文素养教育活动和心理辅导服务等方式能够进一步增强学生的人文素养和心理健康水平。

五、人工智能赋能新文科建设的发展趋势

随着人工智能技术的不断进步和持续创新，以及文科教育改革的深入实施和全面推进，人工智能在“新文科”建设中的应用和赋能作用将日益凸显，为“新文科”的发展带来更加广阔和深远的前景。人工智能技术的融入，不仅能够提升文科教育的质量和效率，还能够促进文科知识的创新与传播，推动文科与理工科的交叉融合，打破传统学科界限，形成新的知识体系和研究方法，为培养具有创新精神和实践能力的文科人才提供强有力的支持。

未来“新文科”建设将更加注重人工智能技术与文科领域的深度融合和跨界创新。通过引入新兴技术和前沿理念推动文科教育的持续创新和发展，培养出既具备人文素养又具备科技视野和创新能力的复合型人才。例如，可以结合人工智能与文学、历史、哲学等领域的知识探索人工智能在文化传承、知识创新等方面的应用，为学生提供更加前沿和实用的学习内容。

“新文科”建设将更加注重智能化与人性化的相结合。通过充分利用人工智能技术的优势实现教学过程的智能化和个性化，提升教学效果和学习体验。关注学生的学习需求和情感体验，为他们提供更加人性化和关怀性的学习支持和服务。例如，可以利用智能学习系统为学生提供个性化的

学习资源和路径推荐，同时也可以通过开展心理辅导、职业规划等服务为学生提供更加全面和贴心的关怀和支持。

人工智能赋能将是“新文科”未来发展的必由之路，通过融合人工智能技术与文科领域的知识、创新教学方法、优化学习环境以及构建多元化评价体系等策略可以培养出适应新时代需求的“新文科”人才。

第三节　基于人工智能的微专业建设与创新

人工智能技术的快速发展及其在各行业的广泛应用，使职业教育领域迎来了新的变革机遇。微专业作为一种新兴的教育模式，以其灵活性、针对性强等特点，逐渐成为职业教育跨学科人才培养的重要途径。本节将重点探讨基于人工智能的微专业建设与创新，旨在通过融合人工智能技术，打造具有前瞻性和实用性的微专业课程，为职业教育跨学科人才培养提供新的思路和实践路径。

一、微专业建设的背景与意义

微专业是指针对特定领域或技能需求而设计的一组精炼、聚焦的课程集合，通常包含数门核心课程及相关实践项目。与传统专业相比，微专业具有课程内容精炼、学习周期短、灵活性强等优势，能够更快速地响应市场和技术变化，满足学习者对特定技能或知识领域的学习需求。

在人工智能时代背景下，微专业建设显得尤为重要。一方面，人工智能技术的快速发展催生了大量新兴职业和岗位，如数据分析师、机器学习工程师等，这些岗位对人才的知识结构和技能要求与传统职业存在显著差异。微专业能够迅速聚焦这些新兴领域，为学习者提供精准、高效的学习路径。另一方面，随着终身学习理念的普及，越来越多的职场人士希望通过短期学习提升自我。微专业以其灵活的学习方式和实用的课程内容，成为他们提升技能、转型发展的首选。

二、基于人工智能的微专业设计原则

在构建基于人工智能的微专业时，应遵循聚焦性、融合性、实用性、前沿性、灵活性等设计原则，确保微专业的质量和学习效果。

聚焦性是指微专业应聚焦于人工智能领域的某个具体技能或应用场景，如自然语言处理、计算机视觉等，确保课程内容精炼、针对性强；融合性是指人工智能与计算机科学、数学、统计学、信息与通信工程、心理学、哲学等多学科的紧密关联，课程体系应打破学科壁垒，融合多学科的理论与方法，培养学生的跨学科思维能力和综合应用能力，以适应复杂多变的人工智能应用场景；实用性是指课程内容应紧密结合行业实际需求，通过案例分析、项目实践等方式，提升学习者的实践能力和问题解决能力；前沿性是指微专业应紧跟人工智能技术的发展趋势，及时引入最新研究成果和技术应用案例，确保学习者能够掌握最前沿的知识和技能；灵活性是指微专业的学习方式和时间安排应灵活多样，支持在线学习、自主学习等模式，满足不同学习者的需求。

三、基于人工智能的微专业课程体系

在遵循上述设计原则的基础上，构建一个全面的微专业课程体系，这个体系将全面覆盖基础理论、核心技术、实践应用以及伦理与法律等多个模块，能够为学习者提供一个系统而深入的学习路径，帮助他们从各个角度全面掌握人工智能领域的知识和技能。

1. 基础理论模块

这个模块深入探讨人工智能领域的核心概念、历史演变以及主要的学术流派和研究方向。学生将通过学习获得对人工智能领域的全面而深入的理解，为他们后续的深入学习和研究打下坚实而全面的理论基础。教师通过一系列精心设计的课程内容，帮助学生建立起对人工智能领域的初步认识，使他们能够掌握人工智能的基本原理和方法，并能够将这些知识应用于实际问题的解决中。

2. 核心技术模块

此部分聚焦人工智能领域的关键技术应用，涉及机器学习、深度学习、自然语言处理等重要技术。课程设计将采用理论讲解、案例分析以及编程实践等多种教学方法，目的是让学生深入学习并精通这些核心算法和技术工具。通过提供多元的实践机会，让学生通过实际操作来加深理解，为他们将来在人工智能领域的专业工作奠定坚实的技术基础。

3. 实践应用模块

考虑到不同行业的实际需求，本模块将设计一系列与人工智能相关的、面向核心专业的实践项目和案例分析。例如，学生将有机会参与到智能客服系统开发、图像识别应用等实际项目中，通过这些实践操作，学习者不仅能够巩固所学知识，还能有效提升解决实际问题的技能；通过模拟真实工作环境，让学生在实践中学习，在学习中实践，从而更好地适应未来的工作挑战。

4. 伦理与法律模块

随着人工智能技术的快速发展和广泛应用，伦理和法律问题也日益凸显，该模块将深入探讨人工智能技术在应用过程中可能引发的伦理和法律问题，如隐私保护、算法偏见等。学生通过学习这些知识，可以培养起对这些问题的敏感性和责任感，树立正确的道德观念；同时，教师要引导学生思考如何在技术应用中做出符合伦理和法律要求的决策，为他们在未来的职业生涯中做出符合伦理和法律要求的决策打下坚实的基础。

四、基于人工智能的微专业教学模式实践

在教学模式上，基于人工智能的微专业可以借鉴翻转课堂、混合式学习等先进教学理念，结合人工智能技术，实现教学过程的个性化和智能化。例如：

1. 个性化学习路径

通过智能教学平台的强大分析能力，深入挖掘和理解每个学生的学习数据，平台能够为每位学生量身定制最适合他们的学习资源和路径建议。这种个性化学习能够确保每位学生都能够根据自己的学习节奏和兴趣爱好，进行高效且主动的学习体验。通过这种方式，学习变得更加灵活和个性化，每个学生都能在自己的最佳状态下吸收知识，从而达到最佳的学习效果。

2. 智能化辅导与反馈

借助先进的自然语言处理技术，系统能够自动批改作业并提供精准的反馈。通过智能语音识别技术的运用，课堂互动变得更加生动有趣，这不仅有助于提升教学的效率，而且显著提高了教学的品质。根据学生的学习表现和进步情况，系统能够智能地推荐合适的学习材料或提供个性化的辅导，以促进学生对知识的深入理解和掌握，进而激发学生的学习兴趣和潜能。

3. 虚拟实践环境

通过运用虚拟现实、增强现实以及其他先进的技术手段，可以构建出高度逼真的业务场景或实验环境，这些环境允许学生在模拟现实的环境中进行各种实践操作和决策演练，学生不仅能够提升他们的实践能力，还能够增强在面对各种复杂情况时的应变能力。虚拟实践环境还能够提供一个安全的平台，让学生在没有实际风险的情况下尝试不同的解决方案，从而加深对业务流程和操作技巧的理解。

五、基于人工智能的微专业建设的难点

基于人工智能的微专业建设具有很多优势和发展潜力，在实际实施过程中仍面临许多问题，需要学校采取相应的解决途径来保证微专业建设的顺利推进和有效实施。

1. 课程资源开发难度大

人工智能领域的技术发展带来了巨大的挑战，尤其是在微专业课程资

源的开发方面，保持课程内容的时效性和前瞻性是一项重要难题。学校必须与行业和企业建立并保持紧密的合作关系，以便能够及时引入最新的技术成果和应用案例；同时，学校应鼓励教师团队持续学习和不断更新知识，确保课程内容能够与行业发展保持同步，满足学生的学习需求。课程资源的开发不仅需要教师具备深厚的专业知识，还需要他们紧跟技术发展的步伐，这无疑增加了教师的工作难度。课程内容的更新换代速度要求学校在资源投入上也要做出相应的调整，以保证教学质量和课程的吸引力。开发高质量的课程资源需要学校、教师和行业之间形成一个良性互动的生态系统，共同推动教育内容的创新和进步。

2. 学习者背景多样

微专业的学习者群体呈现出多样化的特征，他们来自不同的行业领域，拥有各自不同的背景，在学习需求和基础知识水平上存在显著的差异。为了满足这样多元化的学习需求，教师需要采取灵活多样的教学策略。分层教学可以根据学习者的不同基础水平，提供不同层次的教学内容，确保每个学习者都能在适合自己的水平上得到提升；个性化学习路径的设计允许学习者根据自己的兴趣和目标，选择合适的学习内容和进度，从而提高学习效率和动力；建设学习社区能够为学习者提供一个交流和互助的平台，使他们能够分享经验、解决问题，并从彼此的互动中获得新的启发和动力。

3. 技术实现成本高

为微专业构建智能化的教学平台和实践环境需要较高的技术投入，这包括了硬件设施的购置、软件系统的开发以及持续的技术维护和更新。为了解决成本问题，可以采取多种策略。一是可以寻求政府、企业以及其他社会机构的支持，通过多方合作共同投入资源来建设所需的平台和环境；二是积极探索使用开源技术，利用社区的力量来降低开发成本；三是寻找低成本的解决方案，如利用云计算服务来减少硬件投资，或者采用现成的软件平台来缩短开发周期。通过这些方法，可以在保证教学质量的同时，有效降低技术实现的成本。

六、基于人工智能的微专业发展趋势

随着人工智能技术的不断进步和职业教育的持续发展，基于人工智能的微专业建设将迎来更加广阔的发展前景。微专业将更加注重跨领域融合与创新，通过与心理学、社会学等人文社科领域的结合，探索人工智能技术在社会、文化等方面的应用和影响。微专业将会呈现国际化合作与交流趋势，学校微专业将加强与国际知名高校、企业的合作与交流，引入国际先进的教育理念和教学资源，提升微专业的国际竞争力和影响力；同时，微专业将成为终身学习体系的重要组成部分，为职场人士提供持续学习、自我提升的途径，通过构建微专业与学习成果认证、“学分银行”等制度的衔接机制，促进学习成果的积累与转换，为学习者的职业发展奠定坚实基础。

基于人工智能的微专业建设与创新是职业教育跨学科人才培养的重要方向，通过聚焦特定领域、构建精炼的课程体系、创新教学模式等策略，可以打造出具有前瞻性和实用性的微专业课程，为学习者提供精准、高效的学习路径。

第四节 “人工智能+财经类专业”跨学科人才培养模式研究

人工智能技术在财经领域的应用日益广泛，为财经类专业的人才培养带来了新的变革。本节将深入探讨“人工智能+财经类专业”跨学科人才培养模式的构建与实践，通过融合人工智能技术与财经领域的知识，培养出既精通财经业务又掌握人工智能技术的复合型人才，以应对未来财经行业智能化转型的需求。

一、财经类专业人才培养的现状与需求

当前，财经类专业人才培养面临着诸多挑战。一方面，随着金融科技

的快速崛起，传统财经业务正经历着深刻的变革，对人才的需求也发生了显著变化。金融机构和企业越来越倾向于招聘那些既懂财经业务又掌握新兴技术的复合型人才，以应对日益复杂的市场环境和业务挑战。另一方面，财经类专业教育在内容和方法上相对滞后，难以满足行业发展的需求，学校课程设置偏重理论教学，缺乏与实践的结合，导致学生毕业后难以迅速适应工作岗位的要求。

构建“人工智能＋财经类专业”跨学科人才培养新模式，成为当前财经类专业教育改革的重要目标。通过融合人工智能技术与财经领域的知识，可以培养出具备跨学科思维、创新能力和实践能力的复合型人才，为财经行业的智能化转型提供坚实的人才支撑。

二、“人工智能＋财经类专业”跨学科人才培养的理论基础

“人工智能＋财经类专业”跨学科人才培养模式的构建，需基于深厚的理论基础，包括金融学理论、经济学原理、数据科学、机器学习以及人工智能伦理等。

金融学理论和经济学原理是财经类专业的基础，为人才培养提供了坚实的学科支撑。通过深入学习这些理论知识，学生可以掌握财经业务的基本规律和运作机制，为后续的跨学科融合打下坚实基础。数据科学是人工智能技术的核心领域之一，涉及数据收集、处理、分析和可视化等多个方面。数据科学在财经类专业中的应用非常广泛，如金融风险评估、市场趋势预测、投资策略制定等，通过融合数据科学与财经知识，可以培养出具备数据挖掘、分析和决策能力的复合型人才。机器学习是人工智能技术的关键组成部分，通过让计算机从数据中学习并改进其性能，实现智能化决策，可应用于信用评估、欺诈检测、智能投顾等多个场景。通过掌握机器学习技术，财经类专业的学生可以更好地理解和应用人工智能技术，提升业务处理的效率和准确性。人工智能伦理关注人工智能技术在应用过程中可能引发的道德和社会问题，人工智能技术广泛应用在财经领域，带来了如隐私保护、算法偏见、责任归属等伦理问题。通过加强人工智能伦理的

教育，可以培养学生的责任感和道德观念，确保他们在应用人工智能技术时能够遵循伦理规范，维护社会公共利益。

三、“人工智能+财经类专业”跨学科人才培养的实践路径

“人工智能+财经类专业”跨学科人才培养需围绕课程体系构建、教学方法创新、实践平台建设及评价体系完善等关键环节展开，以推动财经类专业教育的改革与创新。

1. 课程体系构建

在课程体系构建上，应注重跨学科课程的设置与整合。一方面，可以在财经类专业课程中增加人工智能相关的基础课程，如机器学习、数据科学、人工智能伦理等，使学生掌握人工智能技术的基本原理和应用方法；另一方面，可以开设跨学科融合课程，如“人工智能与金融风险管理”“智能投顾与资产配置”等，将人工智能技术与财经领域的实际问题相结合，培养学生的跨学科思维和实践能力。学校还可以邀请行业专家、学者进校园开设讲座或工坊，分享人工智能技术在财经领域的最新应用案例和前沿动态，拓宽学生的视野和知识面。

2. 教学方法创新

在教学方法上积极探索如翻转课堂、项目式学习、混合式学习等以学生为中心的教学模式，通过引入人工智能技术，可以实现教学过程的个性化和自适应。例如，利用智能教学平台分析学生的学习数据，为每个学生提供定制化的学习资源和路径建议；通过虚拟现实技术创设逼真的财经业务场景，让学生在模拟环境中进行实践操作和决策演练，提升他们的实践能力和应变能力。教师利用人工智能技术辅助课堂教学，如利用智能语音识别技术进行课堂互动、利用自然语言处理技术进行作业批改和反馈等，提高教学效率和质量。

3. 实践平台建设

在实践平台建设上，应加强与企业、金融机构的合作，共同打造产学研用一体化的实践平台。在校园内建立金融科技实验室、智能投顾实训室等，为学生提供先进的实验设备和软件工具，让他们在实践中学习和掌握人工智能技术；在校外与企业合作建立校外实习基地，让学生深入企业一线，了解金融业务的实际运作流程和技术应用场景，增强他们的实践经验和职业素养。学校可以使用大数据技术构建财经大数据平台，整合行业数据、市场数据、企业数据等多源数据资源，为学生提供丰富的数据分析案例和实战项目，提升他们的数据分析和决策能力。

4. 评价体系完善

在评价体系上，应构建多元化的评价体系，综合考虑学生的知识掌握情况、实践能力、创新思维和职业道德等多个方面。除了传统的考试和作业评价外，还可以引入项目评价、团队评价、自我评价等多元评价方式。例如，在项目评价中，可以评价学生在团队项目中的贡献度、协作能力和创新成果；在团队评价中，可以评价学生的沟通技巧、团队协作精神和领导力等。教师利用学习分析技术对学生的学习过程和成果进行实时监测和评估，为教师提供精准的教学反馈和学生评价，从而优化教学内容和方法。通过完善评价体系，可以更加全面、客观地评价学生的学习成果和综合素质，充分体现教育公平的理念。

四、“人工智能 + 财经类专业”跨学科人才培养的挑战与策略

尽管“人工智能 + 财经类专业”跨学科人才培养具有许多优势和发展潜力，但在实际实施过程中仍面临许多挑战，需要采取相应的应对策略来保证人才培养模式的顺利推进和有效实施。

1. 师资力量不足

跨学科人才培养对教师的专业素养和教学能力提出了更高要求。但是，

当前财经类专业的教师队伍中，具备人工智能技术背景和跨学科教学经验的教师相对匮乏。这导致教师在教学过程中难以将人工智能技术与财经知识有效融合，影响教学效果。为了解决这类问题，学校需要通过加强师资培训和引进优秀人才来应对。一方面，学校组织教师参加人工智能技术、跨学科教学方法等方面的培训，提升他们的专业素养和教学能力；另一方面，可以积极引进具有人工智能技术背景和财经领域经验的优秀教师或行业专家，充实教师队伍，提升教学质量。

2. 教学资源匮乏

跨学科人才培养需要丰富的教学资源作为支撑，包括教材、案例、实验设备等。然而，当前财经类专业的教学资源在人工智能技术方面相对匮乏，难以满足跨学科教学的需求。学校需要通过加强教学资源建设和共享来解决这个问题。一是可以鼓励教师团队自主开发跨学科教材、案例和实验项目等教学资源，丰富教学内容；二是可以加强与其他高校、企业、研究机构的合作与交流，共享优质教学资源，实现资源互补和优势互鉴。

3. 学生接受度不一

跨学科人才培养对学生的综合素质和学习能力提出了更高要求，但由于学生的专业背景、兴趣爱好和学习习惯存在差异，导致他们对跨学科课程的接受度和学习效果不一，需要通过加强个性化教学和辅导来解决。主要方式有，通过利用人工智能技术实现教学过程的个性化和自适应，为每个学生提供定制化的学习资源和路径建议；通过加强课后辅导和答疑环节，针对学生的学习难点和困惑进行个性化指导和帮助，保证每位学生都能跟上教学进度并取得良好学习效果。

五、“人工智能 + 财经类专业”跨学科人才培养的未来发展

随着人工智能技术的不断进步和财经行业的持续发展，“人工智能 + 财经类专业”跨学科人才培养将迎来更加广阔的发展前景。

1. 深度融合与协同创新

未来，“人工智能 + 财经类专业”跨学科人才培养将更加注重人工智能技术与财经领域的深度融合和协同创新。通过引入新兴技术和前沿理念，推动财经类专业教育的持续创新和发展，培养出既精通财经业务又掌握人工智能技术的复合型人才。例如，可以结合人工智能与金融风险管理、智能投顾等领域的知识，探索人工智能技术在财经领域的新应用和新模式，为学生提供更加前沿和实用的学习内容。

2. 伦理教育与技术应用的平衡

在“人工智能 + 财经类专业”跨学科人才培养过程中，学校要注重伦理教育与技术应用的平衡。人工智能技术的广泛应用，使财经领域面临着许多伦理问题，如隐私保护、算法偏见等。因此，在培养过程中不仅要加强技术应用的教育和实践，还要注重伦理道德的教育和引导，培养学生的责任感和道德观念。通过加强伦理教育，确保学生在应用人工智能技术时能够遵循伦理规范，维护社会公共利益和行业健康发展。

“人工智能 + 财经类专业”跨学科人才培养是应对未来财经行业智能化转型需求的重要措施。通过构建跨学科课程体系、创新教学方法、打造实践平台和完善评价体系等策略，可以培养出既精通财经业务又掌握人工智能技术的复合型人才，为财经领域的发展注入新的活力和动力。

第五节　“人工智能 + 财经商贸类专业”课程体系构建

国内有上百所财经商贸类职业院校，它们以财经商贸类专业为建校基础，在以先进制造业为主要人才培养发展方向的今天，这些学校都面临着发展难题。人工智能的广泛应用为这些学校、这些专业的数字化转型带来了机遇。上节阐述了“人工智能 + 财经类专业”跨学科人才培养模式，本节将列举职业教育领域主要的财经商贸类专业与人工智能技术融合所构建的课程体系。

一、“人工智能 + 财务管理专业”课程体系

职业院校所开设的财务管理专业转型为“人工智能 + 财务管理专业”，其课程体系主要包括几类课程。

1. 通识基础课程

（1）思想政治理论课。如“思想道德与法治”“毛泽东思想和中国特色社会主义理论体系概论”等，培养学生良好的思想政治素质和职业道德。

（2）公共基础课。“高等数学”为学生学习专业知识提供必要的数学基础，如讲授微积分、线性代数等知识，可用于经济数据分析、财务模型构建等场景；“大学英语”提高学生的英语听说读写能力，使其能够阅读国外财务文献、使用国际财务软件等；“计算机应用基础”让学生掌握计算机的基本操作、办公软件的使用以及计算机网络的基础知识等。

2. 专业基础课程

（1）会计基础课程。“基础会计学”介绍会计的基本概念、原理和方法，包括会计核算的基本前提、会计科目与账户、复式记账等，使学生了解会计工作的基本流程和方法；“财务会计”系统讲解企业财务会计的基本理论和实务操作，如资产、负债、所有者权益、收入、费用、利润等会计要素的确认、计量和报告等。

（2）财务管理基础课程。“财务管理原理”讲述财务管理的基本理论、目标、原则等内容，使学生了解企业财务管理的基本框架和核心概念；“财务分析与评价”教授学生如何通过对企业财务报表等数据的分析，评估企业的财务状况和经营成果，为企业的决策提供依据等。

（3）人工智能基础课程。“人工智能导论”对人工智能的基本概念、发展历程、主要技术和发展趋势进行概述，使学生对人工智能有一个全面

的了解；“机器学习基础”介绍机器学习的基本原理、算法和应用，如监督学习、无监督学习、强化学习等，为学生后续学习人工智能在财务管理中的应用打下基础。

3. 专业核心课程

（1）智能财务课程。“智能化成本核算与管理”利用人工智能技术实现成本核算的自动化和精细化，提高成本管理的效率和效果；“智能财务共享实务”让学生了解财务共享服务中心的构建、运营和管理，掌握在共享模式下的财务业务流程和操作方法；“财务机器人应用与开发”使学生能够掌握财务机器人的选型、应用和开发，能够运用财务机器人实现财务流程的自动化处理，提高工作效率和准确性。

（2）财务管理课程。“企业财务管理”深入讲解企业的筹资管理、投资管理、营运资金管理、利润分配管理等内容，培养学生的财务决策能力和财务管理技能；“预算绩效管理”教授学生如何编制企业的全面预算，以及如何进行绩效评价和激励机制设计，提高企业的运营效率和经济效益；“内部控制与风险管理”使学生了解企业内部控制的基本原理和方法，掌握风险识别、评估和控制的技巧，能够为企业建立健全的内部控制体系和风险管理体系。

（3）数据分析课程。“财务大数据分析”教授学生如何运用数据分析工具和技术，对海量的财务数据进行收集、整理、分析和挖掘，提取有价值的信息，为企业的决策提供支持；“数据可视化技术”培养学生的数据可视化能力，能够将复杂的财务数据以直观易懂的图表、图形等形式展示出来，便于管理和决策层理解和使用。

4. 专业拓展课程

（1）财务智能化应用课程。“智能审计”介绍人工智能技术在审计领域的应用，如风险评估、审计抽样、舞弊识别等，提高审计工作的效率和质量；“税务筹划与风险管理”讲解如何利用人工智能技术进行税务筹划和税务风险防控，使企业能够合法合规地降低税负，提高税务管理水平。

（2）人工智能技术深化课程。“深度学习及其在财务管理中的应用”

进一步学习深度学习的理论和算法，如卷积神经网络、循环神经网络等，并探讨其在财务预测、风险评估等领域的应用；“自然语言处理与财务文本分析”传授学生如何运用自然语言处理技术对财务文本进行分析和处理，如财务报告解读、财务新闻情感分析等。

（3）跨学科融合课程。“金融科技”将金融与科技相结合，讲述金融科技的基本概念、发展现状和趋势，以及在支付结算、网络借贷、数字货币等领域的应用，拓宽学生的视野，培养学生的创新能力；“大数据与审计”培养学生运用大数据技术进行审计工作的能力，掌握大数据审计的方法和工具，提高审计工作的效率和质量。

5. 实践教学课程

（1）校内实践课程。“会计模拟实训”通过模拟企业实际的会计工作环境和业务流程，让学生进行账务处理、报表编制等会计实务操作，提高学生的会计核算能力和操作技能；“财务软件应用实训”让学生熟悉和掌握常用的财务软件，如用友、金蝶等软件的操作方法和应用技巧，提高学生运用信息技术解决财务问题的能力；“智能财务综合实训”要结合人工智能技术和财务管理业务，进行综合性的实训项目，如财务机器人流程自动化实训、财务大数据分析实训等，培养学生的综合实践能力和创新能力。

（2）校外实习课程。“企业认知实习”安排学生到企业进行短期的参观和实习，了解企业的财务管理工作流程和岗位职责，增强学生的感性认识；企业实习让学生在企业的实际工作岗位上进行为期较长的实习，承担具体的财务工作任务，积累实际工作经验，提高学生的岗位适应能力和就业竞争力。

二、“人工智能+金融科技专业”课程体系

1. 通识基础课程

（1）思想政治理论课。包括“思想道德修养与法治”“毛泽东思想和中国特色社会主义理论体系概论”等课程，旨在培养学生正确的价值观、

道德观和法治观念，增强学生对金融科技领域法律法规的理解和遵守。

（2）公共基础课。“高等数学”课程为学生提供数学基础，如“微积分”和“线性代数”，用于金融数据分析和模型构建；“大学英语”课程提高学生的英语水平，使其能够理解和使用国际金融文献和工具；“计算机应用基础课程”讲授学生基本的计算机操作和办公软件使用，为后续金融科技应用打基础。

2. 专业基础课程

（1）金融基础课程。“金融学概论”课程介绍金融体系、金融市场和金融产品等基础知识，为学生理解金融科技的应用场景提供背景；“货币银行学”课程讲解货币供应、银行体系等内容，帮助学生了解金融市场的运行机制。

（2）人工智能基础课程。“人工智能导论”课程提供人工智能的基本概念、发展历史和应用领域，为学生后续深入学习打基础；“机器学习基础”课程介绍机器学习的基本原理和算法，如监督学习和无监督学习，为金融数据分析和预测提供方法。

（3）编程基础课程。“Python 编程基础”课程为学生讲授 Python 语言的基本语法和编程技巧，Python 在金融科技和数据分析领域应用广泛；“Java 编程基础”课程介绍 Java 语言的面向对象编程方法，用于开发金融应用程序。

3. 专业核心课程

（1）金融科技课程。“金融科技概论”课程深入探讨金融科技的创新模式、技术应用和业务流程，如移动支付和数字货币；“区块链技术与应用”课程讲解区块链的基本原理和在金融领域的应用，如区块链支付和智能合约。

（2）智能金融课程。“智能金融分析”课程教授学生利用人工智能技术进行金融数据分析和市场预测，如使用机器学习算法预测股票价格；“智能风险评估”课程介绍如何利用大数据和人工智能模型评估金融风险，如信用风险和市场风险。

（3）金融工程课程。“金融工程原理”课程讲解金融衍生品的设计和定价原理，如期权和期货；“量化投资”课程教授学生构建量化投资模型和策略，如量化选股和量化交易策略。

4. 专业拓展课程

（1）人工智能深化课程。“深度学习”课程全面学习深度学习的理论和算法，如卷积神经网络和循环神经网络，并探讨其在金融图像识别和自然语言处理中的应用；“自然语言处理与金融文本分析”课程教授学生如何利用自然语言处理技术分析金融新闻和报告，提取有价值的信息。

（2）金融科技应用课程。“金融科技创新与实践”课程鼓励学生探索新的金融科技应用，如智能投顾和机器人顾问；“跨境金融科技”课程介绍跨境支付和外汇交易中的金融科技应用，培养学生的国际化视野。

（3）金融数据分析课程。“金融大数据分析”课程教授学生如何收集、整理和分析大规模金融数据，使用工具如 Hadoop 和 Spark；“数据可视化技术”课程培养学生的金融数据可视化能力，将复杂数据直观呈现，辅助决策。

5. 实践教学课程

（1）校内实践课程。“金融模拟交易”课程模拟股票、外汇等金融市场的交易环境，让学生实践交易策略；“金融科技应用实训”课程通过实际项目让学生掌握金融科技软件和平台的应用，如支付系统和智能投顾平台。

（2）校外实习课程。“企业实习”课程安排学生在金融科技企业实习，参与实际项目，了解行业需求和业务流程，提高实践能力和就业竞争力。

三、“人工智能 + 商贸服务专业”课程体系

1. 通识基础课程

（1）思想政治理论课。“思想道德与法治”课程强化学生的道德法治意识，引导其在商贸服务中坚守道德底线、依法行事；“毛泽东思想和中

国特色社会主义理论体系概论”等课程，培养学生用相关理论剖析商贸服务领域政策走向的能力。

（2）公共基础课。“高等数学”课程教授函数、极限、微积分等知识，为学生学习商贸统计分析、经济建模等专业内容提供数学工具；“大学英语”课程训练听、说、读、写能力，使其能够阅读英文商贸文献、开展跨境商贸沟通；“计算机应用基础”课程涵盖计算机基础操作、办公软件使用、网络技术应用等，为学生利用计算机处理商贸业务、分析数据打基础。

2. 专业基础课程

（1）商贸基础课程。“市场营销学”课程讲解市场细分、定位、产品推广等营销策略，帮助学生了解商贸服务市场运作；“基础会计学”课程使学生掌握商贸企业会计核算方法，能够处理日常账务、编制财务报表；“经济学基础”课程介绍供求关系、市场均衡、宏观经济政策等理论，培养学生分析商贸经济现象、把握市场趋势的能力。

（2）人工智能基础课程。“人工智能导论”课程系统介绍人工智能的基本概念、发展历程、主要算法和应用案例，为学生后续学习打基础；“机器学习基础”课程讲解监督学习、非监督学习、强化学习等机器学习算法，培养学生运用机器学习解决商贸问题的能力。

（3）编程基础课程。“Python 编程基础”课程教授 Python 语言的变量、数据类型、控制结构、函数等基础语法，以及文件操作、异常处理等编程技能，为学生在人工智能与商贸服务结合领域发展提供编程支持；“JavaScript 编程基础”课程讲解网页开发基础，让学生掌握前端开发技术，为开发交互式商贸网站、小程序应用等提供编程基础。

3. 专业核心课程

（1）智能商贸营销课程。“智能营销策划”课程结合人工智能数据分析，让学生制定精准营销计划，包括目标客户选择、营销渠道确定、预算分配等；“客户关系管理（CRM）”课程运用人工智能技术实现客户画像构建、客户生命周期管理、客户忠诚度分析等功能，提升企业客户服务质量与营销效果。

（2）智能商贸运营课程。“智能供应链管理”课程运用人工智能优化商贸供应链各环节，涉及需求预测、库存管理、物流配送等；“商贸大数据分析”课程培养学生收集、整理、分析商贸大数据的能力，运用数据挖掘技术与机器学习算法提取有价值信息，为企业决策提供支持。

（3）智能商贸服务课程。“智能客服”课程使学生熟悉智能客服系统的工作原理与应用，包括自然语言处理技术、对话管理、知识库建设等；“智能商务谈判”课程将人工智能应用于商务谈判模拟，让学生在虚拟谈判环境中锻炼谈判策略制定与沟通技巧。

4. 专业拓展课程

（1）人工智能拓展课程。“深度学习”课程深入讲解卷积神经网络、循环神经网络等深度学习算法，探讨其在图像识别、语音识别、自然语言处理等商贸应用场景；“计算机视觉与商贸应用”课程教授图像识别、视频分析等计算机视觉技术，应用于商品识别、智能监控等商贸场景。

（2）商贸拓展课程。“跨境电子商务”课程介绍跨境电商平台运作模式、进出口贸易流程、国际物流与支付等知识，培养学生开展跨境电商业务能力；“新媒体营销”课程涵盖社交媒体营销、内容营销、网红营销等内容，让学生掌握新媒体环境下商贸营销新渠道与方法。

（3）跨学科融合课程。“金融科技与商贸服务”课程将金融与商贸结合，讲解电子支付、网络借贷等金融科技在商贸服务中的应用，培养学生处理商贸金融业务能力；“大数据与商贸决策”课程深入教授学生运用大数据分析工具和技术，构建数据分析模型，为商贸企业提供精准决策支持。

5. 实践教学课程

（1）校内实践课程。“商贸模拟经营”课程借助模拟商贸经营软件，让学生组建团队开展虚拟商贸经营活动，涵盖市场调研、采购、销售、财务管理等环节；“人工智能商贸应用”实训课程设置商贸智能营销、智能客服、智能供应链等实际操作训练，提高学生运用人工智能解决商贸问题的实践能力。

（2）校外实习课程。“企业实习”课程安排学生到商贸企业实习，参与智能营销策划、客户关系管理、电子商务运营等工作，积累实际工作经验，了解企业运作流程与行业需求。

四、“人工智能+税收审计专业”课程体系

1. 通识基础课程

思想政治理论课。“思想道德与法治”课程旨在培养学生的道德品质和法治意识，通过理论讲授与案例分析，引导学生在税收审计工作中坚守道德底线，依法处理各类事务；使学生能够理解并践行社会主义核心价值观，正确处理人际关系和职业行为中的道德与法律问题。“毛泽东思想和中国特色社会主义理论体系概论”系统讲授毛泽东思想、邓小平理论、“三个代表”重要思想、科学发展观及习近平新时代中国特色社会主义思想。培养学生运用这些理论分析和解决实际问题的能力，尤其是理解国家在经济、税收等领域的方针政策，为学生在税收审计领域的职业发展提供理论指导和思想保障。

2. 公共基础课

（1）“高等数学”。涵盖函数、极限、微积分等基础知识，为学生学习税收审计统计分析、经济建模等专业课程提供必要的数学工具。通过数学模型的建立和求解，培养学生逻辑思维和分析问题的能力，使其能够运用数学方法解决税收审计中的实际问题，如税收数据分析、审计风险评估等。

（2）“大学英语”。注重培养学生的英语听说读写能力，使其能够阅读和理解英文税收审计文献、国际税收协定、国外审计报表等资料，具备与国外税务机构、审计组织进行简单商务沟通和函电往来的能力。开设英语口语实训、税收审计英语函电写作等实践环节，提高学生的语言运用能力，适应跨境税收审计服务的需求。

（3）“计算机应用基础”。介绍计算机的基本组成、操作系统、办公软

件、网络技术等基础知识，使学生能够熟练运用计算机进行文档编辑、数据分析、信息查询等操作。通过案例教学和实践操作，培养学生利用计算机处理税收审计业务、制作商业演示文稿、进行网络审计沟通的能力，为后续专业课程的学习和职业发展打下坚实基础。

3. 专业基础课程

（1）税收基础课程。"税收学基础"系统讲授税收的基本概念、职能、原则、制度等知识，涵盖我国现行各税种的基本要素、计税方法、税收优惠政策等内容。通过实际案例分析和纳税申报模拟训练，使学生能够熟练掌握税收法律法规，正确计算和申报各类税费，为后续的税收审计、税务筹划等课程打下坚实基础。"国际税收"介绍国际税收的基本理论、税收管辖权、国际税收协定、跨国企业的税收筹划等问题，培养学生具备国际视野，能够处理跨国企业的税收业务，理解国际税收规则对税收审计的影响，为跨境税收审计和国际税收合作提供知识支持。

（2）审计基础课程。"审计学基础"阐述审计的基本理论、方法和程序，包括审计主体、客体、目标、证据、程序、报告等内容。通过案例分析和审计模拟实验，使学生掌握审计的基本技能和操作流程，能够运用审计方法对被审计单位的财务收支、经济活动进行审查和评价，为后续的智能审计课程奠定基础。"内部控制与审计"讲解内部控制的理论与实务，包括内部控制的目标、要素、原则、评价方法等内容，以及内部控制与审计的关系，培养学生能够对被审计单位的内部控制制度进行设计、评估和审计，识别内部控制缺陷和风险点，提出改进建议，增强企业的内部控制意识和风险管理能力。

（3）人工智能基础课程。"人工智能导论"全面介绍人工智能的基本概念、发展历史、现状和趋势，重点讲解机器学习、深度学习、自然语言处理、计算机视觉等关键技术原理和应用场景。通过实际案例分析和演示，使学生对人工智能在税收审计领域的应用有直观的认识和理解，如智能税务稽查、审计文档智能分析、图像识别在发票审计中的应用等，激发学生的学习兴趣和创新思维。"机器学习基础"深入讲解机器学习的基本原理和算法，包括监督学习（如线性回归、逻辑回归、决策树、支持向量机等）、无监督学习（如聚类分析、主成分分析等）、强化学习等。通过编程实现和实验验证，培养学生能够运用机器学习算法解决税收审计中的实际问题，如纳税人的风险评估、审计样本的选择、税收数据挖掘等，为后续的智能审计应用课程打下坚实基础。

（4）编程基础课程。“Python 编程基础”详细讲解 Python 语言的语法、数据类型、控制结构、函数、模块、文件操作等基础知识，以及常用的标准库和第三方库（如 NumPy、Pandas、Matplotlib 等）的应用。通过大量的编程实例和项目实践，培养学生能够熟练运用 Python 进行税收审计数据处理、数据分析、网络爬虫、自动化办公等任务，为人工智能在税收审计中的应用提供编程支持。

（5）“SQL 数据库基础”。介绍数据库的基本概念、结构、设计方法和 SQL 语言的应用，包括数据库的创建、表的设计、数据的增删改查、数据的关联分析等内容。通过实际数据库操作和项目实践培养学生能够运用 SQL 语言进行税收审计数据的存储、管理和查询，为大数据环境下的税收审计工作提供数据支持。

4. 专业核心课程

（1）智能税务筹划课程。“税务筹划原理与实务”系统讲授税务筹划的基本原理、目标、原则、方法和步骤，结合我国税收法律法规和政策，分析不同行业、不同类型企业的税务筹划案例，培养学生具备为企业进行税务筹划的能力，能够在合法合规的前提下，降低企业的税收负担，提高企业的经济效益。“智能税务筹划工具与应用”介绍智能税务筹划软件和工具的功能、特点和操作方法，如税务筹划模型、税收政策智能解析系统、税务风险预警系统等；通过实际案例操作和项目实践，培养学生能够运用智能工具进行税务筹划方案的设计、评估和优化，提高税务筹划的效率和准确性。

（2）智能审计课程。“智能审计技术与方法”深入讲解智能审计的基本理论和技术方法，包括审计数据的采集、清洗、转换、存储和分析，运用机器学习、深度学习、自然语言处理等人工智能技术进行审计风险评估、审计证据获取、审计报告生成等内容。通过实际审计项目案例分析和模拟实验，培养学生掌握智能审计的技术和方法，能够运用智能审计系统开展审计工作，提高审计质量和效率。“审计数据分析与挖掘”培养学生的审计数据分析和挖掘能力，运用数据挖掘技术和机器学习算法（如关联规则挖掘、分类算法、聚类分析等）从海量审计数据中提取有价值的信息，如审计风险点、舞弊线索、内部控制缺陷等通过实际项目实践和数据分析工具（如 Python 数据分析库、SQL、数据可视化工具等）的应用，为审计决策提供数据支持和洞察力。

（3）税收审计课程。“税务审计实务”详细讲解税务审计的程序、方法和技巧，包括税务审计计划的制定、审计证据的收集与整理、税务审计报告的编制等内容，通过实际税务审计案例分析和模拟实训，培养学生能够独立开展税务审计工作，审查纳税人的纳税申报情况，发现税收违法行为，提出审计处理意见和建议，为税务机关和企业决策提供依据。“企业所得税审计”深入剖析企业所得税的审计要点和难点，结合企业会计准则和税收法规，讲解企业所得税的纳税调整、应纳税所得额的计算、税收优惠政策的审计等内容，通过实际案例分析和模拟审计实验，培养学生具备对企业所得税进行专项审计的能力，能够准确识别企业所得税的审计风险点，防范税收风险。

5. 专业拓展课程

（1）人工智能拓展课程。“深度学习”课程全面学习深度学习的基本原理和算法，包括卷积神经网络、循环神经网络、长短期记忆网络、生成对抗网络等，以及深度学习框架的应用。通过实际项目实践和算法实现，培养学生能够运用深度学习技术解决税收审计中的复杂问题，如图像识别在发票真伪鉴定中的应用、语音识别在税务访谈中的应用等。“计算机视觉与税务审计应用”课程系统介绍计算机视觉的基本原理和技术方法，包括图像采集、图像预处理、特征提取、图像识别、图像分割、目标检测等，以及在税务审计领域的应用实例，如发票图像识别、税务证件识别、税务标志识别等。通过实践项目和案例分析，培养学生具备计算机视觉技术在税务审计中的应用开发能力。

（2）审计拓展课程。“内部审计与风险管理”课程介绍内部审计的理论与实务，包括内部审计的职责、权限、程序、方法等内容，以及内部审计与风险管理的关系。通过案例分析和模拟实验，培养学生具备开展内部审计工作能力，能够运用风险导向审计方法对企业进行风险评估、内部控制评价和风险管理咨询，帮助企业提高风险管理水平。“绩效审计”课程讲解绩效审计的基本概念、目标、方法和程序，包括财政资金绩效审计、企业绩效审计等内容，培养学生具备对政府和企业绩效进行审计和评价的能力，能够运用绩效审计指标体系、评价方法和工具，对公共资源的经济性、效率性和效益性进行审查和评价，为提高公共资金使用效益和企业管理水平提供支持。

（3）跨学科融合课程。“大数据与税收审计决策”深入教授学生运用大数据分析工具和技术（如 Hadoop、Spark、Python 数据分析库等）进行税收审计数据的收集、存储、管理和分析，构建数据分析模型，为税收审计决策提供精准支持。通过实际项目实践和案例分析，培养学生具备大数据驱动的税收审计决策能力，能够在复杂多变的税收环境中做出科学合理的决策。“金融科技与税务审计”讲述金融科技在税务审计领域的应用，如区块链技术在电子发票、税务数据共享中的应用、智能合约在税收征管中的应用、电子支付数据在税务审计中的分析等。培养学生具备金融科技背景下税务审计业务处理能力，能够运用金融科技手段优化税务审计流程，提高审计工作的效率和安全性。

6. 实践教学课程

（1）校内实践课程。“税收审计模拟实验”利用税收审计模拟实验软件，模拟真实的税收审计工作环境，让学生进行税务审计计划、审计证据收集、审计底稿编制、审计报告撰写等全过程的实验操作。通过多次模拟实验和案例分析，培养学生的实践操作能力和团队协作能力，使其熟悉税收审计工作的基本流程和方法。“智能税务审计项目实践”设置多个与人工智能和税收审计相关的实践项目，如智能税务审计系统开发、税务风险智能预警模型构建、审计数据分析与可视化等。学生在实践过程中运用所学的理论知识和编程技能，完成实际项目的开发和应用，提高学生解决实际问题的能力和实践操作水平。

（2）校外实习课程。“企业实习”安排学生到税务师事务所、会计师事务所、企业财务部门、税务机关等相关单位进行为期六个月到一年的岗位实习。学生在实习期间参与企业的实际税收审计业务工作，如税务审计项目执行、税务筹划方案制定、纳税申报代理、税务咨询等，积累实际工作经验，了解行业最新动态和需求，提高就业竞争力。学校和企业共同制定实习计划和考核标准，确保实习质量和效果。

通过为“人工智能＋财务管理”“人工智能＋金融科技”“人工智能＋商贸服务”“人工智能＋税收审计”等专业构建具有可行性与操作性的课程体系，可以更好地保证财经类专业在人工智能时代顺应社会发展潮流，培养出更适合财务领域的复合型技能人才。

本章主要内容结构图

本章主要内容结构如图 5－1 所示。

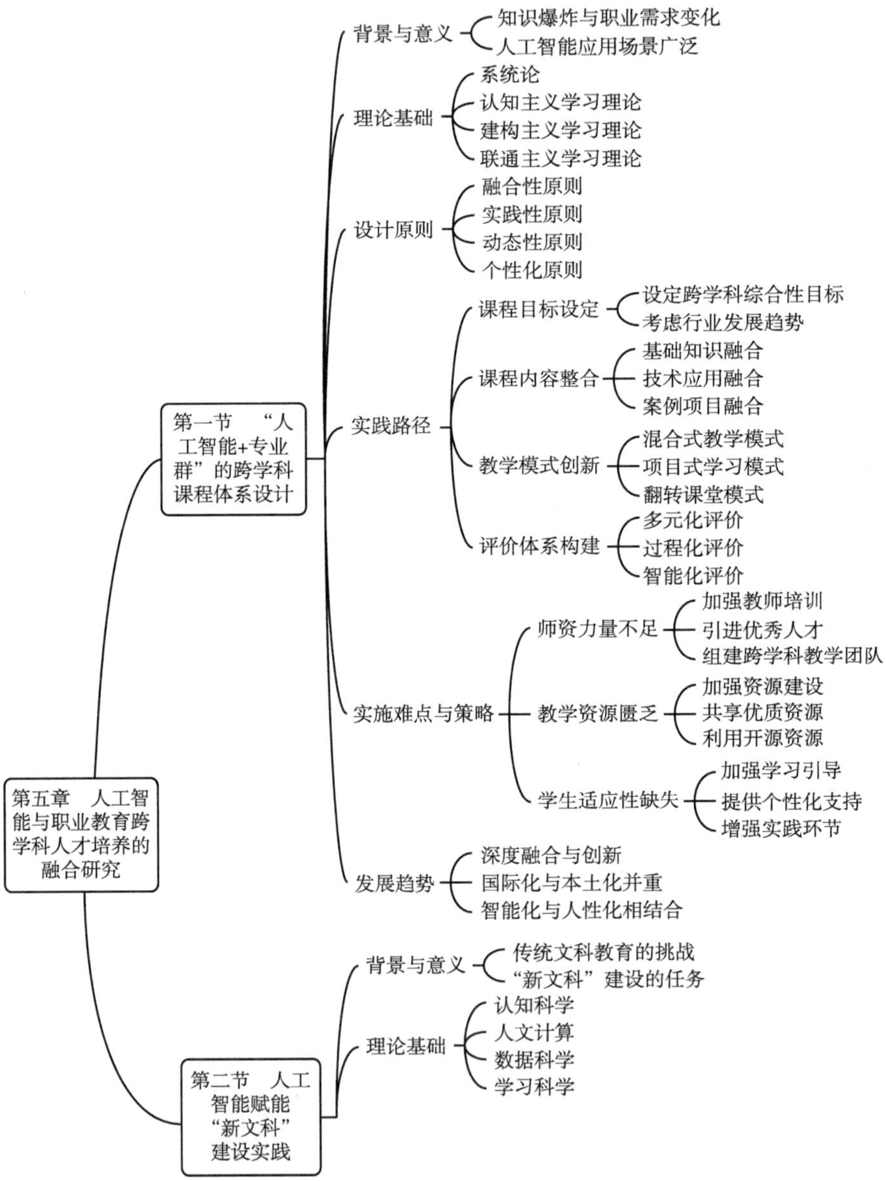

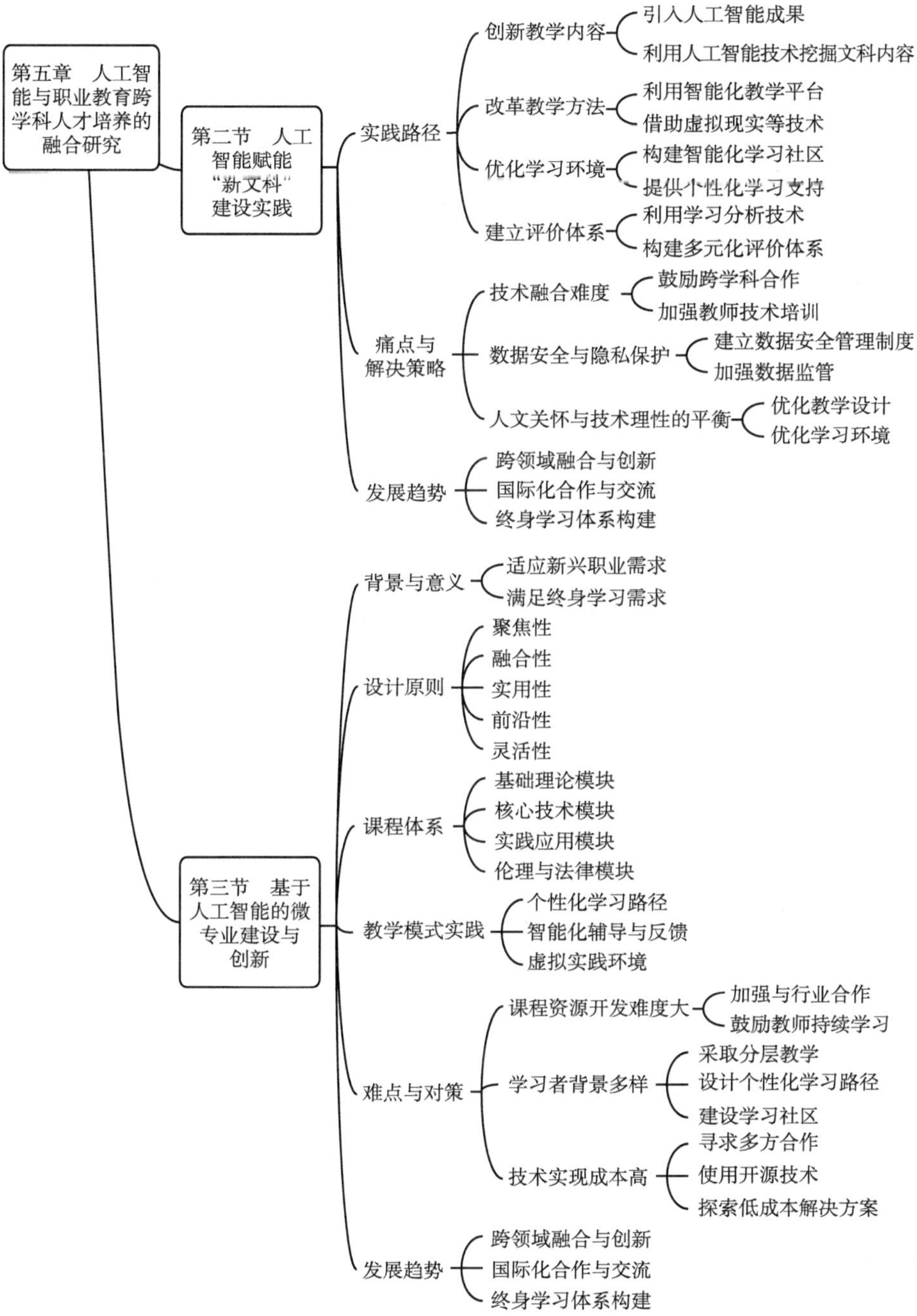
第五章　人工智能与职业教育跨学科人才培养的融合研究
第二节　人工智能赋能“新文科”建设实践
实践路径
创新教学内容
引入人工智能成果
利用人工智能技术挖掘文科内容
改革教学方法
利用智能化教学平台
借助虚拟现实等技术
优化学习环境
构建智能化学习社区
提供个性化学习支持
建立评价体系
利用学习分析技术
构建多元化评价体系
痛点与解决策略
技术融合难度
鼓励跨学科合作
加强教师技术培训
数据安全与隐私保护
建立数据安全管理制度
加强数据监管
人文关怀与技术理性的平衡
优化教学设计
优化学习环境
发展趋势
跨领域融合与创新
国际化合作与交流
终身学习体系构建
第三节　基于人工智能的微专业建设与创新
背景与意义
适应新兴职业需求
满足终身学习需求
设计原则
聚焦性
融合性
实用性
前沿性
灵活性
课程体系
基础理论模块
核心技术模块
实践应用模块
伦理与法律模块
教学模式实践
个性化学习路径
智能化辅导与反馈
虚拟实践环境
难点与对策
课程资源开发难度大
加强与行业合作
鼓励教师持续学习
学习者背景多样
采取分层教学
设计个性化学习路径
建设学习社区
技术实现成本高
寻求多方合作
使用开源技术
探索低成本解决方案
发展趋势
跨领域融合与创新
国际化合作与交流
终身学习体系构建

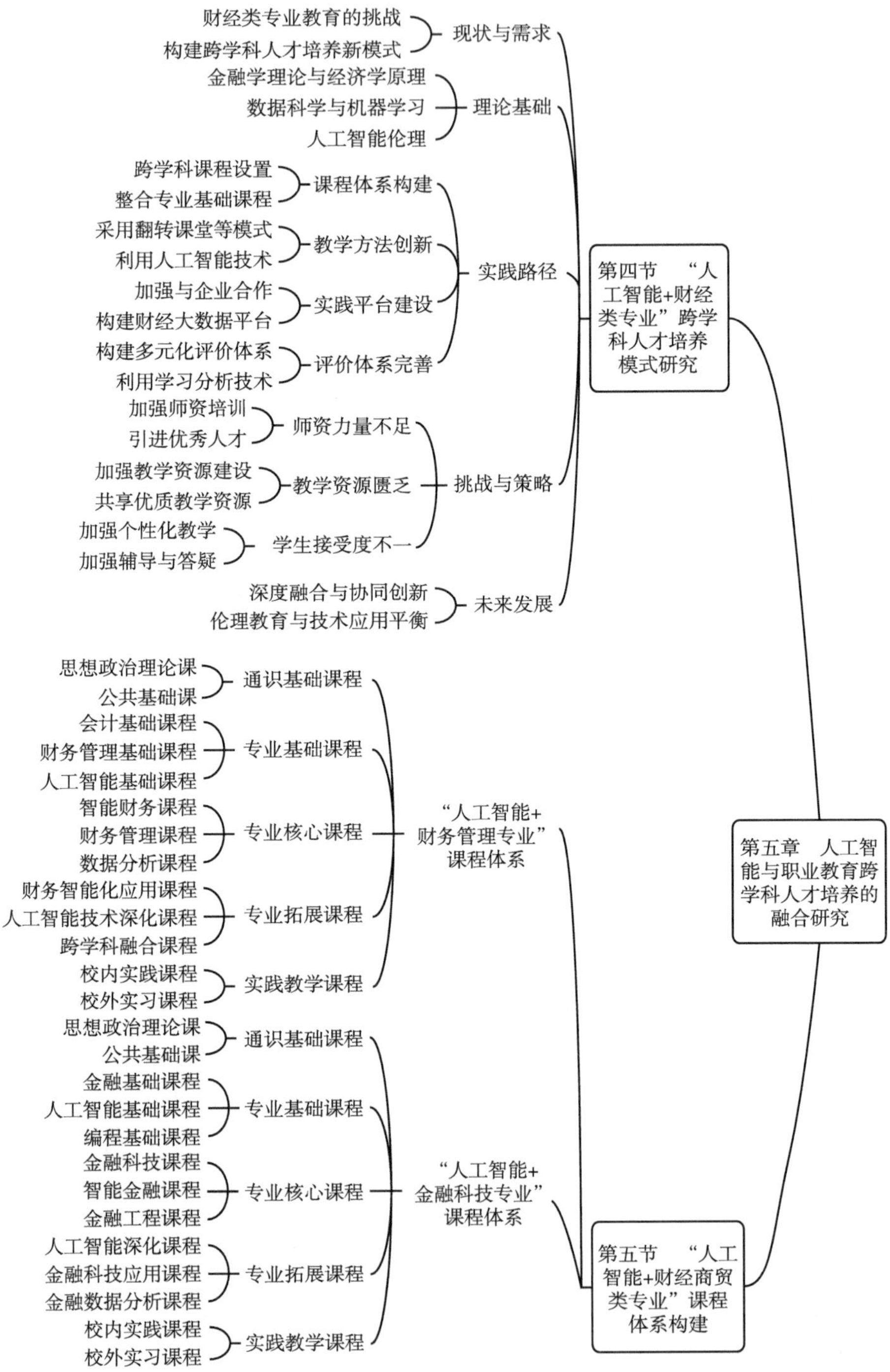
第五章　人工智能与职业教育跨学科人才培养的融合研究
第四节　“人工智能+财经类专业”跨学科人才培养模式研究
现状与需求
财经类专业教育的挑战
构建跨学科人才培养新模式
理论基础
金融学理论与经济学原理
数据科学与机器学习
人工智能伦理
实践路径
课程体系构建
跨学科课程设置
整合专业基础课程
教学方法创新
采用翻转课堂等模式
利用人工智能技术
实践平台建设
加强与企业合作
构建财经大数据平台
评价体系完善
构建多元化评价体系
利用学习分析技术
挑战与策略
师资力量不足
加强师资培训
引进优秀人才
教学资源匮乏
加强教学资源建设
共享优质教学资源
学生接受度不一
加强个性化教学
加强辅导与答疑
未来发展
深度融合与协同创新
伦理教育与技术应用平衡
第五节　“人工智能+财经商贸类专业”课程体系构建
“人工智能+财务管理专业”课程体系
通识基础课程
思想政治理论课
公共基础课
专业基础课程
会计基础课程
财务管理基础课程
人工智能基础课程
专业核心课程
智能财务课程
财务管理课程
数据分析课程
专业拓展课程
财务智能化应用课程
人工智能技术深化课程
跨学科融合课程
实践教学课程
校内实践课程
校外实习课程
“人工智能+金融科技专业”课程体系
通识基础课程
思想政治理论课
公共基础课
专业基础课程
金融基础课程
人工智能基础课程
编程基础课程
专业核心课程
金融科技课程
智能金融课程
金融工程课程
专业拓展课程
人工智能深化课程
金融科技应用课程
金融数据分析课程
实践教学课程
校内实践课程
校外实习课程

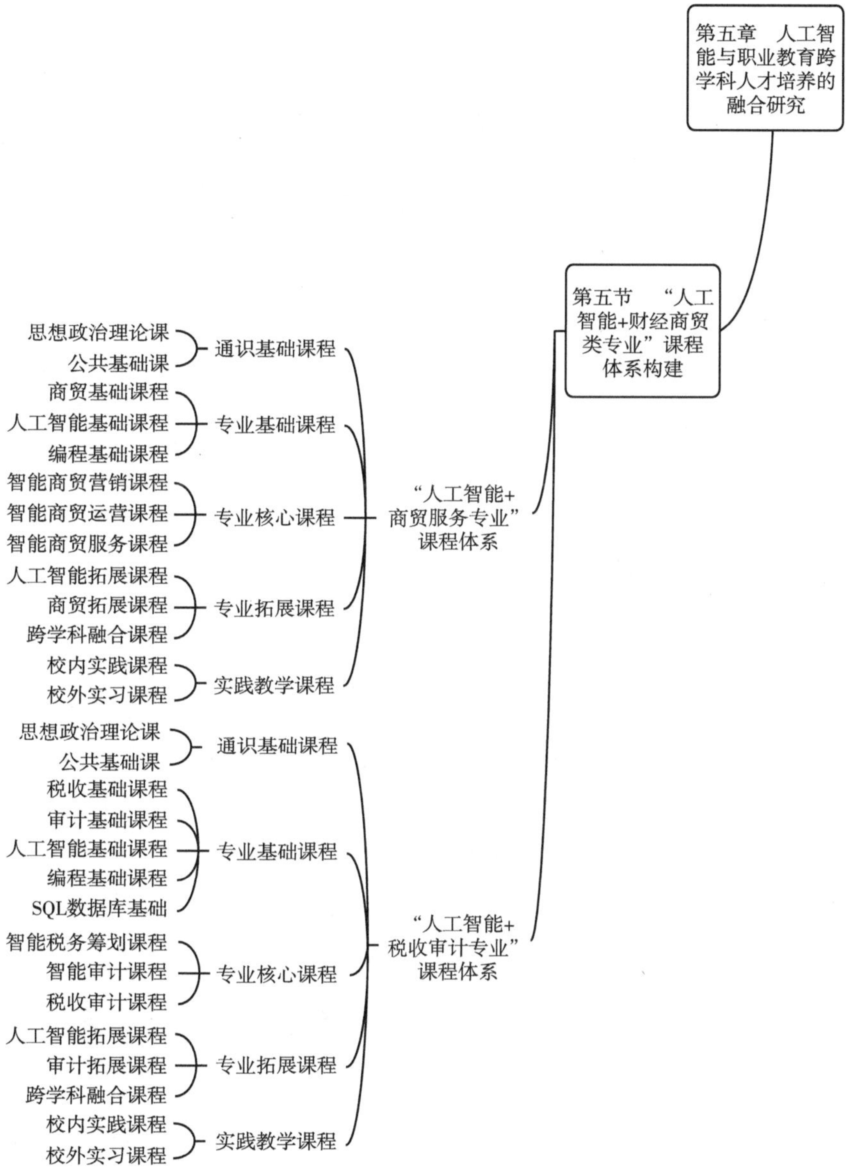

图 5－1　内容结构图：人工智能与职业教育跨学科人才培养的融合研究

第六章　人工智能对职业院校学生综合能力培养的研究

在职业教育经历智能化转型过程中，通识教育作为培养学生综合素质、拓宽知识视野的关键环节，也面临着重要变革。人工智能技术的融入，不仅为通识教育的内容呈现、教学方法及评价体系带来了革新，更为学生综合能力的培养开辟了新路径。思政教育作为职业院校学生全面发展的重要引领，其与人工智能技术的融合也展现出巨大的潜力和价值。学生创造力与创新创业能力的培养，作为适应未来职业发展需求的关键，在人工智能的助力下需要探索出新的教育模式。人工智能在职业生涯规划以及心理健康服务中的应用，也为职业院校学生提供了更加个性化、精准化的支持。本章将深入探讨人工智能与通识教育、思政教育的融合研究，以及其在学生创造力、创新创业能力、职业生涯规划和心理健康服务等方面的应用，为职业院校学生综合能力的培养提供一种新的探索思路。

第一节　人工智能与通识教育融合的研究

在职业教育向智能化转型的过程中，通识教育作为培养学生综合素质、拓宽知识视野的关键环节，正经历着快速的变革。人工智能技术的融入，不仅为通识教育的内容呈现、教学方法及评价体系带来了革新，更为学生综合能力的培养开辟了新路径。本节将深入探讨人工智能与通识教育融合的理论基础、实践路径、面临的挑战及应对策略，为职业院校通识教育的智能化发展提供理论支撑与实践指导。

一、通识教育在职业院校中的重要性与现状

通识教育在职业院校人才培养体系中占据着不可替代的重要地位。它是培养学生人文素养、科学精神、社会责任感以及跨学科思维能力等综合素养的重要手段，为学生的职业发展和终身学习奠定了基础。然而，当前职业院校的通识教育仍面临许多问题。一方面，部分职业院校对通识教育的重视程度不够，课程设置存在一定的局限性，通识课程在总课程体系中所占比重较小，且课程内容更新速度较慢，难以紧跟时代发展的步伐。据调查，约 50% 的职业院校通识课程内容更新周期超过 3 年，与快速发展的科技与社会文化形成鲜明对比。另一方面，通识教育的教学方法较为传统，以教师讲授为主，学生参与度和积极性不高，缺乏对学生自主学习能力和创新思维的有效培养。

二、人工智能技术融入通识教育的理论基础

人工智能与通识教育的融合，其理论基础根植于认知科学、教育心理学以及终身学习理念之中。

认知科学强调人类认知过程的复杂性与多样性，认为学习是知识建构与思维发展的动态过程。人工智能技术通过模拟人类认知机制，如自然语言处理、构建知识图谱等，为通识教育提供了个性化、智能化的学习支持，有助于学生在广泛的知识领域中实现深度学习与跨学科整合。教育心理学关注学生的心理特征与学习动机，认为情境创设、情感激发是提升学习效果的关键因素。人工智能技术通过虚拟现实、增强现实等技术，构建沉浸式学习场景，使学生在接近真实的情境中探索知识、体验文化，从而激发学习兴趣，增强学习动力。终身学习理念倡导个体在快速变化的社会环境中持续学习、自我更新，人工智能技术通过智能推荐、自适应学习等机制，为学习者提供了灵活多样的学习路径与资源，支持其在职业生涯中不断进步。

三、人工智能与通识教育融合的实践路径

1. 智能通识课程资源开发

人工智能技术能够实现通识课程资源的高效开发与创新应用。通过生成式人工智能、图像识别与生成等技术，智能教学资源生成系统能够实现通识课程文本、课件、习题等多种类型教学资源的自动化生成。以江苏某职业学院的人文素养课程为例，教师只需输入课程大纲与核心知识点，智能教学资源生成系统即可自动生成包含理论讲解、案例分析、思考题等内容的教学文本，生成的文本质量可以达到专业教材的标准水平。系统还能够根据教学文本内容自动生成配套的教学课件，将文字内容转化为图文并茂的幻灯片形式，并自动插入相关的图片、视频链接，极大地提升了课件制作的效率与质量。在习题生成方面，系统依据知识点的难度层次与认知维度，批量生成多样化的习题，涵盖选择题、填空题、简答题等多种类型，为学生提供了丰富的练习素材。这不仅显著减轻了教师的教学资源开发负担，还确保了教学资源的科学性与一致性。

2. 个性化学习路径规划

人工智能能够为通识教育中的学生提供个性化的学习路径规划。借助机器学习算法，系统可以实时分析学生的学习行为、能力水平与兴趣偏好等多维度数据，为每位学生量身定制专属学习路径。例如，在某职业院校的信息技术课程中，系统发现某学生对 WPS 中的电子表格部分存在明显学习困难，正确率仅为 40%，而对文本编辑部分表现良好，正确率达 80%。基于此画像，自适应学习平台动态调整学习路径，为该学生推送力学基础概念讲解、典型例题演示、专项练习等资源，并增加相应的辅导课程与练习题，帮助学生攻克难点，提升学习效果。系统还会根据学生的学习进度与掌握情况，实时更新学习计划，确保学习过程的连贯性与有效性。

3. 智能交互式教学体验

人工智能技术能够提升通识教育课程的师生互动性。智能语音识别与自然语言处理技术使通识教育课程系统具备了强大的人机交互功能，学生可以通过语音或文字向系统提问，系统能够快速理解问题的含义，并给予准确、详细的解答。例如，在哲学通识课程中，学生询问“如何理解存在主义的自由概念”，系统会立即给出该概念的详细解释、相关哲学家的观点以及实际应用案例；系统还能提供拓展讲解，帮助学生深入理解。这种智能交互式教学体验不仅激发了学生的学习兴趣，还培养了学生的自主学习能力和批判性思维。

4. 教学方法创新

人工智能技术赋能通识教育，推动了教学方法的创新与变革。一方面，智能辅导系统能够根据学生的学习行为、能力水平及兴趣偏好，提供个性化的学习资源与辅导策略。例如，在语言学习课程中，系统通过语音识别与自然语言处理技术，实时分析学生的发音、语法错误，并提供针对性的纠正建议与练习资源，有效提升学生的语言运用能力；另一方面，人工智能支持的混合式教学模式，将线上学习与线下研讨相结合，学生在线上通过智能平台进行自主学习，线下则在教师的引导下进行深度探讨与实践操作，这种模式既发挥了线上学习的灵活性，又保留了线下教学的互动性，显著提高了通识教育的教学效果。

5. 评价体系的优化

传统通识教育评价体系往往侧重于知识记忆与考试成绩，忽视了学生综合素质与能力的全面评估。人工智能技术通过学习分析技术，对学生学习过程中的行为数据、情感状态、作品创作等多维度信息进行深度挖掘与分析，为通识教育提供了更加全面、客观的评价依据。例如，在某职业院校的通识教育课程中，智能评价系统不仅关注学生的测验成绩，还通过分析学生在论坛发帖、小组讨论中的表现，评估其批判性思维、团队协作与沟通表达能力，这种多元化、过程化的评价体系，有助于全面、客观地反映学生的学习成果与综合素质。

四、人工智能与通识教育融合面临的困难与解决方案

1. 技术应用层面

尽管人工智能技术不断发展，DeepSeek 等大模型的出现加速人工智能在通识教育中的应用，但各种生成式人工智能技术在处理专业领域内容时准确性不强，导致部分智能辅导系统对专业问题的理解与回答不够精准。在文学、哲学等人文学科的智能辅导中，系统对复杂概念、隐喻等问题的回答正确率不高，难以满足学生对专业知识的高精度需求。虚拟现实与增强现实技术在设备性能、交互自然性方面仍存在不足；VR 设备存在分辨率不够高、画面延迟等问题；增强现实技术在复杂环境下的图像识别准确率有待提升，限制了其在通识教育实际教学场景中的广泛应用。

2. 课程建设层面

通识教育与人工智能融合的课程建设需要跨学科团队的紧密协作，包括通识课教师、教育技术专家、人工智能工程师等，但在实际组建团队过程中，往往面临人员结构不合理、协作不顺畅等问题。部分通识课教师虽然具备丰富的教学经验与专业知识，但对人工智能技术的理解与应用能力不足，难以与技术团队有效沟通，导致课程建设中教学内容与技术应用脱节。通识教育与人工智能融合课程建设涉及大量的前期投入，包括资金、时间、人力等方面，对于一些资金紧张的职业院校来说，难以承担高昂的建设成本，导致相关课程建设项目不能启动或推进缓慢。

3. 教师与学生层面

尽管智能通识课程提供了丰富的学习资源与个性化的学习支持，但部分学生在实际学习过程中存在自主学习能力不足、过度依赖智能系统等问题。一些学生在学习过程中遇到问题时，习惯于直接寻求智能辅导系统的答案，而不是通过自主思考与探索解决问题，导致其思维能力与问题解决能力得不到有效锻炼。通识教育智能教学促使教师从知识的权威传授者转变为学习引导者与促进者，承担起设计学习活动、组织协作学习、提供个

性化指导等新职责，许多教师难以适应，不能熟练运用智能通识课程平台的各项功能开展教学活动，影响了教学效果。

4. 解决方案

针对上述困难，职业院校需要积极采取有效方法，推动人工智能与通识教育的深度融合。一是加强技术研发与多方协同，学校与科研机构、科技企业建立紧密的合作关系，共同开展人工智能技术在通识教育中的应用研究，组建跨学科、跨领域的通识教育课程建设团队，加强团队成员之间的沟通与协作培训，确保教学内容与技术应用深度融合。二是提升教师与学生的数字素养，通过开展专题讲座、实践操作培训、教学观摩等活动，提升教师的人工智能技术应用能力与通识教育课程教学设计能力；同时，进一步加强对学生数字学习素养的培养，引导学生树立正确的数字学习观念，提高学生的信息检索、分析处理、自主学习与知识创新等能力，培养学生在智能通识课程学习中的自律性与自主性。三是建立科学、规范、具有可操作性的通识教育课程质量评估指标体系，结合职业教育特点与通识教育发展实际，明确各项评估指标的内涵、权重与测量方法，实现评估数据的实时监测、动态分析与精准反馈。加强评估结果的应用，建立评估结果与课程改进的联动机制，将评估结果作为课程建设团队绩效考核、课程资源更新、教师教学改进的重要依据，确保评估结果能够有效推动通识教育课程的持续优化。

随着人工智能技术的不断创新突破与教育应用场景的深度拓展，人工智能与通识教育的融合将迎来更为广阔的发展前景。人工智能与其他前沿技术的不断结合，为职业院校的通识教育带来更加丰富的学习体验，助力学生综合素养的全面提升。职业院校需要积极布局，与企业合作，加强技术研发与应用实践，推动人工智能与通识教育的深度融合，为培养高素质技术技能型人才提供坚实的人文底蕴和综合素养支撑。

第二节 人工智能与思政教育融合的研究

思想政治教育是职业院校学生全面发展的重要引领，它不仅关乎学生的道德品质与价值观念养成，更是为学生在职业发展中提供精神指引与思想保障。在职业教育领域，思政教育承担着培养德技并修的高素质人才的重任，是实现职业教育培养目标、服务国家战略需求的关键环节。然而，随着时代的发展，传统思政教育模式面临着教学方法较为单一、学生学习积极性不高、教育针对性和实效性有待提升等许多问题，这些都促使职业院校积极寻求创新途径，人工智能技术的出现为思政教育的改革带来了新的方向。

一、人工智能与思政教育融合的理论依据

人工智能与思政教育的融合，其理论依据源自思想政治教育理论、认知心理学以及信息伦理学。

思想政治教育理论强调通过理论灌输、实践锻炼等方式，引导学生树立正确的价值观念与道德观念。人工智能技术通过智能化教学平台、虚拟仿真场景等手段，为思政教育提供了更加生动、直观的教学载体，有助于增强思政教育的吸引力与感染力。认知心理学认为，学习者的认知过程受到情境、情感等多重因素的影响。人工智能技术通过创设贴近学生生活实际的虚拟情境，如历史事件重现、社会热点模拟等，使学生在沉浸式体验中感受思政教育的深刻内涵，进而激发其情感共鸣与价值认同。信息伦理学关注信息技术应用中的道德规范与伦理原则，为人工智能在思政教育中的应用提供了伦理框架，确保技术应用的正当性与合理性。

二、人工智能驱动思政教育的实践路径

人工智能技术在思政教育中的应用，主要聚焦于教学内容的创新呈现、教学方法的多样化以及评价体系的智能化三个层面，为思政教育的实效性提升提供了有力支撑。

1. 教学内容的创新呈现

人工智能技术通过大数据分析与知识图谱构建，对海量思政教育资源

进行深度整合与智能化呈现。例如，在讲述中国近现代史时，系统能够自动提取关键事件、人物、思想等知识点，并构建时间线、人物关系等维度的知识图谱，帮助学生系统理解历史发展脉络与思想演变过程。同时，利用虚拟现实技术，学生可以"亲历"重要历史场景，如井冈山会师、长征途中等，通过沉浸式体验深刻感受革命先辈的英勇事迹与崇高精神。

2. 教学方法的多样化

人工智能技术赋能思政教育，推动了教学方法的多样化与个性化。一方面，智能辅导系统能够根据学生的学习进度、兴趣偏好及认知特点，提供定制化的学习资源与辅导策略。例如，在道德伦理课程中，系统通过分析学生的讨论发言、作业提交等情况，精准推送相关案例、视频资源及思考题，引导学生深入思考与探讨。另一方面，人工智能支持的混合式教学模式将线上学习与线下实践相结合，学生在线上通过智能平台进行自主学习与互动讨论，线下则在教师的指导下进行深度研讨与社会实践，这种模式既发挥了线上学习的灵活性，又保留了线下教学的深度与互动性。

3. 评价体系的智能化

传统思政教育评价体系往往侧重于知识记忆与考试成绩，难以全面反映学生的思想品德与价值观念。人工智能技术通过学习分析技术，对学生学习过程中的行为数据、情感状态、价值观表达等多维度信息进行深度挖掘与分析，为思政教育提供了更加全面、客观的评价依据。例如，在某职业院校的思政课程中，智能评价系统不仅关注学生的测验成绩，还通过分析学生在论坛发帖、小组讨论中的言论倾向、价值观念表达等情况，评估其思想品德、价值观念及社会责任感，这种多元化、过程化的评价体系有助于更加准确地把握学生的思政学习成效。

三、人工智能与思政教育融合的问题与思考

1. 技术伦理与价值导向问题

人工智能技术在思政教育中的应用，必须坚守正确的价值导向与伦理

原则。然而，由于技术本身的“价值中立”特性，若缺乏有效的伦理规范与价值引导，可能导致技术滥用或误用，进而对学生的价值观念产生负面影响。例如，智能推荐系统可能因过度追求“用户偏好”而陷入“信息茧房”，削弱学生对多元观点的包容性。部分智能辅导系统可能因算法偏见或数据偏差，推送带有偏见或误导性的学习内容，影响学生的价值判断。2024 年一项针对职业院校的调研显示，48% 的学生认为 AI 推荐的思政内容“同质化严重”，缺乏深度思辨空间。算法黑箱问题也会导致价值观引导的不可控性。如某校使用的 AI 评阅系统曾将“批判性反思”误判为“负面情绪”，反映出技术中立性背后的隐性偏见。因此，如何确保人工智能技术在思政教育中的应用符合社会主流价值观念与伦理规范，是亟待解决的问题。

2. 教师角色转变与技能提升问题

在人工智能赋能的思政教育中，教师的角色从单纯的知识传授者转变为学习引导者与价值引领者。这一转变要求教师不仅要具备扎实的思政理论知识，还要熟悉人工智能技术的应用与教学策略。由于学科差异，大多数思政教师都是文科专业毕业，对人工智能技术的理解与应用能力有限，难以有效利用智能平台进行课程设计与教学创新。部分教师仍习惯于传统的讲授式教学，缺乏对学生个性化学习与价值引导的关注，导致教学效果不佳。如何提升思政教师的数字素养与人工智能技术应用能力，成为推动思政教育智能化发展的关键。

3. 数据安全与隐私保护的伦理困境

思政教育涉及大量敏感数据（如政治倾向、情感状态），其采集与应用需严格遵循伦理规范。当前多数职业院校的数据治理体系尚不完善，2024 年就发生过某职业院校的思政课堂录音遭非法窃取，暴露了技术应用中的安全漏洞。情感计算技术的使用也会有侵犯学生隐私权的风险。例如，无感知的情绪监控易引发“被窥视”的心理抵触，会引发学生对教育的不信任感。

四、人工智能赋能思政教育高质量发展的创新路径

1. 构建“价值观+算法”的双重校验机制

在技术层，需建立算法伦理审查制度，确保AI推荐的思政内容符合主流价值观。可以实现“思政算法白盒化”，允许教师可视化管理推荐规则，屏蔽敏感关键词，动态调整内容权重。在实践层，推行“人机协同”教学模式，教师主导价值引导，AI辅助资源供给。例如，在思政课堂上探索实现“AI思政助教”岗位，系统负责推送资源，教师聚焦课堂互动与深度讨论，使教学效率与思想深度同步提升。

2. 加强技术伦理与价值引导

学校需要加强与思政专家、社会学家等专家学者合作，共同研究制定人工智能技术在思政教育中的应用伦理规范与价值导向原则。通过建立伦理审查机制、加强技术伦理教育等方式，确保人工智能技术的应用符合社会主流价值观念与伦理规范；加强对智能辅导系统、学习资源等内容的审核与监管，防止偏见或误导性内容的传播，确保思政教育内容的正确性与积极性。

3. 创新教师培训与产学研协同机制

针对思政教师数字素养与人工智能应用的短板，学校应将人工智能应用培训纳入思政教师常态化培训计划，通过组织专题讲座、实践操作培训、教学观摩等活动，提升教师的数字素养与人工智能技术应用能力；鼓励教师积极参与智能化教学平台的开发与应用实践，探索新型教学模式与方法，提高思政教育的实效性与吸引力；学校还可以针对思政教师构建“理论+实践+认证”一体化培训体系。例如，某职业学院推出“AI+思政”微专业，涵盖自然语言处理基础、教育数据可视化等课程，教师完成学习后需通过“人机协作教学设计”实战考核方可获认证。进一步推动校企合作开发思政教育资源，由企业提供虚拟现实等技术支持，学校输出红色文化内容，共同开发思政教育沉浸式课程，实现技术赋能与内容创新的双向融合。

4. 完善数据治理与隐私保护体系

学校需要遵照国家相关法律，建立思政教育数据分级分类制度。例如，江苏某职业院校将思政数据划分为“基础信息”（如出勤记录）、“敏感信息”（如课堂发言）、“核心信息”（如情感分析结果），实施差异化的加密与访问权限控制，引入区块链技术实现数据溯源，确保全流程可审计。

未来，随着虚拟现实、元宇宙等技术的不断成熟，人工智能应用与思政教育的融合将迈向更深层次。虚拟现实和元宇宙技术可构建跨时空的“虚拟思政社区”，学生以数字分身参与“线上井冈山”“数字红旗渠”等思政课程实践，增强历史沉浸感。当前，技术发展也要警惕“技术至上主义”对教育本质的影响，学校与企业需要共同聚焦“有温度的人工智能”，探索技术工具与人文关怀的平衡，使思政教育既具有思想深度，又具有技术活力。

第三节　人工智能对学生创造力与创新创业能力培养的研究

当前，创新已成为推动社会进步与经济发展的核心动力。对于职业院校而言，培养学生的创造力与创新创业能力不仅是适应未来职业发展需求的关键，也是提升职业教育质量、增强学生竞争力的重要途径。人工智能的发展与应用为学校培养学生的创造力及创新创业能力提供了新的条件与机遇。

一、创造力与创新创业能力的内涵及重要性

创造力是指人们在创造性解决问题过程中表现出来的一种个性心理特征，是在一定目的的支配下，运用一切信息和技术手段，发挥创造性思维，重新组合已有信息，产生出新颖、独特、有价值的产品的能力。它具有新颖性、独特性、流畅性、变通性的特征。创新创业能力则涵盖了创新

思维、创业意识以及将创意转化为实际项目或产品的能力，是推动经济社会发展和个人职业成长的关键因素。

在人工智能快速发展的背景下，培养学生创造力与创新创业能力具有特殊的重要性。随着深度学习、云计算和大数据技术的不断发展，人工智能已经能够替代许多简单技能、操作性技能和规则性体力与智力劳动，未来社会对人才的需求将更多地集中在具有创造力和创新能力的人才上。职业院校作为培养高素质技术技能人才的重要基地，需要借助人工智能技术这一新的机遇，积极创新教育理念与模式，探索培养创新型和创业型人才的有效途径。

二、人工智能培养学生创造力与创新创业能力的理论基础

人工智能与学生创造力、创新创业能力培养的融合，理论基础来源于创新理论、创业教育理论以及认知心理学。创新理论强调通过知识整合、思维发散与收敛等过程，激发个体的创新思维与创造力。人工智能技术通过提供智能化工具、平台与资源，为学生创造了更加开放、灵活的创新环境，有助于激发学生的创新潜能。创业教育理论关注如何通过教育引导与实践锻炼，培养学生的创业意识、创业精神与创业能力。人工智能技术通过模拟创业场景、提供创业辅导等方式，为创业教育提供了有力支撑。认知心理学认为，创造力与创新创业能力的培养需依托丰富的认知资源、积极的情感体验与有效的认知策略。人工智能技术通过创设虚拟情境、提供个性化学习支持等手段，为学生的认知发展与创新创业实践提供了丰富资源与有效策略。

三、人工智能培养学生创造力与创新创业能力的实践路径

1. 激发创新思维

人工智能技术可以通过创设虚拟情境、提供问题解决方案等方式，激发学生的创新思维与想象力。例如，在人工智能辅助的创意设计课程中，系统能够根据学生的设计思路与风格偏好，自动生成多种设计方案与创意

灵感，引导学生在对比、分析与优化中不断拓展思维边界、提升创新能力。人工智能技术还支持学生进行跨学科的知识整合与思维碰撞，通过组织跨学科的创新挑战赛、创意工作坊等活动，促进学生在交流中激发新思想、新观点。研究表明，采用人工智能技术的智能辅助教学对学生创新能力的培养具有显著的促进作用。在“AI + 教育”的教学模型中，从知识空间、创造空间和思维空间三个角度进行设计，能够有效探索人工智能技术在教育领域的应用和实现过程，可以显著提升学生的创新能力。

2. 辅助创业实践

人工智能技术还通过提供创业模拟、市场预测、风险评估等支持，助力学生将创新想法转化为实际创业行动。例如，在某教育科技公司开发的创业实训平台上，学生可以利用人工智能技术进行市场调研、竞争对手分析、财务规划等操作，系统还会根据学生的创业计划与市场反馈，提供个性化的改进建议与风险评估报告，帮助学生更好地把握市场机遇、规避创业风险。将人工智能应用案例引入课程与创新创业实践项目中，如人工智能在医疗、金融、交通等领域的应用，可以启发学生的创新创业灵感，学生团队可以针对问题或市场需求，利用人工智能开发产品或服务，这是培养学生实践能力和创新创业意识的有效途径。

3. 改进教学方法

引导式教学在人工智能时代对于培养学生创造力与创新创业能力至关重要。教师可以采用问题导向式教学，如提出“如何利用人工智能技术提高图像识别的准确率”等问题，让学生分组讨论解决。这种教学方法能够促使学生主动查阅资料、分析问题和创新思路，锻炼创新与解决问题能力。在学生的创新创业项目实践中，学生团队可以利用各种大模型来进行“头脑风暴”“财务预测”“创业推演”等活动，将会使创新创业教学变得更加丰富，更加吸引学生。

4. 强化实践教学

采用人工智能技术增加实践机会、构建创新平台是提升学生创新创业能力的关键。职业院校可以进一步加强校企合作，建立广泛应用人工智能的实习基地和基于人工智能技术的创新创业孵化平台，让学生在企业实习中接触实际项目与问题，了解市场动态；通过组织学生参加创新创业竞赛和实践活动，如人工智能创新创业大赛、软件设计大赛等，让学生在团队协作、创新思维和解决问题的过程中培养能力。

5. 改革考核方式

在创新创业课程中，改变传统侧重理论的考核方式，增加实践与创新能力考核的比重，将实践项目成绩在总成绩中的比例提高到50%及以上，促使学生重视实践与创新活动；设定多元化考核指标，全面、客观地评价学生的创新创业能力。除传统考试成绩外，考核指标应涵盖项目成果、创意设计、团队协作等方面，以全面评价学生的综合能力。采用这些考核方式，将会极大增加教师的工作量，采用人工智能技术将会大大减轻教师的负担，教师将会更加聚焦于对学生创新意识与创业能力的培养上。

四、人工智能辅助学生创造力与创新创业能力培养的案例

1. 智能创作平台助力激发创意

浙江某职业技术学院引入了智能创作平台，利用人工智能驱动的设计工具，学生可以根据给定的主题或关键词，快速生成创意草图、设计概念等。例如，在广告设计课程中，学生借助智能创作平台生成了多个广告创意方案，然后在此基础上进行深化设计。这种智能创作平台不仅拓宽了学生的创意视野，还帮助他们突破了思维定式，激发了更多的创新灵感。

2. 人工智能创业项目孵化

广东某职业技术学院与企业合作开展了人工智能创业项目孵化活动。学校提供场地、设备和指导教师，企业则提供技术、资金和市场资源支持。学生团队在孵化过程中，利用人工智能技术开发具有市场潜力的产品或服务。例如，一个学生团队开发了一款基于人工智能的智能农业监测系统，通过数据分析和智能算法，实现了对农作物生长环境的精准监测和智

能调控。该项目在孵化过程中不断完善，被相关企业采用后，取得了一定的成效。

五、人工智能助力学生创造力与创新创业能力培养的问题与解决

1. 技术瓶颈问题

尽管人工智能技术在不断发展，但在培养学生创造力与创新创业能力方面仍存在一些技术瓶颈。例如，生成式人工智能在处理复杂问题和抽象概念时，可能会生成质量不高或缺乏创造性的内容。人工智能工具的稳定性和可靠性也需要进一步提高，以确保学生在使用过程中能够获得良好的体验。因此，学校需要与科研机构、科技企业紧密合作，共同开展人工智能技术在创造力与创新创业教育中的应用研究。针对生成式人工智能的不足，优化模型架构和算法，提高生成内容的质量和创造性；积极探索新兴技术的融合应用，如结合物联网技术实现智能设备的互联互通，为学生提供更加丰富的创新应用场景。

2. 教师能力问题

部分教师对人工智能技术的理解和应用能力有限，难以有效地将其融入创造力与创新创业能力培养的教学过程中。一些教师可能习惯于传统的教学模式，对新技术的接受和应用存在一定的抵触情绪，这在一定程度上影响了教学效果和学生的创新能力培养。针对这种情况，学校需要加强对教师的人工智能应用能力的培训，提升教师的人工智能辅助教学创新的能力；鼓励教师积极探索基于人工智能的新教学模式和方法，如项目式学习、问题导向式教学等，以适应创造力与创新创业能力培养的需求。

3. 课程与资源问题

当前，大多数职业院校培养学生创造力与创新创业能力的人工智能课程和教学资源较为短缺。现有的课程体系可能无法充分满足学生对人工智能知识和技能的需求，教学资源的质量和多样性也有待提高。一些院校缺

乏与企业合作的深度和广度，无法为学生提供足够的实践机会和真实项目案例。所以，学校需要大力开发和引进适合培养学生创造力与创新创业能力的人工智能课程和教学资源，完善课程体系，提高资源的质量和多样性；通过加强与企业的深度合作，建立实习基地和创新创业孵化平台，为学生提供更多实践机会和真实项目案例；鼓励教师和学生共同开发教学资源，形成资源共享和协同创新的良好氛围。

4. 数据安全与伦理问题

在利用人工智能技术培养学生创造力与创新创业能力的过程中，数据安全和伦理问题也是学校需要重视的问题。学生的创意作品、创业项目等数据可能涉及个人隐私和知识产权等问题，如何确保这些数据的安全和合法使用是一个亟待解决的问题。人工智能技术本身也可能带来一些伦理挑战，如算法偏见、虚假信息生成等，需要在教学过程中引导学生正确认识和应对这些伦理问题。针对这种情况，学校需要强化数据安全与伦理教育，建立完善的数据安全管理制度，加强对学生创意作品、创业项目等数据的保护；通过制定严格的数据收集、存储、使用和共享的规范流程，明确数据管理的责任主体和权限；在教学过程中加强对学生的数据安全和伦理教育，引导学生正确认识和应对人工智能技术带来的伦理挑战，培养他们的责任感和法律意识。

5. 课程评价问题

在培养学生创造力和创新创业能力的课程中，不能只采用传统的课程评价方式。在学生创造力与创新创业能力的培养过程中，学校需要针对这类课程构建多元化的评价体系，综合考量学生的创新思维、创业实践、团队协作等多个维度。通过引入企业评价、社会评价等多元评价主体，以及利用人工智能技术进行学习行为分析、成果展示等方式，全面、客观地评估学生的培养成效；通过建立评价结果的反馈与改进机制，及时发现培养过程中的问题与不足，为教学改进与优化提供有力依据。

随着人工智能技术的不断创新突破，人工智能在职业教育中应用场景越来越丰富，人工智能对学生创造力与创新创业能力的培养也会展现出更为广阔的发展前景。可以预见，人工智能将会与元宇宙、区块链等其他前沿技术深度融合，为学生提供更加沉浸式和个性化的学习体验，帮助他们在创新的道路上不断前进。职业院校需要主动抓住人工智能带来的技术变革，加强相关领域的规划与实施，充分发挥人工智能技术的优势，打造高质量的职业教育体系，为社会培养出更多具有创新精神和创业精神的技术人才。

第四节　人工智能个性化指导学生职业生涯规划的应用

传统的职业生涯规划指导往往难以满足学生的个性化需求，而人工智能技术的引入，能够通过精准的数据分析和智能算法，为学生提供更加个性化和精准的职业规划建议。下面将深入探讨人工智能个性化指导学生职业生涯规划的理论与实践，分析其优势与面临的难点，为职业院校在这一领域的探索与应用提供一定的参考。

一、人工智能赋能职业生涯规划的理论与价值

人工智能在职业生涯规划中的应用，本质上是将数据驱动的决策支持与教育的人本关怀深度融合，其理论基于生涯建构理论、社会认知职业理论以及复杂适应系统理论。生涯建构理论强调个体通过动态叙事构建职业身份，人工智能通过自然语言处理技术解析学生的成长故事与职业倾向，辅助其形成连贯的生涯叙事；社会认知职业理论关注自我效能感与结果预期的交互作用，人工智能可通过模拟职业环境与能力匹配测试，增强学生对职业选择的控制感与信心；复杂适应系统理论从生态视角出发，主张通过技术整合职业市场动态、教育数据与个体特质，构建多主体协同的生涯发展支持网络。

从应用价值看，人工智能赋能学生的职业生涯规划实现了三个突破。信息匹配精准化，通过挖掘行业趋势与岗位需求数据，消解传统职业指导中的信息不对称；决策支持动态化，基于实时反馈调整生涯路径建议，应

对职业市场的快速变迁；资源链接智能化，打通校企数据壁垒，为学生提供实习、培训与就业的一站式对接。一些高校也都在探索构建人工智能驱动的全生命周期职业指导体系。

二、人工智能在职业生涯规划个性化指导中的实践路径

人工智能技术在学生职业生涯规划指导中的应用，主要聚焦于职业测评、职业路径规划、实习就业推荐以及职业发展跟踪四个关键环节，借助于人工智能技术的应用，可以为学生提供全方位、个性化的指导服务。

1. 职业测评

借助人工智能技术，职业院校可以开发智能化的职业测评系统，通过问卷调查、行为分析等方式，全面评估学生的兴趣、性格、能力等职业相关特质。例如，辽宁某职业技术学院引入的智能职业测评系统，能够根据学生的测评结果，智能匹配适合的职业类型与岗位，并提供详细的职业分析报告与发展建议。这种测评方式不仅提高了测评的准确性与效率，还增强了学生的自我认知与职业定位能力。

2. 职业路径规划

人工智能技术能够根据学生的职业测评结果、学习成绩、实习经历等多维度数据，为学生规划个性化的职业发展路径。有些职业院校已经采用职业生涯规划平台，利用机器学习算法分析学生的职业发展需求与目标，为学生推荐适合的课程学习、技能培训与实习项目等。平台还会根据学生的职业发展进度与反馈，动态调整规划方案，确保学生始终沿着正确的职业路径前进。

3. 实习就业推荐

人工智能技术通过大数据分析企业招聘需求、行业发展趋势等信息，能够为学生精准推荐实习与就业机会。某教育科技企业开发的就业服务平台，通过人工智能技术整合校内外实习就业资源，根据学生的专业背景、

技能水平、求职意向等，智能匹配适合的实习岗位与就业机会。平台还提供简历优化、面试辅导等一站式服务，助力学生顺利实现就业目标。例如，广东轻工职业技术学院开发的“职引 AI”系统，可以整合学业成绩、技能证书、社会实践、心理测评等多维度数据，以人工智能构建动态职业画像。通过采集学生在校期间参与的500余项行为标签（如竞赛获奖、社团领导力、跨专业项目经验），结合区域产业人才需求图谱，生成个性化的“职业竞争力雷达图”。该系统与珠三角上千家企业实时数据对接，已为该校1万余名学生提供精准岗位推荐，就业匹配度较传统模式大幅提升。

4. 职业发展跟踪

在学生进入职场后，人工智能技术仍可持续关注其职业发展动态，提供针对性的职业辅导与支持。例如，浙江某职业技术学院的职业发展跟踪系统，通过收集学生的职场表现、晋升情况、行业动态等数据，分析学生的职业发展状况与潜在问题，为学生提供职业晋升、技能提升等方面的建议与资源。这种跟踪服务不仅有助于学生的长期职业发展，也为职业院校的教学质量评估与改进提供了有力依据。

三、人工智能个性化指导学生职业生涯规划的案例

案例1：“淘工作”平台

某企业的“淘工作”平台，采用人工智能技术对求职者的简历、行为数据等进行深度分析，为求职者精准推荐适合的岗位。平台还通过大数据分析行业发展趋势、企业招聘需求等信息，为求职者提供职业规划建议与培训资源。许多职业院校的毕业生在“淘工作”平台的帮助下，成功找到了与自身兴趣与能力相匹配的电商运营岗位，实现了从校园到职场的顺利过渡。

案例2：北森测评系统

北森测评系统作为国内领先的人才测评工具，通过一些人工智能技术对学生的性格、能力、价值观等进行综合评估，为学生提供个性化的职业发展方向与建议。一些职业院校采用了该评测系统为学生制定职业生涯规

划，明确了自己的职业兴趣与优势领域，选择了适合本人兴趣与能力的发展方向作为职业目标，并在学校有针对性地培养下，顺利进入了适合的企业。

案例3：分布式生涯数据系统

四川某职业学院与企业共同开发了分布式生涯数据系统，构建起“动态画像—弹性路径—人机协同”三级模型。在数据层，引入边缘计算与联邦学习技术，实现跨平台数据的隐私保护式聚合，在确保学生数据主权的前提下，整合教务系统、企业招聘平台与社交网络行为数据，动态更新职业画像；在决策层，设计弹性生涯路径生成算法，允许学生通过滑块调节“风险偏好—兴趣权重—能力优先级”参数，获得差异化建议；在交互层，建立人机协同决策机制，AI提供数据洞察，教师聚焦价值观引导与情感支持。

四、人工智能个性化指导学生职业生涯规划面临的难点

尽管人工智能技术在学生职业生涯规划指导中展现出巨大潜力，但在实际应用过程中仍面临许多难点。

1. 数据隐私与安全问题

在职业生涯规划指导过程中，需要收集与处理学生的大量学习行为、兴趣偏好、职业测评结果等个人数据，这些数据具有较高的敏感性，一旦泄露可能对学生的个人隐私造成严重侵害。如何确保数据的安全性与隐私保护，成为人工智能应用过程中必须解决的重要问题。因此，职业院校应建立健全的数据安全管理制度，采用加密技术、访问控制等手段，确保学生数据的安全性与隐私保护。学校要进一步加强对人工智能技术提供商的监管与评估，确保其技术产品的安全性与合规性。

2. 技术应用的局限性

当前人工智能技术仍处于快速发展阶段，其在某些领域的应用仍存在局限性。例如，在职业测评过程中，人工智能技术可能难以准确评估学生的某些软技能，如沟通能力、团队协作能力等；不同专业、不同行业对人

才的需求存在显著差异，如何构建适应各专业、各行业特点的个性化指导模型，也是一大难点。针对这个问题，职业院校应与人工智能技术机构、企业等建立紧密的合作关系，共同研发适合职业教育特点的人工智能技术与模型；通过技术攻关、案例分享等方式，不断提升人工智能技术在学生职业生涯规划指导中的应用水平；加强对不同专业、不同行业人才需求的研究，构建更加精准、个性化的指导模型。

3. 学生接受度与参与度问题

职业院校中的有些学生由于对人工智能技术缺乏了解与信任，对其在职业生涯规划指导中的应用持怀疑态度；部分学生在职业规划过程中缺乏主动性与参与度，提供的个人信息不够真实，导致人工智能技术的优势无法充分发挥。如何提高学生的接受度与参与度，成为推动人工智能个性化指导学生职业生涯规划的关键。学校应通过宣传教育、体验活动等方式，提高学生对人工智能技术的认知与信任度；鼓励学生积极参与职业规划过程，利用人工智能技术进行自我探索、职业定位与决策；还可以通过设立职业规划工作坊、职业导师制度等方式，为学生提供更加全面、个性化的指导与支持。

随着具身智能与情感计算技术的突破，人工智能将超越工具属性，成为学生的终身成长伙伴。嵌入区块链技术的“职业数字孪生”可跨生命周期记录能力发展轨迹，为转岗再培训提供精准支持；情感智能体通过多模态交互识别职业倦怠信号，主动推送心理调适资源。但技术发展需要始终要与教育的目标相一致，未来的职业生涯发展规划指导应是“有温度的数据”与“有深度的陪伴”相结合，在技术赋能中守护人的主体性与发展自由。

第五节　人工智能辅助学生心理健康服务的应用

在职业院校中，学生的心理健康状况对其学业成就、职业发展乃至个人成长具有重要影响。随着人工智能技术的广泛应用，其在心理健康服务领域的应用受到重视，为职业院校学生提供了更加便捷、高效、个性化的心理支持。

一、当前职业院校学生主要的心理问题

近年来，职业院校学生受到心理问题困扰的比例逐年增加，产生这些问题的因素复杂而多样。

1. 学业方面

课程难度过大、学习任务过重、教学方法单一等问题广泛存在，这使学生很难跟上学习节奏，进而产生焦虑与挫败感。例如，在高等数学、专业核心课程等难度较大的课程学习中，部分学生因基础知识薄弱、学习方法不当而难以理解课程内容，导致成绩不理想，甚至出现挂科现象，这严重影响了学生的学习动力和自信心。

2. 就业方面

在当前社会就业市场的激烈竞争，职业规划的不明确性，不知道如何选择合适的职业路径，这些都会给学生们带来许多困扰；经济形势的不稳定和不确定性也给学生们的未来发展前景蒙上阴影，使他们对未来充满担忧。学生常常因为缺乏一个明确的职业定位而感到焦虑，由于缺少必要的就业技能，他们在求职过程中也感到非常不安，担心自己无法满足职场的要求，从而在就业市场上处于不利地位。

3. 人际关系方面

校园社交的复杂性常使学生陷入消极情绪。部分学生因性格内向、沟通能力不足，在与同学相处时容易产生矛盾和冲突，遭受排斥或孤立，进而导致人际关系紧张，产生孤独感和抑郁情绪。

4. 自我认知方面

自我认知偏差也极为常见，许多学生难以正确认识自己，往往因学业

成绩不佳或外貌身材缺陷而过分否定自我价值，陷入自卑情结；或因偶尔的成功便过度自信，盲目自大，这种自我认知的偏差使他们难以正确对待生活中的挫折与失败，在情绪调节上遭遇重重困难。

5. 家庭因素方面

家庭结构不完整、父母关系不和谐、教育方式不当等问题，像父母离异、长期争吵或溺爱、专制等，会使学生缺乏安全感、独立性和责任感，他们可能会变得敏感多疑、叛逆对抗，或者过度依赖他人，难以适应独立的生活和学习环境。

6. 社会支持方面

家人和朋友作为主要支持来源，如果无法给予学生充分理解、支持和鼓励，会使他们在面对压力时孤立无援，应对压力的能力也随之下降。例如，一些来自农村或贫困家庭的学生，在面对城市生活的压力和同学间的攀比时，因得不到家人和朋友的有效支持而深感无助。

此外，社会对职业教育的偏见也给学生带来心理负担。在这些困境中，学生容易产生焦虑、抑郁、孤独等不良心理问题，而这些问题又会相互交织、影响，进一步加剧学生心理的复杂性和严重性，严重影响学生的学习、生活和发展。因此，学校需要借助人工智能技术为学生提供完善的心理健康服务。

二、人工智能助力心理健康服务的理论基础

人工智能为学生提供心理健康服务的理论基础主要涵盖心理健康教育理论、个性化教育原理以及人机交互技术。心理健康教育理论强调关注个体的心理需求与问题，提供适时的干预与支持；人工智能技术通过深度学习、自然语言处理等手段，能够精准识别学生的情绪状态、心理困扰，为个性化心理服务提供可能；个性化教育原理则倡导根据学生的个体差异，提供定制化的教育资源与支持。在心理健康服务中，人工智能技术能够依据学生的心理特质、需求偏好，推荐适合的心理辅导方案、资源或活动。人机交互技术则通过智能对话系统、虚拟现实等方式，为学生创造更加自

然、互动的心理服务体验，降低心理求助的门槛与抵触感。

三、人工智能助力学生心理健康服务的实践路径

1. 智能心理健康评测

（1）多模态评测工具。借助人工智能技术开发的多模态心理评测工具，能够综合运用心理问卷、生理指标监测、行为观察等方式，对学生心理健康进行全面评估。通过分析学生在手机或电脑上的操作行为、语音语调、面部表情等信息，结合传统心理测评量表，更全面准确地评估学生的心理健康状况。例如，在2024年底至2025年初，某智能心理健康评测系统在多地开展心理评测公益活动，覆盖超12万人，付费用户超2万人，其评测准确率比传统方法提升了14.7%，达到92%的科学水平，高危个案识别准确率达90%。

（2）动态监测与预警。利用可穿戴设备和移动应用，持续收集学生生理和行为数据，如心率、睡眠质量、活动轨迹等，实现心理健康的动态监测。借助机器学习算法设定预警值和风险模型，及时发现学生心理异常并预警。例如，浙江某大学通过学生态势感知系统分析学生上课考勤和运动轨迹等数据，早期识别出需要干预的学生，及时提供心理支持。

2. 个性化心理干预与辅导

（1）定制干预方案。人工智能系统依据学生心理健康评估结果和个体需求，生成个性化心理干预方案，涵盖在线心理咨询、自我帮助程序、认知行为疗法练习等。例如，为有焦虑症状的学生提供渐进性肌肉松弛训练、深呼吸练习等放松技巧指导。

（2）智能辅导与支持。智能辅导系统通过语音交互、文本对话等方式与学生实时互动，提供情感支持和心理疏导。某人工智能数字伙伴产品集成了青少年语料、心理学知识图谱及危机干预案例，通过多模态交互引导青少年进行深度思考、缓解负面情绪。目前，该产品已在湖北、上海等地12355青少年服务台及多所学校落地，并获批优秀软件成果奖。

（3）危机干预。面对高危心理危机情况，人工智能系统能够快速识别

并启动紧急干预流程，及时联系专业心理咨询师或医疗机构进行人工干预，确保学生生命安全。

3. 心理健康教育与预防

（1）个性化教育内容。人工智能依据学生心理特点和需求，生成个性化心理健康教育内容，如心理健康课程、科普文章、视频等。通过智能推荐系统，将合适的教育资源推送给学生，提高他们的心理健康意识和自我保健能力。

（2）虚拟现实与模拟训练。利用虚拟现实技术创建各种心理训练场景，如社交场合、公众演讲等，让学生在虚拟环境中进行模拟训练，提高应对压力和心理挑战的能力。例如，为有社交焦虑的学生提供虚拟社交场景，帮助其逐步适应和克服焦虑情绪。

在心理健康服务中融入人工智能技术，不仅能够提升服务的精准度和效率，还能为学生提供更具个性化的支持，助力他们保持良好的心理状态，积极面对学习和生活中的各种挑战。

四、人工智能在心理健康服务中的应用案例

案例 1：心理健康管理体系

浙江某大学成立了学生思政大数据研判与决策中心，利用大数据技术对学生行为进行采集、处理和分析，建立了一套“校—院—班级—宿舍”在内的四级心理危机预警防控体系，通过整合学生的学习、运动、消费等数据，对学生的心理健康状况进行动态追踪和精准研判，优化了危机预防和干预机制。学校开发的学生态势感知系统能够实时分析学生的行为模式和心理特征，根据学业表现、考勤记录等数据预测学生可能的心理问题。例如，通过分析学生上课考勤和运动轨迹，系统能够早期识别出需要干预的学生，及时提供心理支持。

案例 2：PEM－AI 心理健康管理系统

陕西某学院引入了 PEM－AI 心理健康管理系统，依托人工智能大数据

分析能力，实现学生心理健康的动态监测与精准干预；系统通过收集和分析学生的多维度数据，为学校心理健康教育工作者提供数据支持和决策依据，帮助他们更好地了解学生心理健康状况，及时发现潜在问题，并制定个性化的干预措施。

五、人工智能应用于学生心理健康服务中面临的问题与对策

1. 数据隐私与安全问题。

在利用人工智能辅助收集和使用学生心理健康数据过程中，数据隐私和安全面临巨大风险。一旦数据泄露，学生的个人隐私将受到严重侵犯，可能导致他们遭受歧视、误解等不良后果，进而影响其身心健康和未来发展。学校要重视数据安全与隐私保护，建立严格的数据安全管理制度，采用先进的加密技术和访问控制机制，确保学生心理健康数据的安全性和隐私性；加强数据使用和共享的监管，明确数据使用者的责任和义务，防止数据泄露和滥用。

2. 技术局限性与准确性问题

当前人工智能技术还有很多不完善的方面，通过人工智能大模型生成的答案往往不够准确，在心理健康服务中的应用仍存在很多局限性。一是心理健康问题的复杂性和多样性使得人工智能难以完全准确地识别和理解所有的情况，一些学生可能擅于掩饰自己的真实情绪，导致人工智能系统无法准确识别其心理状态；二是人工智能模型的准确性和可靠性依赖于大量的高质量数据进行训练，而目前在心理健康领域的数据收集和标注存在一定的困难和挑战，这可能影响系统的性能和效果。这就需要企业持续投入人工智能技术的研发，改进算法模型，提高心理健康服务的准确性和可靠性。学校要加强跨学科研究合作，结合心理学、教育学、计算机科学等多学科知识，深入研究学生心理健康问题的特点和规律，为人工智能技术企业的研发提供更坚实的理论基础。

3. 人机交互的情感与信任问题

心理健康服务涉及情感的交流和信任的建立，人工智能系统目前在情感理解和共情能力方面仍存在不足。学生可能更愿意与真实的人建立信任关系，而不是与机器进行互动。人工智能系统在处理复杂的情感问题和危机情况时，可能缺乏灵活性和人文关怀，无法完全满足学生的心理需求。学校需要加强人机协作与融合，充分发挥人工智能和人类专业人员的优势，建立人机协作的心理健康服务模式。人工智能系统在数据收集、分析和初步筛选方面发挥重要作用，人类专业人员则在情感支持、深度咨询和危机干预等方面提供专业的服务。通过人机协作，提高心理健康服务的质量和效果。

人工智能在学生心理健康服务中的实施路径呈现出多元化、智能化的发展趋势。通过情绪监测与识别、心理问题筛查、个性化心理辅导以及危机干预等关键环节的深度融合与协同发展，人工智能将为学生构建全方位、多层次的心理支持体系，助力学生实现身心健康与全面发展。但是，人工智能技术的应用也面临着技术伦理、隐私保护、技术准确性与适用性等多重挑战，需要职业院校、科研机构、企业以及政府部门等多方共同努力，推动技术的持续创新与应用场景的不断拓展，并确保人工智能在心理健康服务中的应用符合社会主义核心价值观和社会规范，为学生的心理健康和全面发展提供更加有力的支持。

本章主要内容结构图

本章主要内容结构如图 6－1 所示。

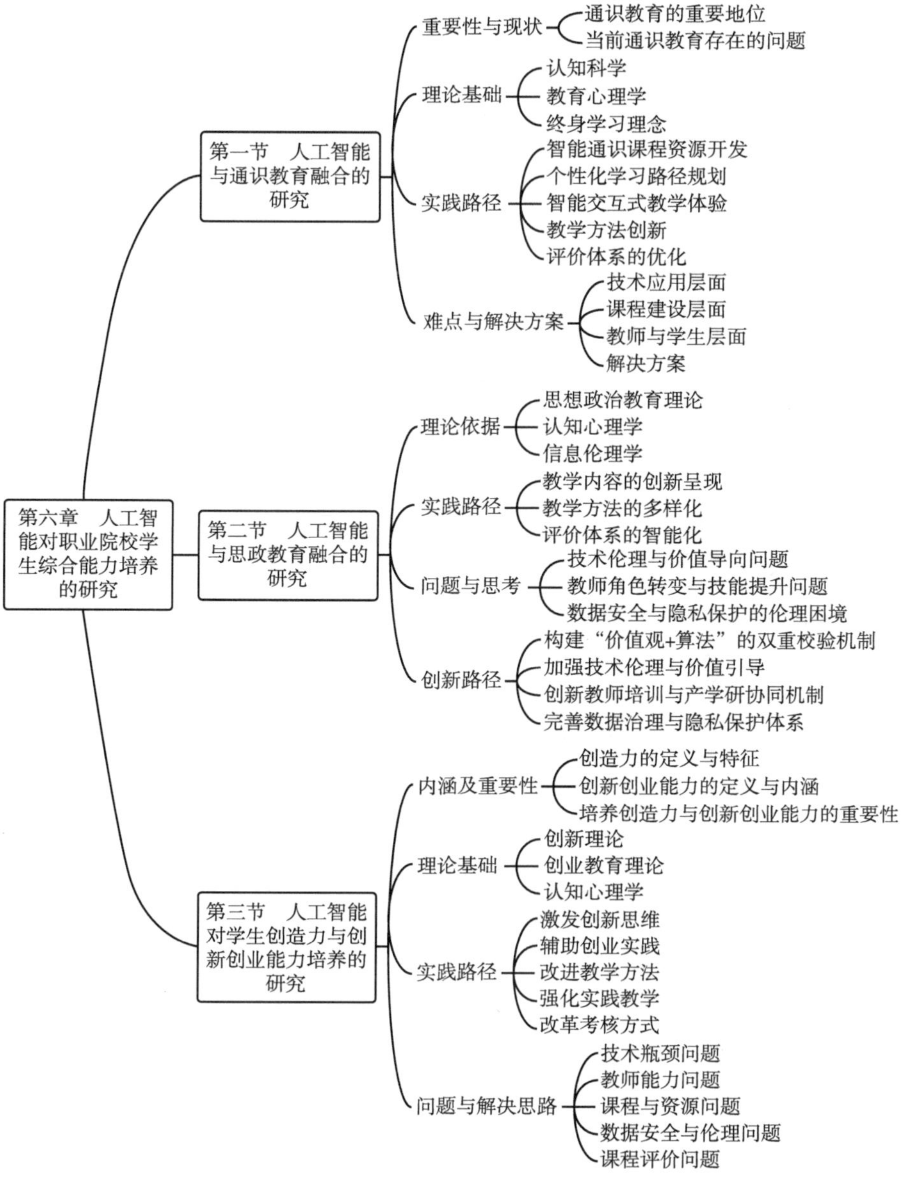

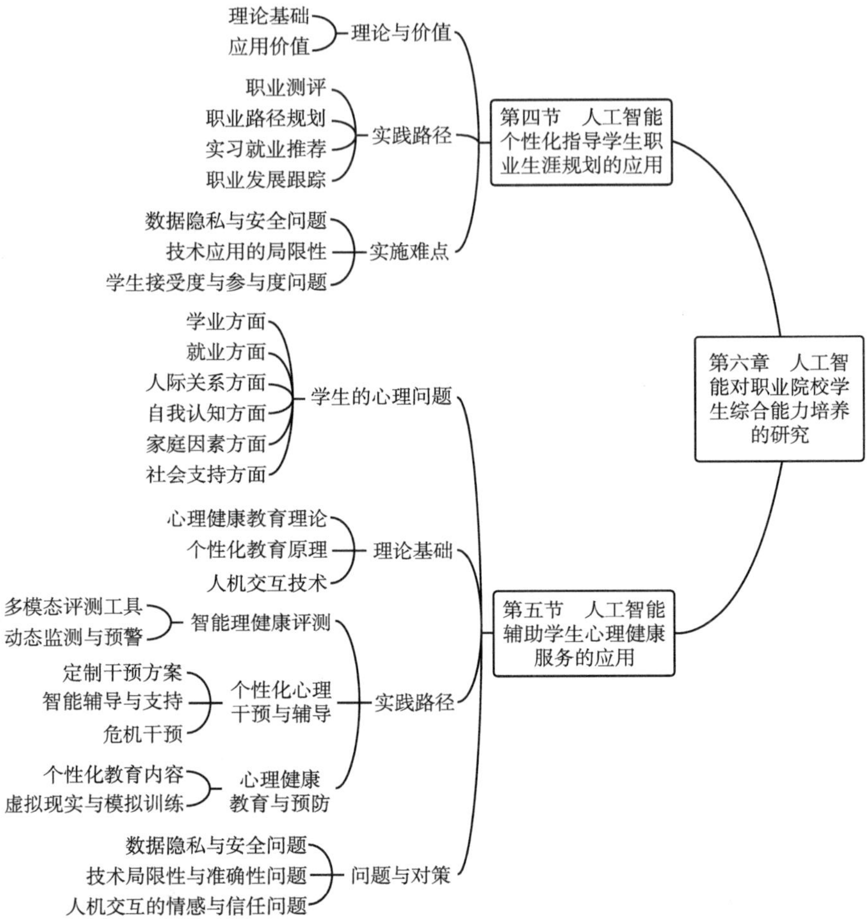

图 6－1　内容结构图：人工智能对职业院校学生综合能力培养的研究

第七章 人工智能在职业教育评价体系中的应用

教育评价是教学质量监控与提升的重要手段，现在也要经历由人工智能与大数据技术驱动的深刻变革。传统评价模式因人工操作的局限性，难以实现对教学过程的全面、精准、即时评估，也无法充分满足学生个性化发展需求。人工智能与大数据技术的融入，为教育评价机制带来了前所未有的机遇。它们不仅能够处理海量、复杂的数据，还能通过智能分析，揭示教育过程中的深层规律。本章将深入探讨人工智能与大数据在教育评价机制中的有效应用，阐述其技术基础、实施路径、面临的问题及解决方案，为构建科学、高效、个性化的职业教育评价体系提供实践路径。

第一节 人工智能与大数据在教育评价机制中的融合应用

教育评价是职业教育体系中的关键环节，它不仅关乎教学质量的提升，更影响着学生的个人发展和学校的整体办学水平。随着人工智能与大数据技术的广泛应用，他们也在快速地向教育评价领域融合，为职业教育评价机制带来前所未有的变革。这种融合不仅提升了评价的科学性、客观性和全面性，还为学生提供了更为个性化和及时的反馈，帮助职业教育向更高层次发展。

一、采用人工智能与大数据的教育评价技术基础

人工智能与大数据在教育评价机制中的融合应用是一个复杂而精细的过程，它依赖于多种先进技术的综合应用。这些技术不仅为教育评价提供了强大的数据处理与分析能力，还为实现评价的智能化、个性化奠定了坚实的基础。

1. 数据挖掘与分析

数据挖掘与分析是人工智能与大数据在教育评价机制中融合应用的核心技术之一。通过运用各种数据挖掘算法，如聚类分析、关联规则挖掘、分类与预测等，系统能够从海量、异构的教育数据中提取出有价值的信息和知识。这些信息不仅可以帮助教师了解学生的学习行为、学习成效，还能揭示教学过程中的潜在问题与改进方向。例如，通过聚类分析，系统可以将学生按照学习风格、学习进度等特征进行分组，从而为不同群体的学生提供更具针对性的教学资源和评价策略；通过关联规则挖掘，系统可以发现学习行为与学习成绩之间的潜在联系，如哪些学习行为更有可能导致学习成绩的提升，进而为教学优化提供依据；通过分类与预测，系统可以基于学生的历史学习数据，对其未来的学习成绩、技能掌握情况进行预测，以便教师及时调整教学策略，进行个性化辅导。

2. 机器学习

机器学习是人工智能领域的一个重要分支，它通过让计算机从数据中学习并改进其性能，而无需进行明确的编程。在教育评价机制中，机器学习可以应用于多个方面，如学习成绩预测、学习路径推荐、学习资源适配等。以学习成绩预测为例，通过训练一个机器学习模型，系统可以通过学生的作业完成情况、在线测试成绩、课堂互动情况等历史学习数据，预测他未来在特定知识点或课程上的表现；这种预测不仅可以帮助教师及时发现可能存在的学习问题，还能为个性化辅导提供依据；机器学习模型可以随着新数据的不断加入而持续更新和优化，从而提高预测的准确性和可靠

性；机器学习还可以用于学习路径的推荐，系统通过分析学生的学习行为、兴趣偏好以及学习目标等信息，可以为学生推荐最适合其当前学习状态的学习路径和资源，这种个性化的学习路径不仅可以提高学生的学习效率，还能增强其学习动力和满意度。

3. 生成式人工智能

生成式人工智能是人工智能领域得到广泛应用的技术，它采用自然语言处理技术使计算机能够理解、解释和生成人类语言。在教育评价机制中，生成式人工智能可以应用于作业批改、考试评分、学习反馈等多个环节。例如，在作业批改方面，传统的作业批改方式往往需要教师花费大量时间和精力进行人工批改；利用生成式人工智能的各类大模型，系统可以自动识别学生作业中的关键信息、语法错误、逻辑问题等，并给出相应的批改建议和分数；这不仅可以大大减轻教师的工作负担，还能提高批改的准确性和一致性；系统还可以根据学生的作业情况，为其提供个性化的学习反馈和资源推荐，帮助学生更好地掌握相关知识和技能。在考试评分方面，通过微调一个基于生成式人工智能大模型的评分系统，可以自动分析学生的考试答案，评估其答题质量、理解程度以及创新能力等。这种自动化的评分方式不仅可以提高评分效率，还能确保评分的客观性和公正性；系统还可以根据学生的答题情况，为其生成个性化的学习报告和改进建议，助力学生实现自我提升。

4. 计算机视觉技术

计算机视觉是人工智能领域的一个重要研究方向，它使计算机能够“看”并理解图像和视频内容。在教育评价机制中，计算机视觉可以应用于课堂观察、学习状态监测、情感分析等多个方面。例如，在课堂观察方面，通过安装摄像头等监控设备，系统可以实时捕捉学生的面部表情、肢体动作等信息，并对其进行分析和处理；这可以帮助教师了解学生在课堂上的学习状态和情感变化，还能为教学调整提供依据；当系统监测到某位学生表现出困惑或疲惫的神情时，教师可以及时给予关注或调整教学策略，以激发学生的学习兴趣和积极性。在学习状态监测方面，计算机视觉通过分析学生在学习过程中的眼神移动、头部姿态等信息，系统可以评估其注意力集中程度、学习投入度等；这种精准的学习状态监测不仅可以帮助教师更好地了解学生的学习习惯和问题所在，还能为个性化辅导提供有力支持。

二、采用人工智能与大数据的教育评价实施路径

基于上述技术基础，人工智能与大数据在教育评价机制中的融合应用中可以实现多个核心功能，这些功能不仅提升了教育评价的精准度和效率，还促进了评价模式的多元化与个性化发展。

1. 多维度学习评价

传统的教育评价往往侧重于对学生知识掌握情况的考查，而忽视了对其能力、态度、情感等多方面的评价。人工智能与大数据的融合应用实现了对学生学习行为、学习成效、学习态度以及情感状态等多维度的综合评价。例如，通过学习行为数据的分析，系统可以评估学生的学习习惯、学习投入度以及自主学习能力等；通过学习成效数据的挖掘，系统可以揭示学生在学习过程中的进步与不足，为教学改进提供依据；通过学习态度与情感状态的分析，系统可以了解学生的学习动机、学习满意度以及情绪变化等，为情感教育和心理辅导提供支持。这种多维度的学习评价不仅有助于全面了解学生的学习状况，还能为个性化教学提供有力支撑。

2. 个性化学习路径与资源推荐

每个学生都具有独特的学习风格、兴趣偏好以及学习目标，教学中需要为他们提供个性化的学习路径和资源，这是提升学习效果的关键，人工智能与大数据的融合应用实现了这一目标。系统通过分析学生的学习行为、历史成绩、兴趣偏好以及学习目标等信息，可以为其推荐最适合的学习路径和资源，这些资源不仅涵盖了传统的教材、课件等学习材料，还包括了在线课程、虚拟实验、互动问答等多种形式的学习资源。系统还可以根据学生的学习进度和反馈，动态调整学习路径和资源推荐，确保学习过

程的连贯性和有效性。这种个性化的学习路径与资源推荐不仅提高了学生的学习效率和质量，还增强了其学习体验和满意度。

3. 智能化教学反馈与辅导

教学反馈是教学过程中不可或缺的一环，它有助于教师了解学生的学习情况，及时调整教学策略，人工智能与大数据的融合应用实现了教学反馈的智能化和精准化。系统通过实时分析学生的学习数据，可以及时发现其在学习过程中存在的问题和困难，并为教师提供详细、准确的教学反馈。反馈涵盖了学生的学习进度、知识掌握情况等方面，还包括学生的学习态度、情感状态等；系统可以根据教学反馈，为教师提供个性化的教学建议和资源推荐，帮助其更好地开展教学工作；系统可以为学生提供智能化的辅导服务，自动识别学生遇到的学习问题类型，并提供相应的解题思路、辅导资源或在线答疑服务。这种智能化的辅导服务不仅可以帮助学生及时解决学习问题，还能培养其自主学习和解决问题的能力。

4. 情感与态度分析

情感与态度是影响学生学习效果的重要因素之一，传统的教育评价往往难以准确评估学生的情感状态和学习态度，人工智能与大数据的融合应用则为这一难题提供了解决方案。通过计算机视觉、生成式人工智能等技术，系统可以实时监测和分析学生的面部表情、语音语调、文本输入等信息，进而评估其情感状态和学习态度。例如，当系统检测到学生表现出沮丧或焦虑的情绪时，可以及时推送相应的心理关怀资源或建议；当学生表现出积极的学习态度时，则可以给予鼓励和奖励。这种情感与态度的分析不仅有助于教师更好地了解学生的内心世界，还能为情感教育和心理辅导提供有力支持；它也为实现更加人性化、关怀性的教育评价提供了可能。

5. 教学决策支持

随着人工智能与大数据技术不断融入教育评价领域，这些技术为教学决策提供了有力的支持和帮助。通过深入分析教学数据，系统能够有效地识别出教学管理过程中存在的问题，并且能够为学校管理者提供有价值的反馈和建议，从而帮助他们做出更加明智的决策。例如，陕西某大学就利用人工智能和大数据技术，建立了一个名为“两端一体化”的课堂教学智能督导中心；这个中心不仅能够满足线上线下的全方位实时教学质量监测需求，而且还能为学校教务处等教学管理者提供强大的数据支持；教学管理者能够更加精准地了解和满足学校的教学需求，从而提高整体的教学质量和效果。

三、融入人工智能与大数据技术的教育评价案例

案例1：职业教育教学质量及学生成长监测系统

西南某职业技术学院与教育科技企业密切合作，基于人工智能与大数据技术开发了职业教育教学质量及学生成长监测系统。该系统解决了课程标准更新滞后、教学监控烦琐、教学评价不及时等问题。通过实时数据分析、预警发布、问题诊断及教学改进，系统建立了专业、课程、教师、学生的双向反馈机制，促进了人才培养质量的提升；系统通过分析教师授课视频和学生反馈数据，为教师提供智能评教建议，并帮助学生了解自己的学习情况，实现自我提升。

案例2：教学管理大数据分析平台

江西某职业技术学院积极推进数字化转型，构建了全面覆盖教学、管理与服务的大数据分析平台。该平台每日处理超50万条数据，涵盖12个维度，为学校提供全方位的数据支持。在教学质量监测方面，平台实现了对教师教学过程的实时监测与自动评价，通过对教学视频的人工智能分析，从多个维度进行智能评教，评教效率提升了80%，为教师提供了详细的教学改进建议。

案例3：智能化学生评价系统

山东某职业学院全力打造智能化的学生评价系统，利用人工智能技术对学生的学习过程和成果进行全面评估。该系统不仅关注学生的学业成绩，还注重学生的综合素质发展，通过分析学生在校园内的各种行为数

据，如课堂表现、社团活动参与度等，构建了全面的学生画像。系统为学生提供个性化的学习建议和职业规划指导，帮助学生更好地提升自我。

四、面临的挑战与应对策略

1. 数据隐私与安全问题

在人工智能与大数据技术应用于教育评价的过程中，数据隐私与安全问题还是一个难点。学校在收集和使用学生数据时，需要建立严格的数据安全管理制度，采用先进的加密技术和访问控制机制，确保学生数据的安全。加强数据使用和共享的监管，明确数据使用者的责任和义务，防止数据泄露和滥用。

2. 技术应用的公平性与准确性问题

人工智能技术虽然能够在教育评价中发挥巨大作用，但在实际应用中仍需关注其公平性和准确性。算法偏见可能导致对某些学生群体的不公平评价，因此需要不断优化算法，确保评价结果的客观性和公正性；技术的应用不应完全取代教师的主观判断，而应作为辅助工具，与教师的专业判断相结合，以实现更全面的教育评价。

3. 教师与学生的数字素养问题

为了充分发挥人工智能与大数据技术在教育评价中的优势，学校还要持续加强教师和学生的数字素养培训。教师应具备运用智能评价系统进行教学改进的能力，学生需要了解如何在学习过程中有效利用这些技术工具。学校需要不断地开展专题讲座、实践操作培训和教学观摩等活动，逐步提升教师和学生的数字素养，促进技术与教育教学的深度融合。

人工智能与大数据技术的融合为职业教育评价机制带来了深刻的变革。从多维度学习评价到个性化学习路径与资源推荐，再到智能化教学反馈与辅导、情感与态度分析以及教学决策支持，这些教育评价方式的应用不仅提升了评价的科学性和效率，还为学生提供了更为个性化和及时的反馈，助力职业教育向更高层次发展。但是，技术的应用也带来了数据隐私与安全、公平性与准确性等难题，需要学校、企业和政府共同努力，制定相应的策略和规范，确保技术的合理应用。

第二节　人工智能驱动的教学质量诊断研究

传统教学质量诊断往往依赖于教师的主观判断与有限的数据分析，难以实现精准、实时地评价与反馈。人工智能技术的发展，为这一领域带来了重大的改变。通过对海量教学数据的深度挖掘与智能分析，人工智能能够揭示教学过程中的潜在问题，提供个性化、科学化的改进建议。

一、人工智能驱动教学质量诊断的理论基础

人工智能驱动的教学质量诊断是通过智能技术对教学质量进行全面、深入的评估与分析，以提升教学质量。其理论基础主要源于大数据分析、机器学习以及认知诊断理论；在实践层面，人工智能驱动的教学质量诊断主要依赖于多模态数据的收集与智能分析，通过整合课堂视频、作业文本、学习日志等多源数据，人工智能能够精准识别教学过程中的薄弱环节，并为教师提供个性化的改进建议。

二、人工智能助力教学质量诊断的实践路径

在职业教育数字化转型进程中，人工智能技术正通过多模态数据采集、智能分析与动态反馈机制，重构传统教学质量诊断模式。本节将结合国内职业院校的实践案例，系统讲解人工智能技术在教学质量诊断中的创新实践路径。

1. 智能巡课与实时监控

山东某职业学院依托人工智能技术构建了“六路聚合”智能巡课系统，实现教学质量的实时监控与预警。该校在二百余间教室、实训室都部

署巡课录播设备及智能分析终端，通过教师特写、学生全景、智慧黑板等多路画面，结合人工智能算法自动识别课堂违纪行为、师生互动频次等 17 项关键指标。例如，系统通过语音语义识别技术分析教师授课内容，结合 OCR 识别板书关键知识点，生成课堂教学质量分析报告。试点数据显示，采用人工智能技术使巡课效率提升 60%，问题发现周期缩短至 1 天以内，课堂违纪行为实时预警准确率达 90% 以上。

广东某职业技术学院则采用“AI 巡课 + 人工复核”双轨机制，重点监测实验实训环节的安全规范执行情况。系统通过计算机视觉技术识别学生操作违规动作，如机械加工实训中未佩戴护目镜行为，预警信息同步推送至教师终端与安全管理平台。采用该系统后，成功干预十几起安全隐患事件，基本杜绝了实训教学事故的发生。

2. 多维评价与深度分析

北京某大学开发的全维度教学质量监测系统，整合课堂视频、作业文本、学习日志等多模态数据，构建动态教学质量画像。其智能诊断引擎基于大模型技术，可识别 20 余项教学薄弱环节，如课堂互动失衡、知识点覆盖不足等，诊断准确率达 89%。在《计算机网络技术》课程诊断中，系统发现教师过度依赖 PPT 讲授而忽视实操演示，自动生成“增加虚拟仿真实验环节”的改进建议，提升了学习这门课程的学生动手操作的水平。

浙江某职业技术学院构建“教学评价知识图谱”，将课程标准、教材内容与企业岗位需求关联，实现教学质量的产业对标诊断，系统自动对比教师授课内容与行业技术标准。例如，当发现“工业机器人编程”课程未涵盖 AGV 小车协同控制技术，系统即时推送相关企业案例库资源，帮助教师快速完成教学内容更新。

3. 知识图谱与精准教学

针对传统教学知识点碎片化问题，山东某职业学院联合教育科技企业构建“专业—课程—岗位能力”三级知识图谱。以机电一体化技术专业为例，系统将 400 多个核心知识点与企业相关人才需求、技能竞赛要求、1 + X 证书标准关联，形成动态更新的知识网络。教师可基于图谱自动生成课程知识树，学生能获取个性化学习路径推荐。这种模式使专业课程与企业需求匹配度提升至90%以上，学生岗位适应周期明显缩短。

江苏某职业技术学院在知识图谱应用中创新“技能缺陷补偿机制”，系统通过学生实训数据自动生成“技能热力图”，精准定位操作薄弱环节。如数控专业学生加工精度不达标时，系统推荐“刀具补偿参数优化”微课资源，并匹配企业导师进行远程指导，使技能补救效率提升2倍左右。

4. 闭环干预与持续改进

广东职业技术学院建立“监测—预警—干预—反馈”教学质量改进闭环。当人工智能系统诊断出某教师课程学生到课率持续低于基准值时，自动触发三级干预流程。教务处推送教学改进建议包，院系组织专家听课指导，教师通过虚拟教研室观摩优质课程。数据显示，该机制使问题课程整改有效率达80%以上，教师教学能力测评优秀率提升近20%。

重庆职业学院将人工智能诊断数据与教师绩效挂钩，构建“诊断—激励”双轮驱动体系。系统根据课堂教学质量、学生评价、知识图谱应用等维度生成教师能力雷达图，与职称晋升、培训资源分配联动。采用该模式后，教师主动参与教学改进比例提升至90%左右，形成“以评促建”的良性教学生态。

三、人工智能驱动教学质量诊断的应用案例

案例1：智能教学质量监测与提升系统

广东某职业技术学院通过采用人工智能技术，构建了智能教学质量监测与提升系统，全面覆盖教学全过程，为教师提供精准的教学质量诊断和改进建议。

（1）多维度数据收集与智能分析。该系统整合了课堂教学视频、学生在线学习行为数据、作业完成情况、考试成绩等多维度信息。通过智能分析课堂视频，系统能够自动识别教师的教学行为和学生的学习状态，如教师的讲授节奏、学生的课堂参与度等，并生成详细的行为分析报告；利用学习管理系统收集的学生在线学习数据，系统可以分析学生的学习习惯和

知识掌握情况，如学习时长、作业完成质量、论坛互动频率等，为教学质量评估提供全面的数据支持。

（2）精准地教学质量诊断。借助机器学习算法，系统对收集到的海量数据进行深度挖掘和分析，精准定位教学过程中存在的问题。例如，通过分析学生在不同知识点上的作业完成情况和考试成绩，系统能够识别出学生普遍掌握薄弱的知识点，为教师调整教学内容和方法提供依据；通过对课堂视频的分析，系统可以评估教师的教学方法是否有效，如讲授是否清晰、互动是否充分等，帮助教师改进教学技巧。

（3）个性化反馈与持续改进。系统为每位教师生成个性化的教学质量诊断报告，报告中不仅指出教学过程中存在的具体问题，还提供针对性地改进建议和优化策略。例如，如果系统发现某门课程的课堂互动不足，会建议教师增加小组讨论、案例分析等互动环节，并提供相关的教学资源和案例参考。教师可以根据这些建议及时调整教学方法，实施教学改进措施；系统会持续跟踪教学改进后的效果，通过数据反馈形成闭环管理，推动教学质量的持续提升。

案例 2：AI 评价专家模型

河南某大学开发了 AI 评价专家模型，用于课程质量评价与分类认证。该模型基于布鲁姆教育目标分类学，构建了四维评价体系，涵盖知识记忆、知识应用、思辨评估和创新研究四类课程认证标准。通过系统平台采集教学行为数据，结合人工标注与交叉验证，训练出评价准确率达 96% 的“智能老师”模型；该模型能够处理复杂数据，实现课程材料理解等智能化功能；学校还建立了“AI 批量评价—人工复核—个性反馈—质量改进”的闭环评价模式，生成包含教学热力图与改进建议的《课程诊断报告》，实现了 65 门课程的批量化认证与精准指导。这一创新模式提升了课程评价的效率和质量，为课程建设提供了科学依据。

四、问题与解决

职业院校在开展人工智能驱动的教学质量诊断的过程中，也面临着与本章第一节一样的难题，即数据隐私与安全问题、技术应用的公平性与准确性问题、教师与学生的数字素养提升问题，所采用的解决方案也与上一节一致，这里就不再赘述了。

人工智能驱动的教学质量诊断为职业教育提供了一种创新的评价方式，人工智能正推动教学质量诊断从“经验驱动”向“数据驱动”转变。通过构建智能监测、精准分析、闭环改进的完整链条，职业院校不仅提升了人才培养质量，更为教育现代化提供了可复制的实践范式，为职业教育的高质量发展提供了保障。

第三节　人工智能在学习评价体系中的应用

传统评价体系往往局限于单一的成绩考量，难以全面反映学生的学习状态与能力发展；人工智能的介入，以其强大的数据分析与智能评估能力，为学习评价注入了新的活力。它能够实现多维度、过程性、个性化的评价，实时捕捉学生学习过程中的动态变化，提供精准反馈与个性化的学习建议。本节将深入探讨人工智能在学习评价体系中的应用，从多元化智能评价到实时反馈与持续改进，阐述其如何重塑学习评价的模式，为职业教育实现更精准、更全面、更高效的教学评价与学生发展支持。

一、人工智能在学习评价体系中的应用概述

在职业教育领域，学习评价不仅关注学生的知识和技能掌握情况，还注重学生的职业素养、实践能力和创新能力的发展。人工智能技术以其强大的数据分析、智能评估和个性化学习支持能力，能够全面、客观、动态地评估学生的学习过程和成果，为教学改进和学生个性化发展提供有力支持，将会成为优化学习评价体系的重要力量。

1. 人工智能实现了多元化智能评价

传统评价体系往往以考试成绩为主，难以全面反映学生的学习状态和

能力水平；人工智能技术通过多种方式收集学生的学习数据，如在线学习平台的作业完成情况、课堂参与度、小组项目表现等，结合教师评价、学生自评和互评等多种评价方式，提供更全面、客观的评价结果。多维度的评价方式不仅关注学生的学业成绩，还注重学生的综合素质发展，为学生的全面成长提供了更有力的保障。

2. 人工智能驱动精准的过程性评价

借助人工智能技术，学习评价能够贯穿学生学习的全过程，从课前预习、课中学习到课后复习，实时记录和分析学生的学习行为和表现；过程性评价强调对学生学习过程的关注，通过对学习过程中的各种数据进行分析，如学习时间、学习路径、学习困难点等，及时发现学生在学习过程中遇到的问题，为教师提供针对性的教学建议，帮助学生及时调整学习策略，提高学习效果。精准的过程性评价不仅有助于学生及时了解自己的学习状况，还能促进教师教学方法的改进，实现教学相长。

3. 人工智能助力个性化学习路径规划

基于对学生学习数据的深度分析，人工智能系统能够为每个学生生成独特的学习画像，精准定位学生的学习需求和潜在问题。根据这些画像，系统可以为学生推荐适合个人的学习资源和学习路径，实现因材施教；个性化学习路径规划能够充分尊重学生的个体差异，满足不同学生的学习需求，激发学生的学习兴趣和动力，促进学生的自主学习和个性化发展。个性化学习路径规划不仅有助于提高学生的学习效果，还为学生的未来发展提供了有力支持。

4. 实时反馈与持续改进

人工智能系统能够实时处理和分析评价数据，为学生和教师提供及时、准确地反馈。这种即时反馈机制有助于学生及时了解自己的学习情况，发现学习中的优势和不足，从而进行针对性地改进和提高；教师可以根据反馈信息及时调整教学策略，优化教学内容和方法，实现教学的持续改进。实时反馈与持续改进的机制，不仅提升了学生的学习效果，也促进了教师专业成长，推动了整个教育质量的提升。

人工智能在学习评价体系中的应用，通过多元化智能评价、精准的过程性评价、个性化学习路径规划以及实时反馈与持续改进，为职业教育提供了一种更加科学、全面、动态的评价方式，不仅有助于提升教学质量和学生的学习效果，还为学生的个性化发展和未来职业成长奠定了坚实的基础。

二、人工智能在学习评价体系中的实践路径

1. 多元化智能评价

（1）多维度数据收集与分析。人工智能技术通过学习管理系统、在线考试平台、校园一卡通系统等全方位收集学生的学习数据。例如，某教育科技公司通过其智能教学平台，详细记录合作院校的学生在理论课、实训课以及线上学习等各个环节表现，全面掌握学生的学习动态。

（2）综合评价方式。人工智能将教师评价、学生自评和互评等多种评价方式有机结合。还是以前面的智能教学平台为例，平台不仅支持教师对学生的多方面评价，还为学生提供了自评和互评的功能，使学生能够更清晰地认识自我、学习他人，从而提升自我管理能力。

（3）数字系统评分。在听说读写译等技能的评价中，可以引入数字系统评分。例如，有些职业院校采用国内知名企业的语言类智能评测系统，可以有效增加评价的多样性和客观性，为学生提供了更准确的反馈。

2. 精准的过程性评价

（1）学习过程跟踪。利用人工智能技术实时记录学生的学习行为和表现。例如，某职业院校与合作企业联合开发的职业教育教学质量及学生成长监测系统，能够实现对学生学习过程的实时监测，贯穿课前、课中、课后各个阶段；系统不仅能够捕捉学生在课堂上的互动情况，还能记录他们在课外的学习活动，为教师提供全面的学习行为分析，使教师更好地理解学生的学习需求和进度。

（2）个性化学习路径规划。基于学生的学习数据，人工智能系统能够

为学生提供个性化的学习建议和路径规划。前面提到的那个职业教育教学质量及学生成长监测系统会根据学生的学习情况，为他们推荐适合的学习资源和课程，帮助学生更高效地学习；系统还能根据学生的掌握程度和兴趣爱好，动态调整学习计划，确保每个学生都能在自己的最佳节奏下进行学习，从而达到最佳的学习效果。

3. 个性化学习路径规划

（1）综合评定学生。为了更好地规划个性化学习路径，需要融合过程性数据、岗位实践表现、竞赛成绩、考证结果等多维度数据，对学生进行全面评定。例如，浙江某职业技术学院通过其学习评价系统，综合考量学生的各方面表现，激励学生全面发展，接轨行业标准；系统不仅关注学生的学业成绩，还重视学生的实践能力和创新精神，从而为每个学生量身定制适合其特点和兴趣的学习计划。

（2）全面评估学习效果。为了确保学生的学习效果得到全面评估，采用多元化评价体系是关键。通过这样的体系，可以解决教学模式单一问题，提高岗课对接精准性，改善学习效果评估。例如，前面提到的学习评价系统能够通过不同维度的评价，如理论知识掌握、实践操作能力、创新思维等，全面了解学生的学习情况，从而为教学提供更有针对性的反馈和指导。

（3）综合素质评价。构建多元化评价体系，利用人工智能记录学生学习情况，为教师提供反馈，细化评价指标，保证评价结果公正准确。例如，上文提到的学习评价系统不仅对学生的专业知识和技能进行评价，还注重对学生的职业素养、团队合作能力、创新能力等综合素质进行评价。通过系统，教师可以更全面地了解学生，从而提供更加个性化的指导和支持，帮助学生在各自擅长和感兴趣的领域取得更好的发展。

4. 实时反馈与持续改进

（1）即时反馈机制。基于人工智能的学习评价系统能够实时提供反馈，不仅为教师提供即时的课堂评价反馈，还为学生提供即时的学习反馈，帮助他们及时了解自己的学习情况。这种机制确保了教学过程中的每一个环节都能够得到及时地监控和调整，从而使得学习过程更加高效和有针对性。

(2) 持续改进教学。教师根据反馈调整教学策略，形成闭环管理；系统通过反馈数据，帮助教师发现教学中的不足，从而优化教学内容和方法，推动教学质量的持续提升。这种持续改进的过程不仅提升了教学效果，也促进了教师专业成长，使得教学活动更加符合学生的学习需求和教育发展的趋势。

三、人工智能在学习评价体系中的应用案例

案例1："智慧学伴"与交互实训课

在某职业学院智慧旅游技术应用专业的课堂上，学生能用"智慧学伴"展开课堂辩论，还能利用其制作景点旅游攻略。在该校酒店管理与数字化运营专业的交互实训课上，学生能通过角色扮演与人工智能系统互动，熟悉实际工作流程，还能随时发现操作不当之处。学校还为每位教师生成自己的数字人形象，教师将新的课程内容"投喂"给数字人，系统很快能自动生成新的微课，提高了教师录制微课的效率，还增加了教学的趣味性，激发学生学习热情。

案例2：数字化学习评价系统

浙江某技术学院搭建了一体化教学平台，引入数字化考试和职业院校智能考试与评价系统。该系统支持多种考试形式，如理论、实操、虚拟仿真等，并可进行智能组卷、批改、成绩分析和题库分析。教师能依据考试数据分析结果精准把控教学重难点，为学生提供个性化指导。课程授课教师利用智能考试系统，对课程考核内容和权重进行了优化，使课程评价更加科学合理，帮助学生全面提升能力。

案例3：智慧教学平台

广东某职业技术学院开发的智慧教学平台，能够实时分析教师授课视频和学生反馈数据，为教师提供智能评教建议。平台利用深度学习算法对

课堂视频进行分析，识别教师的教学行为和学生的学习状态，并生成详细的评教报告。教师通过平台反馈调整教学策略，增强了课堂互动性和学生的参与度；学生能及时了解自己的学习情况，实现自我提升。智慧教学平台还支持在线课程建设、教学资源共享、在线答疑讨论、学习行为分析和教学效果评估，为师生提供了便捷服务。

随着人工智能技术的持续进步与应用场景的不断扩展，在学习评价体系中的应用也会更加广泛深入。一方面，人工智能将与其他前沿技术如虚拟现实、元宇宙、区块链等深度融合，为学习评价带来更加沉浸式的体验与精准的分析能力；另一方面，基于人工智能的学习评价系统将更加智能化、个性化，能够根据不同学生的学习需求提供定制化的评价方案。职业院校需要积极布局人工智能技术的应用，加强技术研发与实践探索，为提升学习评价效果、促进学生全面发展提供坚实保障。

第四节　人工智能评价体系对教学反馈的影响与优化策略

在职业教育数字化转型过程中，人工智能技术通过数据采集、智能分析与动态反馈机制，重构了传统教学反馈模式。本节将结合国内职业院校在教学反馈方面的应用案例，阐述人工智能评价体系对教学反馈的具体影响，提出有针对性的优化策略。

一、人工智能评价体系对教学反馈的影响

1. 精准化反馈

人工智能评价体系通过集成深度学习、大数据分析等先进技术，能够对学生学习行为、测试成绩、作业提交情况等数据进行深度剖析，从而挖掘出学生学习过程中的细微问题与潜在需求。这种深度分析不仅限于知识点的掌握情况，还能揭示学生学习策略、思维习惯等方面的不足，为教师提供更为精细化的反馈。例如，系统可以识别出学生在特定题型上的频繁

错误，或是在学习某个知识点时的时间分配不合理，进而帮助教师精准定位教学难点，制定个性化的辅导计划。

2. 实时化反馈

传统教学反馈往往存在明显的滞后性，教师通常只能在课后或测试后才能了解学生的学习状况。而人工智能评价体系则打破了这一限制，通过实时监测学生的学习过程，系统能够即时捕捉学生的学习动态，如学习进度、注意力集中程度、情绪变化等，并即时推送反馈信息。实时化反馈机制使得教师能够迅速调整教学策略，及时干预学生的学习过程，有效防止学习问题的累积与恶化。

3. 个性化反馈

每个学生都是独一无二的个体，拥有不同的学习风格、兴趣偏好和能力水平。人工智能评价体系通过构建精细的学生画像，能够深入分析学生的学习特征，为教师提供高度个性化的教学反馈。这种反馈不仅关注学生的知识掌握情况，还重视学生的情感需求、学习动机等非智力因素，从而帮助教师更全面地了解学生，制订更加贴合学生实际的教学方案。例如，对于学习动力不足的学生，系统可以推荐激发学习兴趣的资源或活动；对于学习风格偏视觉的学生，就可以提供更多图表、视频等多媒体学习材料。

二、人工智能评价体系对教学反馈的优化策略

1. 构建多维度的评价体系

为了更全面地反映学生的学习状况，职业院校需要加快构建一个涵盖知识掌握、技能水平、学习态度、创新能力等多个维度的评价体系。这个体系中不仅要包含传统的考试成绩、作业完成情况等量化指标，还应纳入课堂互动、小组讨论、项目实践等过程性评价元素；通过整合线上线下、课内课外的多元数据，形成对学生学习成果的全方位、立体式评价，为教学反馈提供更为丰富的信息基础。

2. 引入智能化反馈系统

职业院校应积极引入智能化反馈系统，利用自然语言处理、计算机视觉、情感识别等前沿技术，实现对学生学习过程的智能化监测与个性化分析。系统需要具备自动识别学生的理解障碍、操作失误等学习问题的功能，即时推送定制化的反馈建议和学习资源；系统还要具备自适应学习功能，能够根据学生的学习进度和反馈效果动态调整反馈策略，确保反馈内容的针对性和有效性。

3. 提升教师技术应用能力

教师作为教学反馈的实施者，他们的人工智能技术的应用能力直接关系到反馈效果的好坏。鉴于当前职业院校大多数教师的数字素养与数字技能不能满足人工智能时代的教学变革，因此需要加大对教师的培训力度，通过组织专题讲座、工作坊、在线课程等多种形式，提升教师对人工智能技术的认知与应用水平。培训内容不仅应涵盖技术操作层面，还应包括教学理念、教学方法的革新，帮助教师树立以学生为中心的教学理念，学会如何有效利用智能反馈系统进行教学改进；鼓励教师参与技术研发与实践探索，形成教学与技术相互促进的良性循环。

通过上述优化策略的实施，人工智能评价体系将能够更好地服务于教学反馈，为提升教学质量、促进学生个性化学习提供有力支撑。当然，这一过程中也需关注数据安全、技术准确性、教师角色转变等挑战，并采取相应措施加以应对，确保人工智能评价体系在职业教育领域的健康发展。

三、人工智能评价体系助力教学反馈的案例

案例 1：智能学习诊断与反馈系统促进精准教学

福建某职业院校采用了一套智能学习诊断与反馈系统，利用大数据分析与人工智能大模型技术，对学生的学习行为、测试成绩等数据进行深度挖掘，为教师提供精准的学习诊断报告；报告详细列出了学生的学习难点与薄弱点，并给出了针对性的辅导建议。教师根据报告内容，为学生制定

了个性化的辅导计划，显著提升了学生的学习效果。采用这套系统应用后，该校学生的学习成绩平均提高了10%以上，不及格率明显降低，学习满意度也大幅提升。

案例2：教学实时反馈系统推动课堂互动优化

河南某职业技术学院与合作企业联合开发教学实时反馈系统，利用计算机视觉技术，实时监测学生在课堂上的表情、动作等信息，分析学生的学习投入度与情绪状态。当系统检测到学生出现疲惫、困惑等负面情绪时，会即时向教师推送反馈信息，帮助教师调整教学策略，激发学生的学习兴趣；系统还能够对学生的课堂回答进行语音识别与情感分析，为教师提供学生课堂表现的即时反馈。采用这套系统应用后，课堂教学互动氛围更加浓厚，学生的学习参与度与满意度显著提高。

随着各类人工智能大模型在教育中的全面应用，职业教育反馈体系将向“分布式数据治理”“全生命周期追踪”方向演进。职业院校之间可以在不共享原始数据的前提下，联合构建区域性教学质量图谱。借助数字孪生技术，可实现对学生职业发展的长期追踪，为教学反馈提供“预测性”视角。

第五节　基于人工智能的产业需求导向培养质量监测机制构建

当前，职业院校都在思考如何确保人才培养质量与快速变化的产业需求保持高度同步，这是提升毕业生就业竞争力、推动经济社会持续发展的关键问题。人工智能技术快速进步，为构建一套基于产业需求导向的培养质量动态监测机制提供了技术实现条件。本节将深入剖析这个机制的内涵、实施路径、实践案例、面临的难题以及解决方案。

一、机制内涵

基于人工智能的产业需求导向培养质量动态监测机制，不仅是一种技术手段的创新应用，更是职业教育理念与模式的变革。这个机制要求职业院校必须跳出传统教育体系的束缚，以产业需求为核心，利用人工智能技术的强大能力，实现人才培养的全链条、全过程的智能化管理与优化。它强调的不仅是数据的收集与分析，更是对教育资源的精准配置、教学过程的动态调整以及培养成果的实时评估，确保每一步都紧密贴合产业发展的实际需求。

二、实施路径

1. 产业需求数据分析

（1）数据来源多元化。深入挖掘产业需求的数据分析工作，不仅要依赖于传统的行业报告和招聘网站等数据来源，还要拓宽视野，将社交媒体、专业论坛等新兴互联网平台纳入数据收集的范畴。这些平台由于其即时性和互动性，往往能够更快速地捕捉到行业动态和最新的技术趋势，为产业需求分析提供更为丰富和前瞻性的信息。通过大数据分析技术，可以对海量的非结构化数据进行处理和分析，从而揭示出潜在的市场机会和消费者行为模式；这有助于企业制定更为精准的市场策略，还能为政策制定者提供决策支持，促进整个产业的健康发展。

（2）数据处理智能化。通过运用自然语言处理、文本挖掘等先进的技术手段，对庞大的数据集进行深入的分析和解读，从中提炼出关键的技能点、岗位需求的变化趋势以及其他核心信息。这不仅提高了数据处理的效率，而且增强了数据的可用性。通过这些智能化的数据处理方法，能够为人才培养提供更加精准和有力的数据支撑，帮助职业院校与用人企业更好地理解行业动态，预测未来技能需求，从而制订出更加科学合理的人才培养方案。

2. 培养方案动态调整

（1）校内外专家团队的跨界合作。为了更好地适应产业发展的需求，职业院校需要联合企业组建了由不同背景人员构成的校内外专家团队，其中包括行业专家、高校教师、技术工程师等多方面的专业人才。来自不同领域的专家将共同研讨产业趋势与人才培养的契合点，以确保人才培养方案能够紧跟时代步伐，及时反映产业的最新动态。

（2）教学组织模块化与微专业化。在人工智能时代，职业院校探索模块化课程和微专业等新的、灵活的教学组织形式，使课程内容能够快速响应产业的变化，同时也能更好地满足学生个性化学习的需求。通过新颖的教学方式，学生可以根据自己的兴趣和职业规划选择适合自己的课程模块，从而获得更加专业和深入的知识；学校还要鼓励学生跨学科学习，通过跨模块选课，促进知识的综合运用，为未来的职业生涯打下坚实的基础。

3. 培养质量动态监测

（1）多维度收集数据。在进行培养质量动态监测的过程中，多维度收集数据是重要条件。除了传统的学习行为和测试成绩数据之外，还要关注学生的项目作品、实习经历、职业素养等全方位信息。对这些信息的综合判断有助于构建一个更为立体和全面的学生能力画像，更准确地评估学生的能力和潜力。例如，通过分析学生的项目作品，可以了解学生的创新能力和实际操作能力；通过考查学生的实习经历，可以评估学生的社会实践能力和适应能力；通过观察学生的职业素养，可以判断学生的团队合作精神和职业道德水平。

（2）智能化的评估模型。智能化评估模型是提高培养质量动态监测效率和准确性的关键。通过运用先进的机器学习算法，可以构建出精准的评估模型，能够对比产业需求与学生能力画像，及时发现培养过程中的差距与不足。通过这种方式，能够为教学改进提供科学依据，确保教育内容和方法能够与时俱进，满足社会和产业的实际需求。例如，通过机器学习算法，可以分析大量教育数据，找出教育过程中的关键影响因素，从而优化教学策略和课程设计。

4. 反馈与优化闭环管理

（1）及时调整教学策略。在教学过程中，教师需要实施有效的反馈与优化闭环管理，确保教学策略能够及时调整。通过持续监测学生的学习效果和收集反馈信息，教师能够迅速识别并调整教学方法，优化课程内容，使教学质量与产业需求保持同步。教师通过密切关注学生的学习进展和反馈，定期评估和测试，识别教学中的不足之处；一旦发现问题，教师能够立即采取措施，改进教学计划、引入新的教学工具或调整课程结构，达成提高教学效果的目标。持续的改进过程有助于教学内容的时效性和相关性，使学生能够掌握当前行业所需的关键技能，更好地适应未来的职业生涯。

（2）校企合作深度融合。建立常态化的校企合作反馈机制、定期邀请企业专家进校评估、听取企业对学生能力的直接反馈、共同完善人才培养方案。通过这些措施，学校能够更好地了解行业动态和企业需求，调整课程设置和教学方法，更加符合实际工作环境的要求；企业专家的参与不仅能够提供宝贵的行业见解，还能为学生提供实习和就业机会，加强学生的实践能力和就业竞争力；校企合作还能促进资源共享，企业可以提供最新的技术设备供学生使用，学校可以为企业提供研究和开发支持，实现互利共赢，共同推动教育和产业的协同发展。

三、实践案例

案例：智能制造专业人才培养质量监测

江苏某职业技术学院面对智能制造产业的快速发展，引入基于人工智能的培养质量动态监测机制，对智能制造专业教学与实践进行全面的改造，改革了传统的人才培养模式，以满足产业对高技能人才的需求。

（1）数据收集与分析。学校与多家智能制造龙头企业建立战略合作关系，共同构建产业需求数据库。通过收集企业招聘信息、技术文档、行业报告等多源数据，运用大数据分析技术提炼出关键技能点与岗位需求变化趋势。

（2）课程设置与教学内容的调整。基于数据分析结果，学校组织专家团队对课程设置与教学内容进行全面梳理与调整。引入虚拟现实、增强现实等先进技术，开发了一系列与产业实际高度契合的实训课程与项目。

（3）学习数据的实时监测与评估。学校利用学习管理系统实时收集学生的学习行为、测试成绩、项目作品等多维度数据，构建精细的学生能力画像。通过机器学习算法对比产业需求与学生能力画像，及时发现教学过程中的短板与不足。

经过两年的深入实践，该专业学生的技能水平显著提升，毕业生就业率及企业满意度均达到了很高的比例。企业反馈显示，毕业生在岗位适应期明显缩短，能够迅速融入企业生产线并发挥重要作用。

四、问题与对策

1. 数据采集与处理问题

产业需求数据往往分散于多个平台且格式多样，数据源的复杂性越来越大，如何高效、准确地收集这些数据成为难题。大数据分析、文本挖掘等技术的应用需要专业人才的支持，处理数据的技术门槛不断提高，这对职业院校的技术团队提出了更高要求。针对这些问题，学校需要建立高效的数据采集与清洗机制，引入专业的数据处理团队或外包服务，确保数据的准确性与时效性；加强与技术企业、科研机构的合作，共同研发适合职业教育领域的数据处理技术。

2. 技术持续快速更新问题

人工智能技术的发展不断加快，技术迭代越来越快速，如何确保监测机制的技术先进性成为职业院校面临的重要问题。因此，学校应建立灵活的技术更新机制，与科技企业、科研机构保持紧密合作，及时引入最新技术成果并应用于教学实践；加强教师的技术培训与知识更新，确保教师能够熟练掌握并应用新技术。

3. 校企合作深度问题

多数企业由于经营业绩压力，对深度参与职业院校人才培养和专业建设的意愿不强、积极性不高，导致校企合作难以达到理想状态。因此，需要通过政府政策引导，如出台相关优惠政策鼓励企业参与职业教育；需要学校通过利益共享，如与企业共同开展技术研发、项目合作等活动，激发企业参与人才培养与专业建设的内生动力，实现校企双方互利共赢。

五、未来发展

人工智能技术的不断成熟与教育领域应用场景的不断扩展，基于产业需求导向的培养质量动态监测机制将会迎来更加广阔的发展前景。

1. 深度与广度不断加大技术融合

人工智能将与区块链、元宇宙等新兴技术紧密结合为人才培养质量监测提供更为丰富的数据维度与分析手段。例如，利用区块链技术确保数据的安全性与可追溯性，通过元宇宙技术构建虚拟实训环境提升学生的沉浸式学习体验。

2. 持续创新的产教融合模式

随着产教融合的不断深化学校与企业的合作将更加紧密共同推动职业教育人才培养质量的持续提升，校企双方可探索建立产业学院、校企联合实验室等新型合作模式实现教育链、人才链与产业链、创新链的有机衔接。

3. 全面推广个性化学习

职业教育领域将全面采用以学生为中心的教学理念，基于人工智能的培养质量动态监测机制将更加注重学生的个性化学习需求。通过精准的数据分析与智能推荐系统，能够为学生提供定制化的学习资源与路径，确保每位学生都能获得最适合自己的教育体验。

基于人工智能的产业需求导向培养质量动态监测机制是职业教育领域的创新探索，职业院校需要积极布局人工智能技术的应用，加强技术研发与实践探索，为培养适应产业发展需求的高素质技术技能人才提供坚实保障；政府、学校、科研机构、行业协会、企业等各方需要共同努力，形成合力，共同推动职业教育与产业需求的深度融合，为经济社会的发展注入新的活力。

本章主要内容结构图

本章主要内容结构如图 7－1 所示。

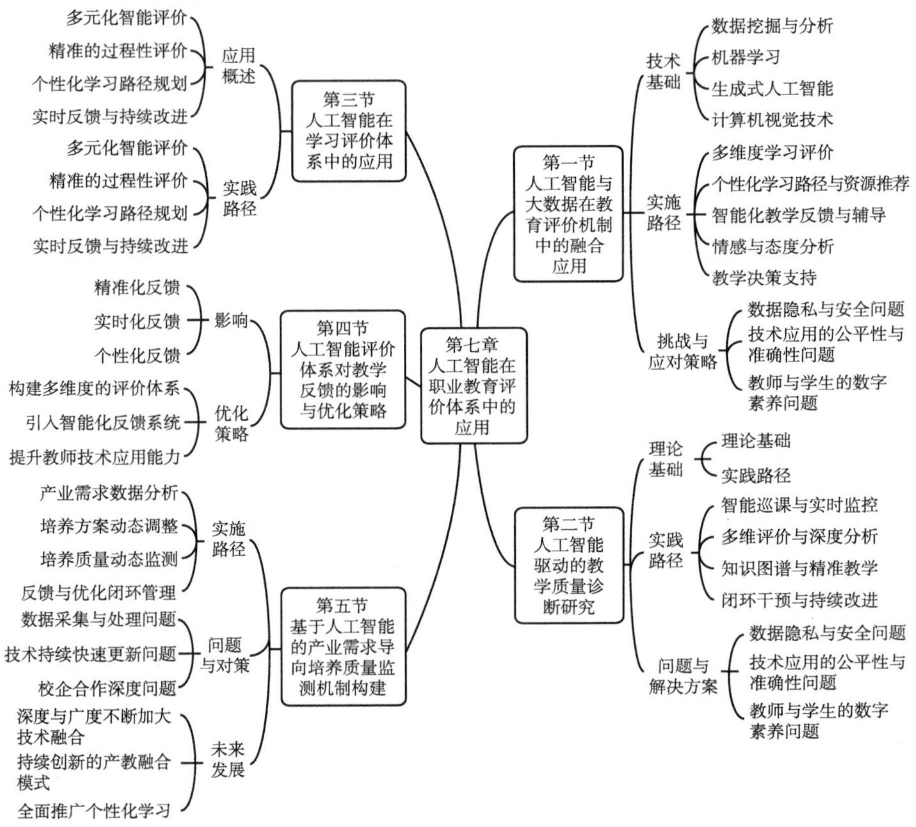

图 7－1　内容结构图：人工智能在职业教育评价体系中的应用

结语 人工智能赋能职业教育的未来发展

以 AIGC 为代表的人工智能作为颠覆性的力量，正在重塑着职业教育的底层逻辑与实践路径。从技术迭代与教育变革的双向赋能，到人机协同的教师角色重新定位；从产教融合生态的智能升级，到教育公平与质量提升的辩证统一，人工智能正在推动职业教育迈向人机共生的新纪元，实现职业教育的质量跃升与特色发展。

一、技术迭代与教育变革的双向赋能

在职业教育数字化转型过程中，人工智能将是深度嵌入教学全过程的变革性力量。从知识传递到能力建构，从标准化培养到个性化发展，技术迭代与教育变革形成了双向赋能的共生关系。智能教学系统通过对学生学习行为的实时分析，能够动态调整知识图谱的呈现方式，使“因材施教”从教育理想转化为可量化的操作路径。这种转变不仅体现在能够精准推送教学资源，更在于能够深度解构学生的认知规律；当人工智能大模型生成个性化学习方案时，其内核是对人类学习机制的深入模拟。这种双向赋能的深层逻辑使人工智能解决了职业教育规模化培养与个性化需求的矛盾，而职业教育场景则为人工智能提供了验证与优化算法的实践领域。

技术迭代带来的不仅是工具革新，更是教育范式的根本性转换。传统职业教育中“教师—教材—教室”的三中心结构，正在被“数据—算法—算力”构成的新三元组重构。智能教育平台积累的海量教学数据，通过机器学习算法形成的教学决策模型，正在重塑教育资源的配置方式。当职业院校开始用人工智能驱动的智能体辅助专业设置论证，用知识图谱优化课程体系，用数字孪生技术设计实训场景时，实质是在构建基于数据要素的新型教育生产力。

二、人机协同下的教师角色重构

在智能教育时代，教师正经历着从知识传授者到学习设计师的范式转型。这种转型不是技术对教师的替代，而是通过人机协同实现教育功能的倍增效应；智能教学系统可以承担标准化知识传授和基础技能训练，但教师的价值更体现在对学生情感动机的激发、复杂问题的解决以及价值观的塑造；这种分工不是简单的任务切割，而是教育价值的分层实现，底层技能由机器高效交付，上层能力由人类教师深度开发。

教师数字素养的提升已成为职业教育现代化的关键变量，教师需要掌握三重数字能力。一是能够熟练操作各类人工智能教育工具的智能工具应用能力；二是能从学习分析报告中诊断教学问题的数据解读能力；三是能在技术中立性与教育价值性之间保持平衡的算法伦理判断力。这种能力结构要求职业院校建立系统的教师发展体系，将人工智能素养纳入教师资格认证，构建“技术培训—教学实验—反思研究”的螺旋式成长路径。学校管理者需要认识到，技术赋能不应异化为教师负担，而应通过人机协同释放教师的创造性，使其回归教育本质，成为学生精神成长的引路人。

三、产教融合生态的智能升级

人工智能正在重塑产教融合的内在逻辑，推动校企合作向数字生态演进。传统产教融合面临的信息不对称、资源错配等问题，在智能匹配算法支持下得到根本性缓解；人工智能的引入不仅提升了产教对接效率，更重构了校企合作的利益机制，当人才培养过程可视化、可量化时，企业参与教育的经济外部性得以内部化，形成了“教育投入—人才产出—价值回报”的闭环。

人工智能时代的产教融合正在突破空间时间限制，向虚实融合方向发展。企业通过数字孪生等技术将真实生产线映射到虚拟空间，学生能够在零风险环境中完成复杂设备操作；企业工程师则能通过数字孪生体远程指导实训，实现“车间即教室，工程师即教师”的跨界融合。这种虚实融合不仅延伸了教学时空，更创造了新型教育场景，当现实世界与数字世界的信息实时交互，当真实设备与虚拟模型协同工作时，产教融合的边界被重新定义，形成了“教学—研发—生产”三位一体的创新生态。

四、教育公平与质量提升的辩证统一

人工智能为破解职业教育发展不平衡不充分问题提供了新路径。在地域差距方面，智能教学平台通过优质资源云端共享，使边远地区学生也能获得与中心大城市相同的教学服务；在群体差异方面，自适应学习系统通过个性化学习路径设计，有效缓解了学习者初始能力差异带来的教育不公平。当教育决策依赖数据驱动时，需要防范“算法歧视”对弱势群体的系统性排斥，我们要在技术解决方案中嵌入教育公平的价值判断，建立包含过程公平、机会公平、结果公平的多维评估体系。

质量提升是人工智能赋能职业教育的最终目标，智能质量监测系统通过多模态数据采集，能够实时诊断教学过程中的隐性质量问题；区块链技术构建的学习成就证据链，使技能认证从“结果评价”转向“过程追踪”。职业教育质量的根本提升需要建立人机协同的质量保障机制，既要发挥人工智能在标准化监控中的效率优势，更要保持教师在质量判断中的主体性地位；当系统自动预警教学异常时，教师能够凭借专业判断进行人工干预；当算法推荐改进方案时，学校管理者可以结合教育规律作出决策。

五、人机共生与教育进化的未来前景

未来，当更具创新性的技术广泛应用到教育领域，例如，脑机接口技术可能实现认知过程的实时干预，量子计算将极大提升教育大数据的处理能力，元宇宙构建的虚实融合空间将彻底改变教学形态，职业教育将进入人机共生新阶段。但技术进步还是要服务于教育的本质，职业教育的终极目标始终是培养具有工匠精神、创新能力和人文素养的复合型技能人才。

在人工智能时代，这种培养需要实现从技能训练转向素养培育，使学生具备人机协作的数字技能；从知识传递转向思维发展，培养适应不确定性的创新思维；从专业教育转向全人教育，在技术应用中融入人文关怀。

职业教育发展需要随着技术的进步构建出“技术—教育—社会”的协同进化机制，技术进步是教育系统进化的内生动力，教育变革是通过人才培养引领技术发展的方向目标。这种协同进化职业院校在专业设置上保持对技术前沿的快速响应，在课程体系上实现知识更新的动态调整，在教学模式上探索人机协同的创新范式。教师成为技术赋能教育的创新者，学生成为人工智能时代的学习者，职业院校成为教育变革的引领者。

人工智能带来的不仅是技术革命，更是职业教育的深刻革命。这场革命的核心价值，不在于技术本身多么先进，而在于能否通过技术赋能，让每个学习者获得适合的教育，让每所院校形成鲜明的特色，让整个职业教育体系更好地服务人的全面发展与社会进步。这既是职业教育现代化的历史使命，也是人工智能时代教育创新的核心价值。

参考文献

［1］中共中央，国务院．教育强国建设规划纲要（2024—2035 年）［EB/OL］．（2025－01－19）［2025－02－10］．https：//www. gov. cn/gongbao/2025/issue_11846/202502/content_7002799. html.

［2］教育部，中央网信办，国家发展改革委，等．关于加快推进教育数字化的意见［EB/OL］．（2025－04－15）［2025－04－20］．http：//www. moe. gov. cn/srcsite/A01/s7048/202504/t20250416_1187476. html.

［3］杨浩中，孔笑宇，辜睿坤等．虚拟现实中的大模型技术研究进展与趋势［J］．图学学报，2024（06）：1117－1131.

［4］刘邦奇，袁婷婷，纪玉超等．智能技术赋能教育评价：内涵、总体框架与实践路径［J］．中国电化教育，2021，（08）：16－24.

［5］张屹，刁均峰，马静思．职业院校师生信息化能力发展标准框架与内涵［J］．中国职业技术教育，2020（34）：16－21.

［6］郑永和，王一岩．科技赋能教育高质量发展：价值内涵、表征样态与推进策略［J］．中国电化教育，2023（01）：118－126.

［7］江雪清，宋万琚．建构主义理论下探究性学习的特征与策略［J］．新课程研究，2021（09）：37－38.

［8］刘豫章．生成式人工智能技术赋能高职课程教学的应用场景与可行性分析［J］．信息系统工程，2024（10）：128－131.

［9］程舒，通金文兵．工业互联网企业人才标准与培养路径研究［J］．现代工业经济和信息化，2024（02）：195－199.

［10］冯艳，曾海味，李子然．基于知识图谱技术的实践课程个性化多路径学习模式［J］．中国冶金教育，2024（05）：33－37.

［11］陈阳，高秀东，文雅．基于安卓系统和人工智能的数智化高职

教育系统的设计与实现［J］. 现代信息科技，2024（07）：51－54.

［12］孙令真，刘杰，李映等．产教融合背景下粤港澳大湾区高职院校智能制造专业群协同育人机制探索［J］. 广东职业技术教育与研究，2023（12）：184－188.

［13］李艳霞．“翻转课堂”教学模式下的高职计算机应用基础课程研究［J］. 电子元器件与信息技术，2021（04）：226－227.

［14］王继水．AI技术支持下高职院校在线教学的对策［J］. 江苏教育，2022（04）：30－33.

［15］刘豫章．高职智能制造专业群产教融合育人平台的构建［J］. 信息系统工程，2024（10）：128－131.

［16］孔庆亮．职业教育产教融合质量评价体系构建研究［J］. 学周刊，2024（25）：93－97.

［17］郭露露．传承与融合：建构主义学习理论对深度教学的启示与建议［J］. 智库时代，2020（04）：197－198.

［18］杨洁美，李金霞．基于建构主义理论促进学生深度学习的教学研究——以“产业转移”为例［J］. 地理教学，2021（10）：56－59.

［19］张婧．基于联通主义的面向对象教学方法研究［J］. 科技视界，2020（09）：18－21.

［20］冯雨奂．Chat GPT在教育领域的应用价值、潜在伦理风险与治理路径［J］. 思想理论教育，2023（04）：26－32.

［21］沈超．Chat GPT：助力高等教育变革与创新型人才培养［J］. 国家教育行政学院学报，2023（03）：13－16.

［22］宋丕丞．数字化案例教学如何促进深度学习——基于扎根理论的路径分析［J］. 湖北理工学院学报（人文社会科学版），2024（02）：57－64.

［23］宋永磊，罗江华．AIGC赋能职业教育数字资源服务的愿景、挑战与路径［J］. 中国职业技术教育，2024（17）：27－33.

［24］谢盼，王伟．基于人工智能的职业教育个性化学习和多元评价研究［J］. 中国成人教育，2023（18）：26－29.

［25］刘力铭．基于知识图谱的职业能力达成度可视化评测系统设计

与实现［J］. 广州城市职业学院学报，2020（04）：80－84.

［26］江波，章恒远，魏雨昂. 如何判定自适应学习系统的有效性—基于因果结构分析框架［J］. 现代远程教育研究，2023（02）：95－101.

［27］卢宇，薛天琪，陈鹏鹤等. 智能教育机器人系统构建及关键技术——以“智慧学伴”机器人为例［J］. 开放教育研究，2020（02）：83－91.

［28］梁迎丽. 智能导师系统研究进展与发展趋势［J］. 软件导刊，2021（11）：22－26.

［29］符雪姣，曾明星，张友福. 人机协同精准教学整体框架与关键环节设计［J］. 开放教育研究，2023（02）：91－102.

［30］王一岩，朱陶，杨淑豪等. 人机协同教学：动因、本质与挑战［J］. 电化教育研究，2024（08）：51－57.

［31］金琳琳. 深度教学视域下教师角色重构研究［J］. 林区教学，2022（05）：46－49.

［32］韩先镇，王海成. 人工智能与教育：伦理困境与应对路径探讨［J］. 现代交际，2023（12）：4－52.

［33］叶洲. 守正与创新：论人工智能视阈下的职业教育［J］. 教育发展研究，2022（09）：51－56.

［34］宗诚，李波，张可. 构建中国特色高等职业教育人才培养指标体系研究与分析—基于《2023中国职业教育质量年度报告》的实证研究［J］. 中国高教研究，2024（08）：87－93.

［35］韩锡斌，杨成明，周潜. 职业教育数字化转型：现状、问题与对策［J］. 中国教育信息化，2022（11）：3－11.

［36］张慕文，祝士明. 职业教育数字化转型的内涵、逻辑与策略［J］. 现代教育管理，2023（03）：120－128.

［37］马婷婷. 数字化转型背景下职业教育专业教学资源库开发探索［J］. 科学咨询，2024（18）：93－96.

［38］黄娣，晏利民，朱茂琳. 数字化教学资源库在某高职院校软件技术专业中的建设与影响评估［J］. 宁波职业技术学院学报，2024（05）：40－50.

［39］杨晓哲，任友群. 教育人工智能的下一步—应用场景与推进策

略 [J]. 中国电化教育，2021 (01)：89 -95.

[40] 李子亮，李兴春.《科学计算与 MATLAB 语言》课程知识图谱的构建 [J]. 智能计算机与应用，2025 (02)：116 -123.

[41] 张红卓，周小宝，许玉焕等. 生成式人工智能赋能计算机程序设计类课程教学创新 [J]. 计算机教育，2024 (07)：44 -48.

[42] 刘骏，曹康乐. 虚拟仿真赋能高职院校实训教学的路径研究 [J]. 安徽水利水电职业技术学院学报，2024 (04)：42 -47.

[43] 时俊雅，王文龙. 基于深度学习的个性化学习推荐机制研究 [J]. 无线互联科技，2024 (12)：11 -13.

[44] 屈娜. 基于智慧职教平台的智慧课堂构建与实践研究 [J]. 职业技术，2020 (08)：62 -66.

[45] 廖若飞. 高校人工智能专业群实训平台建设 [J]. 无线互联科技，2023 (03)：34 -38.

[46] 廖志远，罗宜春. 基于数字孪生的智慧高速公路虚拟仿真实训中心建设研究 [J]. 西部交通科技，2021 (09)：37 -38.

[47] 姚成雨，石琳. 数智技术赋能的"中文 + 跨境电商"课程体系建设 [J]. 广西职业技术学院学报，2023 (05)：47 -54.

[48] 郝亚平，王伟. 基于虚拟仿真技术的在线实训平台在实训教学中的应用 [J]. 常州工学院学报，2024 (04)：100 -104.

[49] 任聪敏. 职业教育产教融合的发展演进、形成原因与未来展望 [J]. 教育与职业，2021 (04)：25 -31.

[50] 潘华莉，谢珺，高婧等. 融合多模态特征的深度强化学习推荐模型 [J]. 数据分析与知识发现，2023 (04)：114 -128.

[51] 国家发展改革委，教育部，工业和信息化部等. 职业教育产教融合赋能提升行动实施方案（2023—2025 年）[EB/OL]. (2023 -06 -08) [2025 -03 -07]. https://www.gov.cn/zhengce/zhengceku/202306/content_6886061.htm.

[52] 周如俊. 职业院校教师数字素养：内涵溯源、框架构建和实践路向 [J]. 江苏高职教育，2023 (02)：11 -20.

[53] 王晓军，赵文平. 数字化转型背景下职业院校教师数字素养结

构维度与量表开发［J］．中国职业技术教育，2024（17）：34－45.

［54］张静，眭碧霞．人工智能带来职业教育教学形态变革：影响、挑战与趋向［J］．职业技术教育，2020（29）：42－46.

［55］蓝杜骞．人工智能推动高职院校教学改革的路径研究［J］．科技风，2024（23）：13－15.

［56］王琼，陈正学．“双师型”教师培训基地建设探究与实践［J］．深圳信息职业技术学院，2022（01）：5－7.

［57］邵日芳．“线上线下混合式主题化系列化研修活动”研究与实践［J］．大连教育学院学报，2021（09）：37－38.

［58］张莉，罗婷婷．“互联网＋”背景下高校教师科研与教学能力协同发展的策略研究［J］．兰州文理学院学报（社会科学版），2024（05）：103－107.

［59］田永丰．产教融合：职业教育高质量发展的核心［J］．甘肃教育，2024（10）：14.

［60］叶胥，杜云晗，何文军．数字经济发展的就业结构效应［J］．财贸研究，2021（04）：1－13.

［61］刘江丽，胡庆夕，姚远．质量检测全生命周期管理实践教学平台及课程建设［J］．实验室研究与探索，2022（10）：24－33.

［62］高琼，陆吉健，王晓静等．人工智能时代人机协同课堂教学模式的构建及实践案例［J］．远程教育杂志，2021（04）：37－38.

［63］葛岩，杨雪，王艺潼等．基于 STEAM 的虚拟现实实验室建设实践［J］．实验室研究与探索，2020（09）：251－254.

［64］谢幼如，黎佳．智能时代基于深度学习的课堂教学设计［J］．电化教育研究，2020（05）：73－80.

［65］赵海亮．数字化转型背景下大数据分析在教学中的应用［J］．中国新通信，2024（12）：98－100.

［66］池拥民．“双减”背景下混合式研修模式的构建与实施策略［J］．教育实践与研究，2023（11）：39－43.

［67］李乡儒，梁惠雯，冯隽怡等．在线教育平台中个性化学习资源推荐系统设计［J］．计算机技术与发展，2021（03）：143－149.

［68］闫广芬，石慧．人工智能背景下职业教育跨学科研究的再审思［J］．中国电化教育，2020（06）：22－29.

［69］宋武，宋艳丽，周源等．“双主体双融合四级能力递进”专业群人才培养模式创新与实践—以黄冈职业技术学院人工智能专业群建设为例［J］．黄冈职业技术学院学报，2021（01）：14－17.

［70］刘斌，王孟慧．人工智能时代的个性化学习：内涵、技术支持与实现路径［J］．教育探索，2021（07）：80－83.

［71］高博．双高背景下高职“人工智能＋专业”群赋能人才培养模式研究［J］．牡丹江大学学报，2024（01）：82－87.

［72］张成全，刘亚萍．基于“1＋X”证书制度的职业本科背景下跨专业复合型人才培养课程体系构建探究［J］．辽宁科技学院学报，2023（01）：53－55.

［73］侯英琦，欧丽滢，胡彦博等．基于 AIGC＋NLP 的电子商务系统——内容生成与智能交互的应用研究［J］．上海第二工业大学学报，2024（03）：298－306.

［74］张天娇．产教融合视角下电商专业直播带货工匠人才培养研究［J］．成才之路，2024（30）：73－76.

［75］张紫屏．跨学科课程的内涵、设计与实施［J］．课程．教材．教法，2023（01）：66－73.

［76］李凯图，陈静莼，黄康华等．基于知识图谱的个性化学习平台研究与实现——以学科交叉课程应用为例［J］．现代计算机，2023（04）：93－99.

［77］黄韵欣，刘晋泽，章艺云等．基于协同过滤算法的职业教育学习平台个性化课程推荐模型研究［J］．现代职业教育，2022（03）：154－156.

［78］王巍，李恒辉．职业院校跨学科高素质技术技能人才培养模式构建与应用研究［J］．山西青年，2024（14）：103－105.

［79］宁强华，卢松波．人工智能背景下财会专业课程体系优化探讨［J］．中国管理信息化，2024（16）：83－85.

［80］魏轶敏．新商科背景下财会专业课程体系建设探究—基于信息化视角［J］．新会计，2021（04）：24－26.

[81] 蔡劲草，王雷，王建彬等. 面向机械制造专业的人工智能概论教学设计探究 [J]. 电脑知识与技术，2024 (02)：144 – 146.

[82] 岳子焕，吕承璋，余晓媛等. 数智化背景下 AIGC 赋能金融科技课程的教学实践研究 [J]. 广东经济，2024 (16)：89 – 91.

[83] 施雯，刁佳宁. 知识图谱个性化导学范式与实施路径—面向医、工交叉跨学科思维的冲突 [J]. 办公自动化，2024 (18)：4 – 6.

[84] 杨仁财. 人工智能赋能高校思想政治教育的挑战与应对 [J]. 国家教育行政学院学报，2020 (05)：54 – 59.

[85] 段霖瑶. 生成式人工智能赋能学生创造力培养路径研究 [J]. 教学与管理，2024 (33)：65 – 69.

[86] 蔡燕萍，王国庆. 基于 AI 技术的学生精准就业辅助软件的实现 [J]. 电脑编程技巧与维护，2020 (10)：130 – 131.

[87] 李仲宣，于泳海，李瑞杰等. 人工智能技术在大学生心理健康服务中的应用探析 [J]. 电脑知识与技术，2024 (15)：119 – 121.

[88] 郭孟杰. 高职院校通识教育课程样态改进研究 [D]. 河北：河北科技师范学院，2024.

[89] 张海生. 人工智能与教育深度融合发展：逻辑、困境与策略 [J]. 当代教育论坛，2021 (02)：57 – 65.

[90] 彦琦，张海，吴立刚等. 人工智能视域下终身教育网络“金课”建设研究 [J]. 现代远距离教育，2020 (05)：74 – 80.

[91] 廖昊鑫，刘建华，邱宁. 生成式人工智能赋能精准教学的路径探析 [J]. 赣南师范大学学报，2024 (05)：92 – 98.

[92] 张旭. 数据挖掘技术下构建自适应学习模型的路径研究——基于高职教育视角的分析 [J]. 信息记录材料，2020 (03)：183 – 184.

[93] 邬昌兴，罗国亮. 深度学习背景下的“自然语言处理”课程教学研究 [J]. 教育教学论坛，2021 (29)：137 – 140.

[94] 乐薇，杨文婷，龚乃超. 基于 OBE 理念的混合式教学模式在无机及分析化学课程中的实践 [J]. 化学教育，2021 (10)：11 – 17.

[95] 汪慧英，詹域威. 人工智能与高校思政教育融合创新的实践样态 [J]. 现代商贸工业，2024 (20)：239 – 241.

[96] 耿晓雯. 人工智能视域下数字媒体技术类课程学生创造力培养研究 [J]. 现代职业教育, 2024 (30): 69-72.

[97] 张珍. 创新创业教育数字化转型的机遇、挑战和实践路径 [J]. 江苏科技信息, 2024 (18): 21-24.

[98] 朱春杉, 基于推荐系统的高职学生职业规划探索 [J]. 现代职业教育, 2020 (17): 4-5.

[99] 钟晓虹. 基于云计算的大学生心理健康在线服务平台设计 [J]. 自动化技术与应用, 2022 (10): 171-174.

[100] 柯强. 人工智能时代的数字化终身教育体系建设 [J]. 中国成人教育, 2021 (15): 12-15.

[101] 郑永和, 王一岩, 杨淑豪. 人工智能赋能教育评价: 价值、挑战与路径 [J]. 开放教育研究, 2024 (04): 4-10.

[102] 罗海风, 罗杨, 刘坚. 人工智能时代的教育评价改革 [J]. 中国考试, 2024 (03): 8-17.

[103] 杜丽娟. 基于数据挖掘技术的大学教育质量分级评价 [J]. 现代电子技术, 2020 (15): 101-104.

[104] 刁红艳. 数据挖掘技术在混合式教学评价中的应用 [J]. 电子技术, 2024 (01): 136-138.

[105] 金玉梅, 陈航. 教育大数据挖掘的价值定位、现实限制与有效策略 [J]. 教育理论与实践, 2021 (19): 3-8.

[106] 邓伟, 杨晓丹, 高倩倩等. 人工智能支持下的课堂教学评价模型研究 [J]. 中国教育信息化, 2023 (08): 3-14.

[107] 喻佳, 白舒伊, 吴丹新. 基于机器学习的在线教学学生成绩预测研究 [J]. 电脑编程技巧与维护, 2021 (08): 118-119.

[108] 张旭, 满文琪, 孔新梅等. 人工智能助教机器人中小学课堂应用模式及效果评价模型构建研究 [J]. 中国现代教育装备, 2023 (24): 54-57.

[109] 汪维富, 王哲磊, 刘文英等. 生成式作业: 生成式人工智能赋能的新质教育实践样态 [J]. 教育与装备研究, 2024 (10): 61-64.

[110] 高立洋, 姚伟国, 乐声浩. 生成式人工智能在地理作业批阅中

的实践探索［J］．中小学数字化教学，2024（01）：56－60.

［111］刘幸福．基于计算机视觉的课堂学生行为图像分析系统的设计与实现［J］．软件，2024（07）：144－149.

［112］陈杰．基于计算机视觉的课堂学生行为分析系统［D］．上海：华东师范大学，2022.

［113］陶溢．基于面部表情和头部姿态识别的课堂专注度分析与评价研究［D］．云南：云南师范大学，2021.

［114］詹晓庆．融合计算机视觉的课堂行为编码研究［D］．湖北：华中科技大学2022.

［115］徐英慧，赵玉双，周淑一．基于全方位育人的多元化评价策略研究与应用—以多媒体技术课程为例［J］．电脑知识与技术，2024（14）：159－161.

［116］杨照地，裴蕾，张桂玲等．基于动态多维的线上线下混合教学评价体系构建［J］．高教学刊，2023（25）：87－90.

［117］范云霞，杜佳慧，张杰等．面向动态学习环境的自适应学习路径推荐模型［J］．电化教育研究，2024（06）：89－96.

［118］王剑，李易清，石琦．融合多维偏好与知识追踪的个性化学习路径推荐—以“系统建模”课程为例［J］．现代教育技术，2023（11）：99－108.

［119］时俊雅，王文龙．基于深度学习的个性化学习推荐机制研究［J］．无线互联科技，2024（12）：11－13.

［120］黄利文，王健．论人工智能时代职业教育的转型与创新［J］．南京社会科学，2020（10）：142－148.

［121］任维武，郑方林，底晓强．基于强化学习的自适应学习路径生成机制研究［J］．现代远距离教育，2020（06）：88－96.

［122］邓小华，连智平．数字技术重构职业教育场景：理论基础、表征样态与行动路径［J］．重庆高教研究，2024（01）：63－73.

［123］姚立权，刘永刚，李文化．基于数字孪生的智能制造教学试验实训平台开发［J］．机电工程技术，2024（07）：133－136.

［124］欧亚，杨斌，刘勇等．区块链赋能高等职业教育评价的生成逻

辑、应用价值及实现路径［J］. 职业技术教育，2024（06）：32－39.

［125］姜彦丽，刘新玉. 课堂教学中脑机接口实证调查［J］. 互联网周刊，2024（10）：50－53.

［126］林潘忠，刘泽州，李晓蒙等. “智能工匠”精神融入智能制造类专业人才培养的路径探索［J］. 高教学刊，2024（19）：169－172.